当代人力资源管理系列教材

工作分析：理论、方法与应用

李 强 主编

科学出版社
北 京

内 容 简 介

本书是一本系统介绍工作分析理论、方法与应用的教材。在内容安排上，本书既注重工作分析理论知识的准确性、完整性，更强调工作分析方法的实用性和可操作性。本书从工作分析的基本概念介绍入手，对工作分析的流程、工作分析的方法、工作分析的结果进行了详细的介绍，并对工作设计、工作评价的方法和流程进行了系统的介绍，进而结合工作实际分析了工作分析在员工招聘、员工培训、绩效管理与薪酬管理中的应用，帮助读者对工作分析有一个全面、系统的认识，从而指导其在具体工作分析实践中的应用。本书知识全面系统，语言通俗易懂，每章均有学习要点、导读案例、图表示例、案例讨论等，是一本理论与实践紧密结合的教材。

本书可作为高等院校管理类本科学生的专业教材，也可供企业管理人员阅读、参考。

图书在版编目(CIP)数据

工作分析：理论、方法与应用 / 李强主编. ——北京：科学出版社，2014.7
当代人力资源管理系列教材
ISBN 978-7-03-041423-6

Ⅰ.①工… Ⅱ.①李… Ⅲ.①人力资源管理-教材 Ⅳ.①F241

中国版本图书馆 CIP 数据核字（2014）第 165832 号

责任编辑：张　宁　张　凯 / 责任校对：张怡君
责任印制：徐晓晨 / 封面设计：蓝正设计

科学出版社 出版
北京东黄城根北街 16 号
邮政编码：100717
http://www.sciencep.com

三河市骏杰印刷有限公司 印刷
科学出版社发行　各地新华书店经销

*

2015 年 4 月第 一 版　开本：787×1092 1/16
2022 年 1 月第十五次印刷　印张：17 3/4
字数：421 000

定价：39.00 元

（如有印装质量问题，我社负责调换）

丛书序

　　人力资源管理是企业管理的重要职能。与财务管理等其他职能管理相比，人力资源管理的效果会更多地受到雇员主观能动性的影响，因而具有更大的不确定性。这需要人力资源管理者充分理解雇员个性的多样性，根据雇员不同的需求特点，设立具有针对性的激励制度和约束机制，最大程度地激发雇员的工作热情和工作潜能，以实现雇员利益目标和组织绩效目标的一致。人力资源管理者决不仅仅是企业绩效的追求者，同时也一定是雇员利益的守护者。

　　与土地、资本、技术等企业生产要素相比，知识的重要性越来越突出，知识管理已成为人力资源管理的重要内容。设计知识创新机制、实现企业知识编码、构建知识共享平台是人力资源管理者面临的重要任务。这需要将人力资源管理的重点从绩效管理拓展到创新管理、从雇员的工作技能管理拓展到雇员的学习能力培养。人力资源管理者不仅是监督者，同时也应该是教育者。

　　与作业管理等需要严格的时间控制和空间界限的管理活动相比，人力资源管理具有长期性和渗透性。价值观、行为模式、道德规范等企业文化要素对人力资源管理制度的设计和人力资源管理活动的效果发挥着关键的作用。企业文化的设计与修炼、传承与发展是人力资源管理者的重要责任。只有升华雇员的社会责任、提高企业的信用资本，人力资源管理才能达到维持企业持续经营的长远目的，才能实现企业提高社会福利的使命和愿景。

　　人力资源管理是华南师范大学经济与管理学院重要的教学和科研领域。长期以来，一批年富力强的中青年教师在该领域辛勤耕耘，取得了可喜的成效。在科学出版社的精心组织下，学院组织力量撰写了这套丛书，试图反映人力资源管理的主要内容以及人力资源管理的新趋势，并就教于同行专家和社会各界人士。

彭璧玉
二〇一五年一月十九日于广州

前言

工作分析是整个人力资源管理体系建设的基础，工作分析的结果可以应用到人力资源管理的各个方面，学习和掌握工作分析的理论与方法，是优化企业人力资源管理的客观要求。本书是一本能够更好地对工作分析实践提供理论分析和方法指导的教材，既有完善的理论体系框架，又在各个环节引入相应的工作分析实例，能够帮助读者在理论和实践的双重指导下，更有效地开展工作分析活动，可以使读者在系统地掌握工作分析理论知识的基础上，掌握在人力资源管理实践中开展工作分析的思路和方法，提高工作分析的实际操作能力。

本书写作主要有以下特点。

（1）充分吸收了国内外相关教材、著作、论文的知识精华及最新研究成果，并包含了大量的实践案例和分析图表，具有较强的理论性、科学性、方法性、技术性和可操作性。

（2）紧密结合企业实际，立足人力资源管理实践，力求用科学的理论与方法指导工作分析实践。侧重于"怎么做"的方法性、程序性、操作性，强调案例教学。本书每章的开始都使用一个引导案例，将读者的注意力吸引到本章的主题，增强读者学习的兴趣，每章后再安排一个案例讨论，增强读者对理论知识的理解能力和对实际问题的分析能力。

（3）本书是针对工作分析的理论、方法和实际应用而编写的，既注重工作分析理论的准确性、完整性，又强调工作分析方法的实用性，以及在实际工作中的可操作性。

本书由华南师范大学的李强、肖沛、杨汶霖、徐蔓华、周丽琴、夏娟娟和蔡欣彤组成的编写组编写完成。本书的写作参阅了国内外大量的教材、著作、论文等文献，编写组在此对相关作者表示衷心感谢。

由于编写时间紧张及编写组的水平有限，不足之处在所难免，恳请专家学者指正，并请读者多提宝贵意见。

编 者
2015年1月

前言

第一章 工作分析导论 ……………………………………………………………… 1

    第一节 工作分析的概念 ……………………………………………………… 2

    第二节 工作分析的意义 ……………………………………………………… 3

    第三节 工作分析的原则与内容 ……………………………………………… 5

    第四节 工作分析的产生与发展 ……………………………………………… 7

    案例讨论

第二章 工作分析方法 …………………………………………………………… 14

    第一节 传统工作分析方法 ………………………………………………… 15

    第二节 现代工作分析方法 ………………………………………………… 28

    案例讨论

第三章 工作分析的流程 ………………………………………………………… 49

    第一节 工作分析前的准备阶段 …………………………………………… 50

    第二节 工作信息的搜集 …………………………………………………… 58

    第三节 工作信息的分析与标准化 ………………………………………… 68

    第四节 工作分析结果的形成 ……………………………………………… 72

    第五节 工作分析结果的应用 ……………………………………………… 73

    案例讨论

第四章 工作分析的结果 ... 78

第一节 工作描述 ... 80
第二节 工作规范 ... 91
第三节 工作说明书 ... 97

案例讨论

第五章 工作设计 ... 115

第一节 工作设计概述 ... 116
第二节 工作设计理论 ... 120
第三节 工作设计的方法 ... 130
第四节 知识型员工的工作设计 ... 134

案例讨论

第六章 工作评价 ... 141

第一节 工作评价概述 ... 142
第二节 工作评价指标体系的建立 ... 144
第三节 工作评价标准的编制 ... 147
第四节 工作评价方法 ... 156
第五节 工作评价的实施 ... 167
第六节 评分法应用实例 ... 175

案例讨论

第七章 工作分析与员工招聘 ... 185

第一节 人力资源规划与人员配置 ... 186
第二节 工作分析与员工招聘 ... 190
第三节 员工招聘的能岗匹配原理 ... 194

案例讨论

第八章　工作分析与员工培训 ··· 203

- 第一节　工作分析与员工培训的关系 ··· 204
- 第二节　工作分析与培训需求的确定 ··· 205
- 第三节　工作分析与培训方案设计 ··· 210
- 第四节　培训效果评估 ··· 220

案例讨论

第九章　工作分析与绩效管理 ··· 228

- 第一节　工作分析与绩效管理的关系 ··· 229
- 第二节　工作分析与绩效管理的具体操作 ··· 233
- 第三节　卓越绩效管理模式 ··· 241
- 第四节　一岗一表能力绩效管理模式 ··· 245

案例讨论

第十章　工作分析与薪酬管理 ··· 251

- 第一节　工作分析与薪酬体系设计 ··· 253
- 第二节　工作评价与薪酬内部公平性 ··· 257
- 第三节　薪酬调查与薪酬外部竞争力 ··· 266
- 第四节　薪酬政策与薪酬结构 ··· 268

案例讨论

参考文献 ··· 271

HAPTER 1

第一章 工作分析导论

[内容提要]

本章主要介绍工作分析的基本概念、工作分析的意义、工作分析的原则与内容,并对工作分析的产生和发展情况进行了回顾。

[学习要点]

1. 明确工作分析的基本概念;
2. 掌握工作分析的原则与内容;
3. 理解工作分析的意义;
4. 了解工作分析的产生与发展。

[引导案例]

奥普蒂玛公司的烦恼

1992年8月，安德鲁飓风席卷了南佛罗里达州，奥普蒂玛空气过滤器公司也受到影响。许多雇员的家都遭到了破坏，他们纷纷离职回家重建家园。公司发现不得不重新雇用30个新雇员以取代离职者，然而问题并没有得到解决，反而带来了更大的麻烦。原来的老计时员对其工作如此熟悉，因此公司就没有为他们编写工作说明书。但当30名新雇员走上岗位后，就产生了混乱现象，他们根本就不知道应该做些什么以及如何做。

对于需要空气过滤器的顾客来说，飓风已成为往事，不再成为无法交货的借口。公司总裁菲尔·恩现在处于束手无策的困境。他目前有30名新的雇员，10名老计时员，还有原来的工厂主管梅比林。他决定去会见一位来自当地一所大学工商理学院的顾问琳达·洛依。琳达·洛依要求老计时员们填写工作描述问卷，列举出他们的工作任务。争议随之而起，因为菲尔和梅比林都认为，老计时员为了显示他们在企业中的重要地位，夸大了他们的工作量，而这些计时员却认为，他们很诚实地描述了自己实际的工作情况。一方面，公司内部为了计时员的工作描述争论不休；另一方面，顾客却还在焦急地等待他们所需要的空气过滤器。

工作分析是人力资源管理的基础工作，是人力资源管理科学化、规范化的前提和基础。这则案例告诉我们，如果平时不注重工作分析这一基础性工作，必然会造成人力资源管理的混乱。本章主要介绍工作分析的基本概念、意义、原则与内容，并对其产生和发展情况进行了回顾。

第一节 工作分析的概念

一、工作分析的概念

工作分析（job analysis）又称职位分析、岗位分析或职务分析，是指将企业中所有工作，按其性质（如任务的繁简难易程度、责任轻重、任职资格等）进行分析比较，制定出工作说明书等人事管理文件，并根据一定的标准和程序进行归类，以作为招聘、考核、培训、晋升、确定报酬的基本依据。

二、工作分析的相关概念

为了便于理解，这里介绍与工作分析相关的几个概念。

（1）任务。任务是为实现某一特定目的所从事的具体活动。例如，会计员登记账目，教师备课等活动。

（2）职责。职责是指由一名员工承担的各项任务组成的工作活动。例如，出纳的职责包括日常费用报销、收支核对、登记日记账、盘点库存现金、编制《现金流量表》等多项任务。

（3）岗位。岗位是在一定的时间内，企业中由特定人员所承担的一项或多项职责的集合。岗位与人对应，一个岗位通常只能由一个人担任，企业中的每个员工都有一个工作岗位与其相对应。

（4）工作。工作是由一组主要职责相近的岗位组成的集合。在企业中一般是由若干个员工从事同一项工作。

（5）职业。职业是指人们参与社会分工，用专业的技能和知识创造物质或精神财富，获取合理报酬的一项工作。例如，律师、教师、医生、护士等。

第二节 工作分析的意义

一、工作分析是人力资源管理的基础

在人力资源开发管理过程中，工作分析具有十分重要的意义。

（一）使人力资源规划更为准确

在企业发展过程中，企业内外环境的变化和组织战略目标的调整都会引起企业业务、结构或人员数量的变化。为了适应不断变化的组织环境，保证企业任务和目标的顺利完成，必须通过有组织、有计划的人力资源规划来预测未来组织对人力资源的需求和供给情况。工作分析可以为人力资源规划提供必要的信息，提高人力资源规划的准确性。

（二）使工作职责更加明确

工作分析能让管理者和员工更加清楚地了解到工作岗位的职责范围和需要完成的工作任务。通过工作分析对工作流程、工作方法进行界定，对完成岗位工作需要接触的人员以及接触的目的、频率进行界定，帮助管理者和员工对工作形成全面的认识。工作分析收集了各个工作岗位的信息，能够更加合理协调各岗位、各部门之间的合作，共同完成部门或企业的工作任务。

（三）使工作设计更加合理

理想的工作设计既要保证较高的工作效率，又要调动员工的工作积极性。为了增强员工对工作的兴趣和热情，应该根据员工和工作岗位的需要对工作设计进行改进，如工作轮换、工作扩大化、工作丰富化、弹性工作等。通过工作再设计的过程，对各个岗位的相互联系、所需技能等因素进行分析，寻找更加高效的工作方法，以提高员工工作积极性，同时使其工作效率也有所提高。

（四）使人事管理更加科学

人力资源管理过程包括岗位设计、招聘、配置、培训、考核、薪酬等环节。工作分析能够提供管理过程中所必要的信息，从而提高人事管理的科学化水平，使管理过程更加有效率。首先，工作分析为人员的招聘录用提供了明确的标准，使人员招聘过程更加顺畅。其次，工作分析为人员的培训开发提供了明确的依据，使培训课程的设计和培训的选择更加有针对性，提高培训工作的效率。再次，工作分析可以从工作任务、工作责任、所需技能等几个方面对工作岗位的相对价值进行评价和确定，使得在此基础上建立的企业薪酬体系有助于维持薪酬的内部公平。最后，工作分析能提供全面的各个工作岗位的工作任务、工作职责的相关信息，管理人员可以依据这些信息确定工作岗位的绩效标准，大大提高了绩效考核的公平性和客观性。

二、工作分析在人力资源管理中的应用

（一）工作设计与再造

工作设计与再造是对工作内容、工作职责、工作关系等有关方面进行分析和设计，目的是为了提高工作效率和工作绩效。通过工作分析，掌握每个岗位承担的工作量大小和工作负荷，确定企业的岗位数量、任职人数及任职构成，科学地为企业配备岗位数量。同时，可以合理设计工作岗位，通过工作扩大化、工作丰富化等方式，提高员工的工作满意度。

（二）任职资格确认

任职资格是对从事某种岗位的从业人员必须达到的受教育程度、知识、技能、态度、经验等条件方面的要求。只有具备一定任职资格的任职者才能按质按量完成企业所要求的工作。通过工作分析，企业可以了解工作岗位的特征和完成工作所需的要求，准确确定任职者的任职资格，并得到有关改进绩效、提供相应培训的相关信息，从而提高任职者的工作适应性和工作效率。

（三）员工招聘

工作分析可以确定企业空缺岗位所需承担的工作任务和任职者的任职资格，为企业招募和筛选新员工提供客观依据，并为招聘过程的测试内容和方式的选择提供参考。选择有效的测试内容和测试方式能够让企业预测应聘者的能力，避免招聘的盲目性，降低招聘成本和招聘不当造成的损失。

（四）员工培训

培训是为了让员工掌握更好完成工作所需的知识和技能，工作分析能够帮助企业判断员工是否具备完成目前工作或晋升后完成岗位工作的能力，找到员工能力与工作要求的差距，并明确培训目的、培训内容、培训方法、培训种类，从而提高培训效率、降低培训成本。

（五）绩效评价

绩效评价是衡量工作者在岗位上所产生的最终效益的标准。工作分析可以确定一项工作的具体内容和目的，企业可以通过了解工作岗位的性质和特征，确定岗位工作中的关键工作领域和关键业绩指标，建立各个岗位关键业绩指标体系，从而对员工工作的有效性进行客观公正的评价和考核。

（六）薪酬管理

工作分析和工作评价能对企业内部岗位的相对价值进行确定，并通过将企业中相关岗位的工作内容、任职者资格和外部劳动力市场的薪酬水平进行比较，科学合理地制定适合企业的薪酬体系，使薪酬制度具有内部公平性和外部竞争力，有助于提高员工的工作满意度和激发员工工作的积极性。

（七）人力资源规划

企业需要确认有合适数量的员工在工作岗位上为企业创造最大的效益。同时，要保证人力资源的储备能够满足企业不断成长的要求。人力资源规划需要了解岗位完成的工作任务、解决的问题、所需要的知识、经验和技能以及对人员素质的要求，并从人力资源供给中挑选出合适的人安排到合适的岗位上去。通过工作分析可以为人力资源规划提供相关信息，预测出未来某个特定时间的人力资源供给状况，勾画出组织现有人力资源状况和未来人力资源相关方面的发展变化情况。

（八）职业生涯规划

激励员工的方法除了满足其物质报酬的需要之外，更重要的是满足其事业成就的需要。如果企业不能为员工提供具有挑战性和激励性的工作环境，员工可能会对工作产生厌倦，从而影响其工作满意度和工作效率。因此，为员工提供有挑战性和有吸引力的工作，增加员工的工作乐趣和积极性，并为其提供可选择的向上的职业发展空间，就很有必要。通过工作分析可以发现企业中现有岗位之间的相互联系，寻找适合员工发展的职业发展方向和空间，为员工提供有激励性和吸引力的工作。

（九）劳动安全

劳动安全是指在生产劳动过程中，防止中毒、车祸、触电、塌陷、爆炸、火灾、坠落、机械外伤等危及劳动者人身安全的事故发生。通过工作分析可以全面了解工作的危险程度，从而采取有效的安全保护措施确保劳动安全。同时，一旦发生事故，也可以根据工作分析的信息科学地分析和判断事故发生的原因，为事故的处理提供依据。

第三节 工作分析的原则与内容

一、工作分析的原则

工作分析要遵循的原则主要有以下几个方面。

（一）系统性原则

系统是指由一群有关联的个体组成，根据预先编排好的规则工作，具有特定结构和功能，能完成个别元件不能单独完成的工作的群体。一个企业就可以看成一个相对独立的系统。在对每一个岗位进行分析时都要将其放在企业系统中去考虑，从总体的相互联系上进行系统性分析研究，在职能分解的基础上进行岗位设置和工作分析。

（二）动态性原则

企业所处的环境是不断变化的，尤其是随着高新技术的应用得到普及，员工能力和需求层次也有了很大的提高。不断变化的环境要求工作分析不仅能够体现大背景下工作内容和性质的发展趋势，而且还要符合组织的具体特性及发展目标。动态性原则就是要求将环境变化因素、企业战略以及特定工作的未来发展趋势纳入工作分析当中，以期充分适应企业的未来发展和需求。

（三）能级原则

能级是指企业中各个岗位功能的等级。一个岗位能级的高低是由它在企业中的工作性质、任务繁简、责任大小、劳动强度等因素决定的。能级代表着岗位在企业中的相对价值。岗位的功能越大、地位越重要，其能级就越高，体现出其在企业中的相对价值就越大。

（四）标准化原则

工作分析中的标准化原则指的是工作分析的内容、方法、程序、因素、指标的标准化，并且在工作分析基础上形成的人事管理文件也要标准化。标准化要求建立一个统一的标准，从而能够对任职的人员进行公平、公正的管理。

（五）最优化原则

最优化原则又称为经济性原则。不仅指工作分析方法、程序的在成本-效益方面的最优化，而且也要求通过工作岗位分析，使得岗位设置、岗位职责的分配最优化，从而实现企业资源的最高效率的优化配置。

二、工作分析的内容

（一）工作职责分析

工作职责是指一个岗位所要求的需要去完成的工作内容以及应当承担的责任范围，是组织为完成某项任务而确立的，由工种、职务、职称和等级等内容组成。工作职责是确定任职资格的依据，是绩效评估的基础和对象，也是在招聘过程中评估应聘者能否胜任工作的基础。工作职责分析包括对工作任务范围的分析和对工作责任重要程度的分析，大体可以分为管理责任和非管理责任两类。分析的内容包括：资产的使用和保管；完成工作任务的数量和质量要求；工作流程；监督管理和被监督管理等。在工作分析过程中，应该明确以下几个问题：①工作岗位的职责是什么；②工作岗位的工作负荷怎么样；③任职者是否拥有完成工作任务所需要的资源；④任职者是否具备完成工作所需要的权限；⑤工作岗位的工作关系是怎样的；⑥工作岗位是否有监督、管理的责任；⑦工作岗位接受何种监督、管理。

（二）工作流程分析

工作流程是指企业中的成员为了完成某一特定任务所需要做的一系列的相关工作。工作流程是工作效率的保证。管理学界认为：流程决定效率，流程影响效益。在现代化企业中，分工越来越细，不同部门、不同岗位间的协作越来越重要。清晰的工作流程能够使企业各项业务管理工作良性开展，明确每一项任务的责任人，有助于管理者清楚地认识到工作是如何完成的，从而保证企业的高效运转。

（三）工作权限分析

工作权限分析应该根据责权对等的原则，核查任职者是否具备完成工作任务所需要的权限。如果权利大于责任，可能会造成任职者滥用职权，而如果权利小于责任，则会导致任职者无法顺利完成工作任务。在企业管理实践中，后一种情况更为多见。例如，一些企业的基层管理人员往往没有对下属员工行使考核、奖励、惩罚的权利，工作职责的履行从而无法得到保障。

（四）工作关系分析

企业中的每个岗位都有其独特的职责和功能，并与其他工作岗位之间存在一种不可分割的联系。因此，各个岗位必须明确与其他岗位的协作关系。尤其是其上下级岗位的关系。例如，一个工作岗位在企业中，哪些是其上级岗位，要接受何种监督管理；哪些是其下级岗位，负有何种监督管理责任；与哪些工作岗位有协作关系，协作的内容与方式如何等。通过工作关系的分析，可以了解工作岗位在企业工作中的位置和在工作流程中所发挥的作用。

（五）工作环境分析

工作环境条件是指劳动者从事生产劳动的外部环境条件。工作环境分析主要是考虑工作环境中对劳动者的生产率和身心健康有影响的因素。通过对工作环境中各种有害因素的评估和分析，可以确定岗位工作环境条件对劳动者生产效率和健康的影响程度，并能确定相对应的补偿。例如，公司应该说明一项工作是否具有危险性。工作描述和工作规范应该反映出这一点。在某些危险的工作中，工人为了安全地完成工作，也需要了解一些相关的危险信息。

（六）任职资格分析

对任职者的资格条件分析包括经验、技能、教育水平、培训、心理及生理因素等。如果招聘者不知道胜任某项工作所必需的资格条件，那么员工的招聘和选择就将漫无目的。而且通过任职资格条件分析，还可以有目的地对员工进行培训和开发，帮助他们为升迁到更高的工作职位做好准备。在现代化大生产中，社会分工越来越细，人们所掌握的知识、技能越来越受到工作经验的局限，因此在任职资格条件中，经验或者工作经验越来越受到重视。

第四节　工作分析的产生与发展

一、工作分析的起源

在世界史中，最早论述分工问题的是中国古代政治家管仲。大约在公元前 700 年，管仲就提出了著名的四民分业定居论，主张将国人划分为士、农、工、商四大行业，并应按行业分别聚居在固定的区域，反映了当时社会的客观存在和人们关于分工、分业的观念。后来，荀况把分工称为"曲辨"，特别强调分工的特别功能。但是由于中国古代社会是小农经济，是以农业和家庭手工业为基础的，这种自给自足的小农思想限制了中国分工思想的进一步发展，所以未能形成系统的分工理论。

西方关于工作分析的思想最早产生于古希腊时期。思想家苏格拉底在对理想社会的设想中指出：社会的需求是多种多样的，每个人只有通过社会分工的方法从事自己力所能及的工作，才能为社会做出较大的贡献。他认为社会分工要求每个人从事他最适合的工作，从而才能为社会创造出最大的效益。苏格拉底的思想为后来的工作分析奠定了基础。

二、工作分析的早期发展

系统的工作分析最早出现在 19 世纪末至 20 世纪初美国开展的科学管理运动中，其中泰勒（P.W.Taylor）的时间研究和动作研究被认为是科学工作分析的起始。泰勒在 1908 年出版的《工厂管理》一书中详细介绍了把工作分成若干部分从而提高了劳动效率的事实。在 1911 年出版的《科学管理原理》中，泰勒表示要对企业进行科学的管理，就必须对企业中的每一份工作进行研究，从而科学地挑选、培训员工。泰勒提出的科学管理原理和方法主要是确定工作的标准化作业方法，选择标准化作业工具，确定标准作业时间，确定单位时间标准工作量。随后，吉尔布雷斯夫妇通过动作分析，运用照相机对工人劳动的过程进行认真的动作分解，然后利用他们发明的一种计时器和灯光示迹摄影法清晰地看到并记录下每项动作的时间，再对此进行深入研究。他们认为工作分析的研究应当在合理安排生产辅助设备、员工培训的基础上进行。适当的人员配备，有利于实现人尽其才，达到提高劳动效率的目的。

在泰勒等的研究基础上，工作分析制度产生了，并在工商企业中广泛推广应用。1918年，美国熟练工人及非熟练工人的工资调整与标准化方案就是以工作评价制度为基础编制而成的。1921年全美铁路、运输业在工作分析的基础上实行了员工职级制。

从19世纪末到20世纪初，在工商企业的影响下，美国政府部门及军队积极采用工作分析、工作评价以及工作分级等新概念，改革政府部门及军队的人事管理。

第一次世界大战前夕，工业心理学之父闵斯特伯格等进行了工作要求与甄选的系统研究。在1912年闵斯特伯格出版的《心理学与经济生活》一书中，详细分析了最适合的人、最适合的工作和最理想的效果，表明不同的工作岗位对工作人员素质要求是不一样的。闵斯特伯格进行了大量的工业中实际问题的研究，他的最著名的一个研究是探明安全驾驶的无轨电车司机应具备的特征。他系统地研究了这项工作的各个方面，并且设计了模拟电车的实验室实验，结果发现一个好的司机应该能够在驾驶的过程中同时理解所有的影响电车行驶的因素。他的研究促进了工作分析的发展，也为第一次世界大战前美国海军的征兵动员工作提供了极大帮助。

1916年，斯考特在卡耐基工学院由其领导的"推销员研究所"里进行的一项早期研究中制定了销售员工绩效标准。该标准更多地与"办事能力"等特征相联系，而不是强调具体的工作内容。后来，斯考特根据这些"个性特征"重新修订并制作了一份针对军队的新标准。斯考特的个性特征描述是从心理学角度进行的对"办事能力"等个性特征的详尽描述，但没有对某一个特定的岗位进行专门的工作分析，因而其理论缺乏普遍应用的价值。

1919年巴鲁斯受美国国家内政改革委员会的委托，对104 000名公职人员进行了问卷调查，以收集有关政府岗位任务的事实资料。巴鲁斯通过工作分析得出了公职人员薪资等级的划分标准。以此为基础，美国国会于1923年通过了"工薪等级"法案，并批准在华盛顿特区试行。该法案规定：在职责和资格要求的基础上进行岗位分类，按分类分级标准将有关岗位分为5类44等，薪资高低与工作繁简难易程度、责任大小、资格条件成正比，同工同酬。新的"工薪等级"法的实施，改变了长期以来美国政府公职人员工资的高低与工作任务毫无关联，政府各级主管人员随意调整职员工资的现象，使公职人员薪资划分及薪资调整有了科学的依据和标准。

1920年前后，美国国家研究会开始考虑将工作分析的方法用于减少失业及其所造成的社会压力方面。研究会成员摩利斯·威斯利于1922年提出了一套有关工作能力的指标体系，具体内容包括以下两方面：①体能。不同工作对体能的要求不同，但体能是完成工作的基本能力之一。威斯利将体能划分为5个等级。重体力劳动者所要求的体能最高的为5级，轻体力劳动者所要求的体能最低的为1级。②能量消耗速度。不同的工作导致不同的能量消耗速度。有的工作对体能的要求不大，但较快的工作节奏会使能量消耗很快。

经过大量的实地采访，威斯利将各项能力指标分为5个等级，并将其概括为一个工作心理素质图，最高级别的能力意味着工作所需要的关键能力。

1934年美国政府成立了国家就业局岗位研究委员会大力开展工作分析的研究工作，先后完成《就业指导词典》、《职业编码表》、《职位名称词典》以及人事配置表的开发研究，并培养了大量的工作分析、人事管理的专门人才，大大推进了工作分析的发展。伴随着《职业大辞典》的编制完成，工作分析逐渐成为基础的人力资源管理工具并在西方企业界得到广泛应用。据统计，1931~1940年的10年里，美国采用工作分析的工商企业从39%激增到75%。

1946年美国劳工部针对工作分析过程的信息收集问题，提出了一个简单而完整的工作分析模式作为工作分析的指导。这个工作分析指导包括：任职者做什么，任职者是如何做的，为什么任职者做这些工作，完成工作任务所需的技能是什么等。

三、工作分析的近期发展

早期的工作分析，侧重于对岗位信息的定性描述。第二次世界大战结束后，随着统计科学、心理测量理论等相关学科的发展及人们对工作分析的了解、研究的增多和要求的提高。工作分析作为整个人力资源管理工作的基础地位愈加确立。到20世纪70年代，工作分析已经被西方发达国家视为人力资源管理现代化的标志之一。20世纪70年代以来，各种工作分析系统纷纷建立，工作分析方法逐渐趋于多样化、系统化。工作分析系统的研究开发始于20世纪四五十年代，在20世纪七八十年代趋于成熟，并获得了广泛应用。最常见的工作分析技术系统方法主要有：职位分析问卷、任务清单分析系统、关键事件分析技术、能力需求分析技术、行为一致性分析方法、职能工作分析方法、管理职位分析问卷、海氏计划、工作信息模型系统、工作要素法、临界特质分析系统、综合性工作分析系统、工作执行调查系统、职业测定系统等。

1950年赛迪·范提出了"职能职业分类计划"理论。该理论有三个假设前提：①对任务中人的关注。包括工作者进行任务时所需要的生理、心理和个性行为水平。②技能划分。任务绩效中都包括一般技能、专业技能和特殊技能三种。③任务的系统性。每项任务都是将工作内容、任职者和工作结果结合为一体的标准化系统。这个理论的主要内容包括：必须对工作者"做了什么"和"需要做什么"做基本的区分；任何工作都与处理信息、人与事之间相关；对应这三种基本关系，工作者的职能体现在不同的方面；每一特定范畴的活动功能可以有层次区分，高层功能可以包括底层功能；任何工作或活动都可以依照这三种关系界定或评定其功能层级属于哪一级。

20世纪50年代，麦考密克等在赛迪·范的研究基础上开发了一种新的工作分析方法，即"工作分析问卷"，设计者的初衷在于开发一种通用的、以统计分析为基础的方法来建立某职位的能力模型，同时运用统计推理进行职位间的比较，以确定相对报酬。麦考密克以某类工作作为研究变量，根据分析人员对此类工作任职者的观察与访谈，收集大量的事实资料，通过分析整理，制定出以"工作任职要求"为主要内容的核对清单。通过10年的研究，麦考密克完成了包括195项具体内容的"工作分析问卷"的制作，并被公认为一种标准的工作分析工具。工作分析问卷的实质是将以人为中心的工作要素与以工作为中心的工作要素相对照，同时考虑工人与工作两个变量因素，并将各种工作所需的技能与基本行为以一种标准化的形式罗列出来。经过不断的开发与应用，工作分析问卷还可以用于许多其他人力资源管理工作，如工作分类、职业生涯设计、培训、工作设计等。

任务清单法也是第二次世界大战后被广泛应用的工作分析技术，是由美国空军人力资源研究室开发的，是一种典型的工作倾向性工作分析系统。任务清单分析系统一般由两个子系统构成：一是用于收集工作信息的一套系统的方法、技术；二是与信息收集方法相匹配的用于分析、综合和报告工作信息的计算机应用程序软件。在任务清单中，任务被定义为工作任职者能够明细辨别的一项有意义的工作单元。在编排之前，要先准备一份岗位职责清单。然后再把任务分配到各个岗位。清单的信息可以来自另外的任务清单，对每个任务都要做"相对时间花费"评价，评价等级一般是5级、7级、9级或11级。这种方法被美国空军用来收集和分析分散在各地的大量工作者的工作信息，为培训开发、工作分类、工作评价、工作设计等管理职能服务。

另一种应用较为广泛的工作分析系统方法是由美国人事管理事务处研究开发出来的工作要素法。工作要素法是一种典型的开放式人员导向性工作分析系统。该系统遵循德国心理学家冯特所提出的基本原则，即"在我们没有对最简单的东西熟悉之前不可能了解复杂的现象"，对于工作来说，简单的方面就是组成工作的要素或影响工作者成功完成工作所需的人员特征。工作要素法的目的在于确定对成功完成特定领域的工作有显著作用的行为。通常情况下，工作要素法分析的对象不是某一具体的工作岗位，而是某一类具有相似特征的工作。作为一种典型的开放式工作分析系统，工作要素法的开放性就在于它所研究的行为或行为特征要素与其他工作分析系统所研究的有所不同，它是由对所分析的工作非常熟悉的一组专家级任职者或其直接上级来确定的。

非结构化的工作分析中广泛应用的是军队系统的心理学家约翰·C.弗莱内根开发的关键事件分析。当时，军队方面需要心理专家分析飞行员绩效低的原因。弗莱内根通过研究和调查，列举出了绩效低的种种原因，称之为"关键事件"。关键事件法是由上级主管者纪录员工平时工作中的关键事件：一种是做得特别好的，一种是做得不好的。在预定的时间，通常是半年或一年之后，利用积累的纪录，由主管者与被测评者讨论相关事件，为测评提供依据。关键事件法为工作分析提供了最真实的、客观的与定性的资料。既能获得有关职务的静态信息，也可以了解职务的动态特点。

四、工作分析在中国的发展

我国的工作分析起源于人事心理学的研究。1916年清华大学为了指导学生选择职业，在学校开展了职业指导。1921年中华职业教育社采用自制职业心理测试对入学学生进行测验。20世纪30年代还成立了"人事心理学会"，当时主要是用测量作为淘汰人员的依据，并未真正研究人力资源的合理使用和科学人事制度的建立。

新中国成立初期我国国民经济处于恢复时期。这一时期，企业在民主改革的基础上进行了生产管理的改革，初步建立了生产责任制以及合理劳动定额。在工作分析方面主要吸收苏联企业管理的经验。在中苏共管的中国长春铁路公司普遍采用了工时定额标准，按8小时工作制和岗位劳动繁简难易程度，确定出各类岗位的定员标准。全面实行生产责任制，确定了每个岗位的职责并以此为基础，在直接生产人员中实行了8级工资制和计件工资制，取得了较好的效果。

从我国企业管理的实际情况来看，纺织企业工作分析的历史较长，效果也很显著。纺织企业开展工作分析是从推行岗位工资制开始的。1951年纺织工业部根据棉纺织运转工的劳动特点，在《棉纺织工人工资制度调整方案（草稿）》中提出：对实行计件工资的纺织运转工人，按照各工种技术难易、责任大小、劳动轻重和劳动条件分别确定不同的工资标准，采取一个工种拟定一个工资标准的办法，建立"独立的工资率"也就是岗位工资制。建立岗位工资制的前提是工作分析和工作评价。当时是采用评分法对各岗位进行评价，然后再确定出各工种的工资等级系数和工资标准。其具体方法如下。

（1）在实行计件的纺织运转工种中选择代表性工种，多数是细纱挡车工或织布挡车工。按照技术难易、责任大小、劳动轻重、劳动条件四个因素与实行等级工资制的有关工种比较，找出相近的工种并确定代表性工种的岗位工资标准。

（2）对于实行计件的其他工种，则按上述四个因素与代表性工种进行综合比较的方法或采用分项评分的办法进行岗位评价。

1956年，在全国工资改革中，纺织工业部又在工作评价的基础上对所属纺织企业分地区制定了纺织运转工人工资标准，无论计时、计件全部纳入统一的工资标准，进一步完善了"一岗一薪"的岗位工资制。

20世纪60年代以来，由于"文化大革命"的破坏，工作分析、人事管理工作长期处于停滞状态。工作分析在我国的真正发展始于改革开放以后。尽管起步较晚，但由于广大科技工作者和管理学界同仁的共同努力，已获得迅速的发展。西方所采用的工作分析的方法也已被介绍并应用到实际工作中。

1977年以后，随着经济体制改革的不断深入，我国的企业管理逐步进入科学化、合理化、标准化的轨道，涌现出一大批先进企业，总结了许多先进的企业管理经验。例如，首都钢铁公司从1981年开始将岗位责任制发展为经济责任制，建立健全包、保、核体系。与此同时还把全部技术业务工作纳入包、保、核体系，制定了明确的岗位标准、责任、程序、时限和考核办法，保证了按质、按量、按时完成各类岗位任务。把企业对国家承担的经济责任分解落实到每个职工身上，形成一套完整的、科学合理的管理网络，把企业各项工作的中心都转移到提高经济效益的轨道上来。再如鞍山钢铁公司，从20世纪80年代初开始，就在岗位责任制方面总结出一套先进的管理经验。80年代后期该公司在吸收纺织系统以及其他行业工作分析的先进经验和方法的基础上，先后对全公司43个厂矿的7429个生产岗位进行了工作分析与评价，取得了大量数据和资料，为制定和修订企业定员定额标准、合理体现岗位类别、建立科学的工资奖励制度、贯彻按劳分配原则提供了可靠的依据。

改革开放以后，我国开展了比较系统的劳动心理学研究，职务分析的研究处于起步阶段。这时心理学家进行了使工人适应工作要求的研究以及工效学方面的一些研究。1984~1985年，为了探索干部的德才和工作绩效的科学评定方法，心理学家在杭州开展了有关企业管理干部职务分析和测评的研究。他们运用个案法、工作日记法、问卷调查法和现职干部评定法等方法，对企业各个层次和部门的干部的工作任务和职务特征进行了比较全面的分析，包括工作内容、时间分配、技术难度、任务紧迫性、人际交往频次、职责和工作负荷等。这些研究明确了企业各级管理者的职责，初步确定了任职者所应具备的心理素质、知识和能力水平等条件，为各级管理者的选拔、培训、考核、调动、晋升打下了基础，取得了较好的效果。

随着时代的发展，企业对工作分析越来越重视，不断吸收国外先进经验，将国外的工作分析方法应用于我国的工作分析实践，极大推进了工作分析在我国的发展。但我国的劳动人事制度中尚未制定出详细科学的"职位分类法"，因此，不论是行政事业单位，还是企业单位，人员的职称、职位的标准都不统一，普遍存在职责不清、分工不明、权利与责任相分离、工作与利益相脱节的现象，存在着因人设岗、机构膨胀、人浮于事的现象。尽管推行了岗位责任制，却也存在不少问题。从工作分析的角度看，一是职务描述不科学，仅有生产岗位责任制，只列举了人员的职责与任务；二是对职务要求的研究不够，对职务的职责、任务、权利、利益说明较多，而对人员的素质要求描述不够，缺乏任职资格的分析，不能有效地考核与激励员工；三是研究的方法不规范，工作分析人员必须接受过严格的训练，有的企业从事工作分析的人员不懂专业或者为了图省事让从业人员自己撰写职务说明，这样的结果势必导致工作分析结果与实际相脱离。

近几年来，为了解决这些问题，不少专家学者都努力对其进行探讨。有的对 PAQ 的方法进行研究，有的对人员资格进行研究，还有的在工作分析研究中结合企业具体问题提出了"因事设职与因人设职相结合"的原则，更有的运用计算机技术，提出把专家系统技术应用于工作分析中，以得出科学的职务说明书和职务规范。

中国各个地区、各个行业发展水平差异很大，各种类型企业的管理水平参差不齐，中国企业应该根据自己所处的不同阶段来选择适应自身特点的管理方法，工作分析同样如此。从最简单的工作分析方法到最近发展的新方法都有着广阔的应用空间。很多管理基础薄弱的企业需要从最基本的工作做起，应用工作分析的各种基本方法，构建管理平台，提高管理的规范化、科学化水平。有一定管理基础的企业可以开发利用现代工作分析系统方法，提高工作分析的效率。理论工作人员应加强工作分析理论与方法的研究，研究开发具有中国特色的工作分析系统，使工作分析的理论与方法本土化，进而积极指导中国的企业人力资源管理实践。

[案例讨论]

如何招聘新工人

美国的 AMCO 钢铁公司，以往在聘用新工人后，通常会在给他们确定相对固定的工作岗位之前，把这些新工人暂时放在一般性的劳动群体中工作。新聘用的工人可能会被安排从事一般性劳动群体中的任何一项工作，所以每个求职者在被雇用时必须符合各种工作的要求。

这种做法为 AMCO 公司带来了一个难题，因为公司并不知晓一般性劳动群体中每项工作的特定资格要求，所以也就无法评估工作申请者是否能符合所有这些工作的专业要求。万一雇用不适合的人员担任某一职务，AMCO 就会面临生产力下降或意外灾害增加的可能。

为了解决这个问题，AMCO 制定了一般性劳动群体中每一项工作需要的资格条件，再依据这些条件对工作申请进行筛选。只有那些通过每一项考试的申请者，才会被视为完全合格而被录用。

工作分析在这个筛选过程中扮演着关键性的角色，一般性劳动群体中的每一项工作，都由公司人力资源专业人员进行分析，目的在于分析与每项工作有关的活动和任务，以便决定能够胜任该项工作的人员所需要的资格条件（如力气、平衡感、灵活度等）。人力资源专业人员首先观察工人执行工作的情况，其次征询其管理者以获得所需要的相关资讯，最后确定需要施行哪些测验以便测量这些工作技巧。

为了确定这些测验的价值或结果，AMCO 把这些测验项目先在现有的员工中施行，然后再将测验高分者与低分者与其工作绩效进行比较。AMCO 发现测验成绩好的人，其实际的工作绩效要比测验成绩差的人好很多，测验成绩高者完成的工作几乎是成绩差者的两倍。这个发现让 AMCO 公司能够在测验的过程中，评估工作申请者未来能够提供的生产力。后来该公司的实践表明，通过测验的每位员工每年可以为公司增加 4900 美元的价值，也就是说，一个经由测验挑选出来的工人，可以预期比没有过经过测验的工人每年多生产 4900 美元的产品。而 AMCO 公司每年大约要雇用 2000 位新工人，可以这样说，因为进行这项测验，每年为公司增加了约 1000 万美元的产品价值。

讨论题：

1. 结合本案例谈谈工作分析的重要性。
2. 为什么测验成绩高的工人工作绩效要高一些？

HAPTER 2

第二章 工作分析方法

[内容提要]

本章主要介绍各种工作分析方法,包括传统的工作分析方法以及近年来国外企业应用较多的现代工作分析方法。

[学习要点]

1. 明确各种工作分析方法的概念;
2. 掌握各种工作分析方法的优缺点;
3. 掌握各种工作分析方法的操作流程;
4. 明确各种工作分析方法运用时应注意的问题。

[引导案例]

为什么工作分析处处受阻

人力资源专员小V接到指示，公司在这个月将开展工作分析。作为人力资源部的工作人员，小V自然成为工作分析小组的成员，主要负责销售部门各个岗位的工作分析。他决定先从普通的销售员岗位开始，从下往上分析，最后再分析销售经理岗位。

在工作分析的开展过程中，销售员的态度并没有像小V预期的那样配合。"工作分析干嘛用的？你们人力资源部还真是吃饱了没事干。"资历深厚的销售员直接质疑小V。"哦，是不是要裁人啦？怎么突然要分析工作了呢？"胆小怕事者支支吾吾，疑心重重。"真抱歉，手头忙，等过一阵再谈吧。"态度冷淡、不配合的员工也不在少数。一周下来，小V精疲力竭却收获寥寥。

在这则案例中，销售部员工上上下下对小V的工作持质疑或冷淡的态度，原因可能并不出在小V身上。员工对工作分析实施者态度冷淡，有抵触情绪，这其实是员工对工作分析恐惧的一种表现。员工对工作分析产生恐惧的主要原因是事先没有做好宣传动员工作，员工不清楚工作分析的原因、流程、目的，心里没底，自然对这项突如其来的工作不配合，对实施者也有不信任感。如果在工作分析之前能够解释说明工作分析的目的，打消被调查者的疑虑，并能够综合考虑销售人员的特点，选择他们容易接受的工作分析方法，那么小V的工作将会顺畅许多。

工作分析是人力资源开发与管理的基础和平台，是整个人力资源管理工作的依据和参考。科学的工作分析方法是工作分析成败的关键，对工作分析结果的科学性、规范性和有效性有着重要的影响。科学、合理的工作分析，能够提高人力资源管理工作的效率，进而提高企业人力资源管理的整体水平，企业才能赢得竞争与发展的优势。

工作分析的方法是多种多样的，每种方法都有各自的优缺点。没有任何一种方法可以独立完成整个工作分析，在实践中，要做好工作分析，常常要把不同的方法相互结合起来使用。工作分析的内容取决于工作分析的目的与用途，不同组织所进行的工作分析的侧重点会有所不同。因此，在工作分内容确定后选择适当的分析方法就十分重要。本章将分别介绍传统工作分析方法和现代工作分析方法，并加以区别和比较，以便在实际工作中选择合适的工作分析方法。

第一节 传统工作分析方法

一、访谈法

（一）访谈法的含义

访谈法又称为面谈法，是指工作分析人员就某一职务或者职位面对面地询问任职者、主管、专家等对工作的意见和看法，是目前企业运用最广泛、最成熟并且最有效的工作分析方法。

访谈法按照访谈的程序可分为结构化访谈和非结构化访谈。结构化访谈能够收集较为全面的工作信息,但是不够灵活,阻碍思维发散。非结构化访谈可以根据实际情况灵活地搜集工作信息,但容易缺失信息。实践中,两者往往结合使用。在记录访谈内容时,一般采用标准化格式记录,以便控制访谈内容,使访谈结果具有可比性。

(二)访谈法的优缺点

1. 访谈法的优点

第一,操作简单。访谈法的操作方法简单,通过直接沟通可以迅速地搜集多方面的工作信息,并且所获得的信息也是最真实、最有效的。

第二,灵活性强。访谈法可以根据实际情况及时地修正访谈提纲中不恰当的问题和补充遗漏的信息,随着访谈的进行进一步完善访谈提纲,拓宽访谈提纲的信息覆盖面。

第三,方便搜集深层次信息。访谈法是一种面对面的交流,通过有效控制和引导消除被访谈者的疑虑,拉近访谈者与被访谈者的关系,从而更深入地了解被访谈者的心理特征、其对工作的态度和工作动机等深层次问题。通过访谈法不仅可以掌握现场观察或书面调查所不能获得的情况和资料,而且还能进一步证明现有资料的真实性和可靠性。

第四,有利于工作分析的开展。访谈法可以使被访谈者了解工作分析的目的以及必要性,同时对工作进行系统性的思考、总结和提炼,便于工作分析的开展。

2. 访谈法的缺点

第一,对访谈者技巧要求高。访谈法对访谈者本人的素质要求较高,需要访谈者接受有关访谈技巧的专项训练。如果访谈者运用访谈技巧不当或不具备良好的沟通能力,易导致访谈工作收集的信息不完全甚至失真。

第二,工作成本较高。访谈法需要占用被访谈者的正常工作时间,工作成本较高,消耗较多的精力与时间,降低工作效率,甚至有可能造成生产损失。

第三,易受个人因素影响。访谈法中的被访谈者易将个人利益与访谈内容联系起来,往往夸大工作内容的难易程度和重要性,使工作信息有可能失真。

(三)访谈法操作流程

访谈法的工作分析程序分为准备阶段、实施阶段和整理阶段三个阶段,下面分别从这三个阶段来阐述访谈的过程。

1. 准备阶段

首先,在访谈开始之前要获得企业中高层管理人员的支持,这是工作分析能否成功的关键所在。工作分析工作仅依靠企业的人力资源部是无法完成的,它涉及企业的每一个部门、每一个员工,只有得到企业的高度重视和员工的充分理解,才能保证工作分析工作的顺利进行。

其次,了解企业的背景文化、经营范围、主要产品、部门设置、工作流程以及绩效指标等,在此基础上制订访谈计划。访谈计划包括:第一,确定访谈目标。例如,工作分析的目标是制定科学合理的薪酬制度,访谈要着重于对企业薪酬制度的了解。第二,了解访谈对象。例如,对基层员工的访谈,可加强与之主管领导的沟通与配合,找到最合适的访谈提纲。第三,选择访谈方法。例如,结构化访谈和非结构化访谈,亦可结合使用。第四,确定访谈时间和地点。选择合适的访谈时间和地点,确保最低程度影响员工的正常工作。第五,准备访谈所需材料及设备。例如，笔、笔记本、录音笔等。

再次，根据访谈内容的复杂程度以及访谈对象的规模建立恰当的访谈小组，确定各小组成员的工作分工，并对各小组成员进行系统的、有针对性的访谈技能培训。培训的内容包括：访谈的目的及意义、时间安排、访谈技巧及注意事项等。

最后，为了避免遗漏访谈问题，需要根据访谈目的编制访谈提纲。一般来说，访谈提纲应当包含如下内容：①岗位设置的目的；②基本职责描述；③教育状况；④岗位工作经验要求；⑤担负的管理职责；⑥工作关系；⑦本岗位所受到的监督及管理；⑧决策责任；⑨错误分析；⑩数据保密；⑪工作条件；⑫心理要求；⑬工作中所需的机器及设备；⑭附加说明。

访谈提纲范例见表2-1。

表2-1 访谈提纲范例

先生/女士：

首先，感谢您来参加我司工作分析访谈。本次工作分析的目的是要解决两个问题：一是弄清楚企业中每个职位的工作内容；二是明确这些职位对员工的从业要求。选择您来参加访谈是因为您拥有丰富的从业经验，您的配合是我们获得必要信息的重要保证。同时，我们将对本次谈话做必要的记录，它们仅用于工作分析，请您无需顾虑，如实回答。

（1）您的岗位名称及编号是什么？
（2）您在哪个部门工作？您的部门经理及直接上级分别是谁？
（3）您主要做哪些工作？请举例说明。
（4）您的工作职责有哪些？
（5）您对哪些事情有决策权？对哪些事情没有决策权？
（6）您在工作中需要接触哪些人？
（7）您需要哪些设备及工具来开展您的工作？其中，哪些是经常使用的，哪些是偶然使用的？您对目前的设备状况满意吗？
（8）您认为做好本项工作需要何种程度的文化水平、工作经验及能力要求？
（9）您对目前的工作环境满意吗？如果不满意，您希望哪些方面得到改善？
（10）您认为该工作对体力有何要求？
（11）您从事该工作的安全和健康状况怎样？
（12）您觉得该工作的价值和意义有多大？
（13）您认为怎样才能更好地完成工作？
（14）您还有什么需要补充的吗？

2. 实施阶段

首先，在正式访谈之前与被访谈者进行沟通，确定访谈时间及地点，事先告知被访谈者访谈的目的及方式，打消被访谈者的疑虑，彼此信任并建立良好的合作关系。

其次，在正式访谈时尽量按照前期准备的访谈提纲进行，避免跑题或讨论无关紧要的话题，但是也不能一成不变，要注意随机应变，及时应对出现的突发状况。

最后，访谈过程中细心聆听，准确记录被访谈者传递的信息。访谈结束后，请被访谈者核对记录的信息，确保所记录信息的真实性和有效性，对被访谈者表示感谢后离开。

3. 整理阶段

访谈结束后及时整理访谈过程中记录的信息，分析并筛选出有价值的信息。将不同被访谈者回答的内容进行比较，归纳并总结，得出结论。

（四）运用访谈法时需要注意的问题

（1）相互信任是访谈法成功的关键，因此，在访谈时要尊重被访谈者，接待要热情，态度要诚恳，注意说话方式，事先要与被访谈者坦诚交流，打消被访谈者的各种疑虑。

（2）为了提高访谈的效率，在访谈开始之前加强与主管领导的沟通，找到最了解工作内容和最能客观描述自身职责的员工。

（3）安排的访谈时间和地点要恰当，不能过多地影响被访谈者的正常工作与休息，访谈的环境与气氛不能过于拘束，应当营造一种轻松愉快的氛围，使被访谈者的回答客观真实。

（4）在向被访谈者介绍工作分析及访谈的目的时，尽可能避免反复提及访谈者不了解或不感兴趣的话题，如"工作分析""工作职责"等，而应多谈谈如"薪酬""晋升""培训"之类他们感兴趣的话题。

（5）在访谈中应把握好提问的技巧。访谈人员所提的问题要有针对性，语言表达要清晰明确、通俗易懂，问题和内容不能超出被访谈者的能力范围，亦不能打听被访谈者隐私。

（6）访谈中安排的问题应该注意将封闭式问题与开放式问题相结合，尽可能获得更多的有效信息。封闭式问题可以获得有针对性的工作信息，而开放式问题有助于发散被访谈者的思维，搜集更多的信息。

（7）两人或两人以上访谈时，注意确定主问人和次问人，分工合作，思路统一。一人问，另一人记录信息，或者一人问主要问题，另一人问次要问题或补充提问。

（8）访谈结束后将所记录的信息请被访谈者审阅，确保记录的信息无偏差、无遗漏，并再次对被访谈者表示感谢，起立，握手，离开。

二、问卷法

（一）问卷法的含义

问卷法是让被调查的与工作分析相关的任职人员以填写调查问卷的形式回答有关工作岗位问题，从而获取相关工作信息的工作分析方法。问卷法操作简单、成本较低，是目前最常用的一种工作分析方法。

问卷法按照问卷设计的形式可以分为开放式问卷、封闭式问卷和混合式问卷。开放式问卷是指只有问题而没有备选答案，需要由被调查者自己根据判断来填写的问卷方式。在开放式问卷中，被调查者可以自由回答所提的问题。封闭式问卷是指既有问题也有备选答案，要求被调查者根据实际情况进行选择的问卷方式。在封闭式问卷中，被调查者要从所列答案中选择最符合自身情况的一项。混合式问卷是指将开放式问卷与封闭式问卷的优点相结合的综合问卷方式。在混合式问卷中，一部分问题设计成开放式，另一部分问题设计成封闭式，这种问卷方式在实际工作中应用较多。

（二）问卷法的优缺点

1. 问卷法的优点

第一，节约时间和成本。问卷法可以在短时间内搜集众多岗位信息资料，耗费较少的时间和精力，大大缩减了成本开支。

第二，对正常工作的影响较小。被调查者可以在生产和工作之余填写调查问卷，不会对企业正常的经营产生影响。

第三，适用性广泛。问卷法的调查范围广，可用于多种目的、多种用途的工作分析。

第四，数据方便处理。通过问卷法所获得的工作信息可以数量化，再由计算机进行数据的归纳和总结，省时省力，十分方便。

2. 问卷法的缺点

第一，问卷设计难度较大。问卷本身的质量对工作分析结果的质量至关重要，因此，问卷的编制技术要求较高，而设计理想的调查问卷需要花费大量的时间和精力，成本较高。

第二，可控性较差。不同的被调查者对问卷中相同问题的理解不同，信息资料容易产生偏差。问卷发放下去后由被调查者单独完成，如果被调查者对问卷调查重视程度不够，不积极配合，不认真填写或将问卷置之不理，会导致问卷的回收率很低，工作分析问卷的质量也会受到严重的影响。

第三，不易获取深层次信息。问卷法缺乏调查者与被调查者之间的沟通与互动，因此，得到的结果往往只是表面现象，无法获得与被调查者态度和动机相关的深层次信息。

第四，问卷法不适用于文字理解能力和表达能力较差的人群。

（三）问卷法操作流程

问卷法工作分析程序主要包括问卷设计、问卷测试、问卷发放、问卷回收及归档五个环节。

1. 问卷设计

问卷设计是问卷法工作分析程序中最重要的一个环节，问卷设计的好与坏直接影响工作分析成果的质量。一般来说，问卷中应当包含如下内容：①职位基本信息；②职位目的；③工作职责；④绩效标准；⑤工作联系；⑥组织架构；⑦工作特征；⑧任职资格；⑨所需培训；⑩职业生涯。

调查问卷范例见表 2-2。

表 2-2　调查问卷范例

首先，感谢您从繁忙的工作中抽空填写本调查问卷，您填写的内容对我们进行的工作分析非常重要，请您如实并完整地填写每一项内容。再次感谢您的配合！

一、基本信息

姓名：_____　　　填写日期：_____

职位名称：_____　　职位编号：_____

所属部门：_____　　部门主管人员姓名：_____

二、调查信息

1. 列举主要工作职责：
_____

2. 列举次要工作职责：
_____

3. 列举你所使用的工具：

_____　　□ 经常使用　　□ 偶尔使用

　　　　　　　□ 经常使用　　□ 偶尔使用

4. 做此工作需要何种受教育程度？

□ 高中以下　□ 高中　□ 大专　□ 大专以上

5. 担任此工作需要多少年的相关工作经验？

□ 1 年以下　□ 1~3 年　□ 3~5 年　□ 5~10 年　□ 10 年以上

6. 你认为做好此项工作需要多长时间的培训？

□ 两周或两周以下　□ 3 个月　□ 6 个月　□ 1 年　□ 2 年　□ 3 年

7. 你认为做好此项工作需要多大程度的监督？

□ 经常性监督　□ 偶尔监督　□ 无需监督

8. 你所做的决策有哪些？是否需要复核？由谁复核？

9. 你认为做好此项工作需要哪方面的才能？

续表

10. 你认为该工作容易出现哪些错误？
11. 该工作与其他单位或部门的联系情况如何？

  _____ □ 持续不断 □ 频繁 □ 偶尔 □ 从不
  _____ □ 持续不断 □ 频繁 □ 偶尔 □ 从不
  _____ □ 持续不断 □ 频繁 □ 偶尔 □ 从不

12. 试说明会导致疲惫的肌肉动作、身体移动、工作位置与姿势的改变，并估计每项因素的持续时间。
13. 你每周平均加班的时间是多少？
14. 你每年出差的次数是多少？平均每次出差持续的时间有多长？
15. 你不愿意在哪些环境下工作？
16. 列举你直接监督下的工作名称及所属人员数目：
    _____

  填写人：_____   所属部门：（签名盖章）

2. 问卷测试

在正式发放问卷之前，选取局部岗位的员工填写初步拟定的调查问卷，从而发现问卷存在的问题并及时修订和补充，使问卷进一步完善。

3. 问卷发放

在合适的时间和地点将准备好的问卷发放给被调查者，向被调查者介绍工作分析的目的以及意义，说明填写调查问卷应该注意的事项和被调查者容易产生疑虑的地方，鼓励被调查者客观、真实地填写问卷，及时解答被调查者在填写问卷过程中提出的问题。

4. 问卷回收

被调查者完成问卷填写后要及时将问卷收回，提出回收问卷中的不合格问卷或重新进行调查。

5. 问卷归档

将同一岗位的调查问卷合并归档，以便比较、分析和提炼工作信息。

（四）运用问卷法时需要注意的问题

（1）问卷中的问题要具体、有针对性，语言应简明、清晰、易懂，必要时可附加说明。提问的形式要多样化，封闭式问题与开放式问题结合使用，帮助提高被调查者的兴趣。问题的排列要有一定的逻辑次序，如按时间先后、按从外部到内部、按从上级到下级等顺序排列。

（2）在问卷调查前与被调查者进行沟通，说明问卷调查的目的和填写规范，提高被调查者对问卷的理解程度。

（3）严密控制问卷调查过程，及时收回填写完的问卷，避免丢失，并将反馈的信息与被调查者的主管人员进行沟通，确保问卷信息的真实性与准确性。

三、观察法

（一）观察法的含义

观察法是指工作分析人员直接到工作现场，针对特定对象的作业活动进行观察、收集和记录有关工作信息，并进行分析和归纳总结的方法。利用观察法可以有效收集任职者从事岗位工作的细节信息，弥补了访谈法和问卷法的不足，适用于大量标准化的、周期短的和以体力活动为主的工作,如搬运员、操作员、文秘等。

观察法适用于周期性、重复性较强的工作,可以进一步分为直接观察法、阶段观察法和工作表演法三种。

直接观察法是指工作分析人员亲临工作现场,对员工的工作过程、行为、内容特点、性质和设备环境等进行仔细观察,并用文字或图表形式详细记录所观察到的信息,然后再进行系统分析和归纳总结的方法,适用于工作周期短的工作。

阶段观察法是指对某些工作周期较长的岗位分阶段进行观察,从而更完整地观察到员工的所有工作,适用于工作周期较长的工作。

工作表演法是指对工作周期很长或突发事件较多的工作可以让员工表演决策过程,通过观察员工的工作情况进行工作分析,适用于工作周期长及突发事件较多的工作。

(二)观察法的优缺点

1. 观察法的优点

第一,获得的信息较客观。通过观察法可以使工作分析人员更好地了解工作要求,所搜集的工作信息多为第一手资料,基本排除了主观因素的影响,从而使获得的工作信息更客观、更正确。

第二,搜集更多的细节信息。观察法能够搜集到访谈法所不能搜集到的某些细节信息,如一些有经验的员工有时可能会忽视工作中的某些细节,使工作结果发生偏差或无法完成工作,通过观察法可以发现这些被忽视的细节,使工作能够更好地完成。

第三,操作简单。运用观察法相对于其他工作分析方法而言比较简单,对工作人员的技能要求较低,能够较快掌握观察法的要点。

2. 观察法的缺点

第一,获得的信息有限。观察法不适用于以脑力劳动为主的或紧急情况较多的工作,如教师、律师和医生等,因为观察法很难观察到员工的心理活动和分析能力。除此之外,观察法所获得的工作信息也十分有限,仅依靠观察法往往不能全面地描述整个工作情况,因此,观察法常作为其他工作分析方法的补充。

第二,易受人为因素的影响。在被观察的情况下,员工容易受到个人利益的影响,从而表现出与平时不一致的工作效率,影响工作分析对真实情况的了解,降低可信度。

第三,耗时较长,成本较高。观察法的工作量一般较大,需要耗费大量的人力、物力和财力,增加了工作分析的成本。

(三)观察法操作流程

观察法的工作分析程序主要可以分为以下五个步骤。

1. 初步了解工作信息

检查现有文件,形成有关工作目的、工作任务和工作流程等总体概念。准备一个初步的任务清单,作为面谈的框架。观察提纲范例见表2-3。

表2-3 观察提纲范例

被观察者姓名:	日期:
观察者姓名:	观察时间:
工作类型:	工作部门:
观察内容:	

续表

| （1）什么时候开始上班？ |
| （2）上午工作多少小时？ |
| （3）上午休息几次？ |
| （4）第一次休息的起讫时间是什么？ |
| （5）第二次休息的起讫时间是什么？ |
| （6）上午完成产品多少件？ |
| （7）平均多长时间完成一件产品？ |
| （8）与同事交谈几次？ |
| （9）每次交谈约多长时间？ |
| （10）室内温度是多少？ |
| （11）上午抽了几支烟？ |
| （12）上午喝了几次水？ |
| （13）什么时候开始午休？ |
| （14）出了多少次品？ |
| （15）搬了多少次原材料？ |
| （16）工作场地噪声分贝是多少？ |

2. 进行面谈

最好首先选择一个管理人员或有经验的员工进行面谈，以便了解工作的整体情况。同时，确保多选择的面谈对象具有代表性。

3. 实施观察

工作分析人员对岗位任职者的实际工作过程进行观察，记录工作行为各个方面的特点，在观察过程中掌握工作中所使用的工具设备、工作程序、工作环境和体力消耗情况。

4. 合并工作信息

将各种信息合并为一个综合的工作描述，包括主管人员、被观察者、观察者和有关工作的书面资料。工作分析人员应该检查最初的任务和问题清单，随时补充新的资料信息，确保工作信息没有遗漏。

5. 核实工作描述

工作分析人员认真检查整个工作描述，并在遗漏和含糊的地方做出标记。把所有面谈对象召集在一起讨论在合并信息阶段得到的工作描述的完整性和准确性，以小组为单位逐项对工作描述进行核实，确保无偏差和遗漏。

（四）运用观察法时需要注意的问题

（1）所观察的工作应该相对静止，即在一段时间内，工作内容、工作程序和对工作人员的要求等不会发生明显变化。

（2）所观察的工作行为应该具有代表性，注意分辨在观察过程中人为表现出来的工作行为，而不是机械地记录，注意对工作信息进行比较和提炼。

（3）观察前应当制订详细的工作计划，准备好观察提纲，使观察工作有序进行。

（4）观察人员在观察室尽量避免不要引起被观察者的注意，避免干扰被观察者的正常工作，应当在适当的时候以适当的方式将自己介绍给被观察人员。

（5）注意将观察法与其他工作分析方法结合使用，避免重要工作信息的遗漏。

四、工作日志法

(一) 工作日志法的含义

工作日志法又称工作写实法,是指任职者按时间顺序详细记录自己的工作内容与工作过程,然后经过归纳和总结实现工作分析目的的一种方法。

(二) 工作日志法的优缺点

1. 工作日志法的优点

第一,信息可靠性高。工作日志法适用于确定有关工作职责、工作内容、工作关系和劳动强度等方面的信息,得到的信息真实、可靠,对复杂性工作的分析比较有效。

第二,所需费用较少。工作日志法耗费的时间和精力较少,成本较低,尤其对分析高水平和复杂的工作而言更加经济实惠。

2. 工作日志法的缺点

第一,对被调查者的要求较高。使用工作日志法要求被调查者对工作岗位十分了解,同时,需要占用被调查者个人更多的时间和精力。

第二,后期整理工作量大。通过工作日志法获得的工作信息是未经提炼的原始信息,可能存在的误差较多,工作分析人员收集之后还要做大量的工作整理、工作日志,比较分析数据,提炼分析结果。

第三,信息容易缺失。工作日志法获取的信息来源于任职者,受任职者个人因素的影响较大,容易造成信息缺失,不同任职者对工作分析的理解程度不一样,使工作分析的结果容易出现偏差。

(三) 工作日志法操作流程

工作日志法的工作分析程序主要分为以下三个步骤。

1. 工作日志表格设计

一个完整的工作日志要回答"做什么""如何做""怎么做"三个问题,在设计工作日志表格时可以分为四个部分:前言、填写说明、任职者信息和工作日志内容。具体来说,工作日志表格需要涵盖以下几个方面的内容:①活动名称;②编号;③活动方式;④活动对象;⑤活动结果;⑥频率;⑦起止时间;⑧活动地点;⑨工作联系;⑩性质;⑪重要程度。

工作日志表范例见表2-4。

表2-4 工作日志表范例

姓名:_____ 年龄:_____ 部门:_____
职位名称:_____ 直接上级:_____ 填写日期:_____

工作日志内容					
工作序号	工作名称	工作内容	活动结果	持续时间	备注
1					
2					
3					
4					
5					

续表

工作开始时间：_____　　工作结束时间：_____

填写人：_____　　审核人：_____

填写说明：① 请在每天工作开始前将工作日志放在手边，按工作活动发生的顺序及时填写，切忌在一天工作结束后一并填写。② 要严格按照表格要求进行填写，不要遗漏那些细小的工作活动，以保证信息的完整性。③ 请提供真实的信息，以免损害您的利益。④ 请注意保留，防止遗失。感谢您的真诚合作！

2. 培训相关人员

选定工作日志法的实施对象，工作分析人员向其解释工作分析的目的以及意义，说明工作日志法的基本要求和填写规范，消除其抵制心理。

3. 日志填写

被调查者在填写工作日志时严格按照规定的格式和要求填写，调查者对其填写过程实施监控，督促调查对象保质保量填写好工作日志，定时提醒被调查者填写工作日志，避免被调查者遗忘。

4. 收回工作日志表单及整理

由工作分析人员收回工作日志表单，将收回的工作日志表单按不同岗位分列整理，比较分析所获得的工作信息，归纳和总结，提炼重要的分析结果。

（四）运用工作日志法时需要注意的问题

（1）工作日志要随身携带，避免丢失，每天按工作活动发生顺序及时填写。

（2）要严格按照表格要求进行填写，不要有遗漏，以保证信息的完整性。

（3）要认真填写有关工作情况，提供真实的信息。

（4）加强事前培训、过程指导和中期辅导，以削弱信息交流的单向性，提高被调查者积极性。

（5）任职者一般有夸大自己工作量和工作难度的倾向，工作分析人员要对调查对象所填写的内容保持怀疑态度，并加强监督。

五、主管人员分析法

（一）主管人员分析法的含义

主管人员分析法是由主管人员在日常工作中记录与分析所管辖人员的工作任务、责任与要求的一种方法。

主管人员分析法与工作日志法同属于写实分析法。写实分析法主要分为两种形式，如果做写实、描述工作的是自己，则称为工作日志法；如果由主管人员对任职者的工作进行记录与分析，则称为主管人员分析法。

（二）主管人员分析法的优缺点

1. 主管人员分析法的优点

主管人员分析法最大的优点是记录方便，他们经常与所分析的工作打交道，对这些工作非常了解，尤其对以前从事过这些工作人来说，他们对被分析的工作有着较为深刻的理解，对岗位所要求的工作技能的鉴别与确定也比较了解，分析的目的更明确、更深入。

2. 主管人员分析法的缺点

主管人员分析法的缺点在于主管人员的分析可能存在一些偏见，尤其是那些只干过其中一部分工作的主管人员，他们往往偏重于所从事过的那部分工作，而不能全面认识整个工作。

（三）主管人员分析法操作流程

主管人员分析法的工作分析程序与工作日志法类似，可以参照工作日志法操作。主管人员分析表范例见表2-5。

表2-5　主管人员分析表范例

1. 岗位名称：_____　　所属部门：_____　　日期：_____
   任职者姓名：_____　　主管人姓名：_____　　签字：_____
2. 基本职责
   _____
3. 能够用于确定本职位工作范围的各种指标，包括定性和定量指标：
   _____
4. 以图表方式表明本岗位与其他岗位之间的工作关系。

5. 列举主要职责活动与代表性的工作项目：
6. 如果上述项目无法说明，请在此举几个典型的事例或任职时所遇到的事例：
7. 说明本职位工作的权限与自主性：
8. 完成本职位工作需要说明的其他情况与要求：
   _____

感谢您的真诚合作！

（四）运用主管人员分析法时需要注意的问题

由于主管人员的分析可能存在一些偏见，一般地，将主管人员分析法与工作日志法结合起来进行工作分析，以避免因主管人员的工作经验所造成的偏差。

六、资料分析法

（一）资料分析法的含义

资料分析法又称文献分析法，是指在现有资料的基础上对每个工作岗位的任务、责任、权力、工作负荷和任职资格等进行系统性的分析、提炼和加工来获取工作信息的工作分析方法。

（二）资料分析法的优缺点

1. 资料分析法的优点

资料分析法的优点是分析成本低，工作效率高，因为资料分析法利用的都是现有资料，这些基础资料信息能够为进一步的工作分析提供参考，是合理和有效利用现有资源的一种变现。

2. 资料分析法的缺点

一般来说，通过资料分析法获得的信息往往不够全面，尤其是对管理制度不完善的小型

企业而言，该工作分析方法不能搜集及时的和有效的岗位信息，需要与其他工作分析方法结合起来使用。

（三）资料分析法操作流程

1. 确定参考资料范围

参考资料包括内部资料和外部资料，在确定参考资料范围时要尽可能全面地收集对工作分析有参考价值的资料，如岗位责任书、作业统计和人事档案等内部资料，或从外部类似企业相关工作分析结果中获得的信息。一般地，现有的文献资料并不是为企业工作分析服务的，但是，这些资料的部分内容对工作分析有参考价值，合理并有效利用这些资源，可以大大缩减工作分析成本和提高工作分析效率。

2. 提炼有效信息

快速浏览收集的文献及资料，从大量的文档中获取有效信息，使用特殊符号或醒目的颜色标记文档中出现的有效信息，方便以后快速查找。对于文献和资料中缺乏的工作信息，另列一个提纲，以便在使用其他工作分析方法时特别关注。

（四）运用资料分析法时需要注意的问题

（1）由于资料分析法不能获得全面的岗位信息，所以，在运用资料分析法时常常结合其他工作分析方法一起分析。

（2）批判地吸收企业现有资料中的与工作分析相关的信息，切忌先入为主，让错误的信息影响工作分析结果。

七、主题专家会议法

（一）主题专家会议法的含义

主题专家会议法（subject matter experts，SMEs）通常指与熟悉目标职位的组织内部任何外部人，包括任职者、直接上司、曾经任职者、内部客户、其他熟悉目标职位的人、咨询专家、外部客户及其他组织标杆职位任职者的集思广益的过程。在工作分析中主题专家会议法主要用于建立培训开发规划、评价工作描述、讨论任职者绩效水平、分析工作任务、职位设计等。

一般来说，主题专家会议法可以分为四种形式：专家会议调查法、头脑风暴法、个人判断法和集体判断法。

专家会议调查法是根据市场预测的目的和要求，向一组经过挑选的有关专家提供一定的背景资料，通过会议的形式对预测对象及其前景进行评价，在综合专家分析判断的基础上，对市场趋势做出量的推断。

头脑风暴法是组织各类专家相互交流意见，无拘无束地畅谈自己的想法，敞开思想发表自己的意见，在头脑中进行智力碰撞，产生新的思想火花，使预测观点不断集中和深化，从而提炼出符合实际的预测方案。头脑风暴法又可以进一步分为直接头脑风暴法和质疑头脑风暴法。直接头脑风暴法是按照头脑风暴法的规则，通过一组专家会议，对所预测的问题进行创造性思维活动，从而得出满意方案的一种方法。质疑头脑风暴法是同时召开由两组专家参加的两个会议进行集体讨论，其中一个专家组会议按直接头脑风暴法提出设想，另一个专家组会议则是对第一个专家组会议的各种设想进行质疑直至形成一致意见，从而形成一个更科学、更可行的预测方案。

个人判断法是用规定程序对专家个人进行调查的方法，这种方法是依靠个别专家的专业知识和特殊才能来进行判断预测的。

集体判断法是在个人判断法的基础上，通过会议进行集体的分析判断，将专家个人的见解综合起来，寻求较为一致的结论的预测方法。这种方法参加的人数多，所拥有的信息量远远大于个人拥有的信息量，因而能凝集众多专家的智慧，避免个人判断法的不足，在一些重大问题的预测方面较为可行可信。但是，集体判断的参与人员也可能受到感情、个性、时间及利益等因素的影响，不能充分或真实地表明自己的判断。

（二）主题专家会议法的优缺点

1. 主题专家会议法的优点

第一，操作简单，成本低，适合各类组织开展。

第二，可以运用于工作分析的各个环节，具备多方沟通协调的功能，有利于工作分析结果最大限度得到组织的认同及后期的推广。

第三，可用于定量估计。主题专家会议法可以将某些难以用数学模型定量化的因素考虑在内，在缺乏足够统计数据和原始资料的情况下，可以给出定量估计。

2. 主题专家会议法的缺点

第一，结构化程度低，缺乏客观性。

第二，受到参会专家的知识水平及相关工作经验的制约。参加预测的人员必须是与预测问题有关的专家。所谓专家，在这里一般指具有专业知识、精通业务、在某些方面经验丰富、富有创造性和分析判断能力的人。

（三）主题专家会议法操作流程

1. 确定主持人

主题专家会议的主持人最好是组织内与目标职位相关的中层管理者，还需要人力资源部的工作分析专业人士对其进行专业指导和培训。

2. 选择相关专家

主题专家一般以 5~8 人为宜，根据会议的主要目的确定。如果会议的主要目的是工作设计，则选择的主题专家可以是相关职位的上级、咨询专家、外部客户或任职者等。

3. 准备会议相关材料和设施

为了使会议更有针对性，提高会议效率，会议主持人应事先准备好相关书面材料或其他媒体设施。

4. 会议组织安排

进行会场布置以及后勤准备工作，提前通知参会者，并协助其准备好会议所需相关文件资料。

（四）运用主题专家会议法时需要注意的问题

（1）要注意专家代表的选取，尽可能保证代表选取的结构合理，使专家们的意见具有更大的代表性。

（2）要注意避免权威人士左右与会专家的意见，尽可能让大家都有充分发表意见的机会，并不受他人意见的干扰。

（3）采用专家会议调查法进行市场预测应特别注意以下两个问题：一个是选择的专家人数要适当，专家要具有代表性并有丰富的知识和经验；另一个是预测的组织工作要合理。

（4）采用头脑风暴法时要注意不要批评别人的意见，要提倡自由奔放地思考，提出的方案越多越好，提倡在别人方案的基础上进行改进或与之结合。

（5）运用集体判断法，会议主持人要尊重每一位与会者，鼓励与会者各抒己见，使与会者在积极发言的同时保持谦虚恭敬的态度，对任何意见都不应带有倾向性。同时，还要掌握好会议的时间和节奏，既不能拖得太长，也不要草草收场，当话题分散或意见相持不下时，能适当提醒或调节会议的进程等。

（6）如果参加者相互认识，要从同一职位、职称或级别的人员中选取，领导人员不应参加，否则可能对参加者造成某种压力；如果参加者互不认识，可从不同职位、职称或级别的人员中选取。不论成员的职称或级别高低，都应同等对待。

（7）专家会议组织者最好是市场预测方面的专家，有较丰富的组织会议的能力。会议组织者要提前向与会专家提供有关的资料和调查提纲，讲清所要研究的问题和具体要求，以便使与会者有备而来。

（8）精心选择会议主持人，使与会专家能够充分发表意见。要有专人对各位专家的意见进行记录和整理，要注意对专家的意见进行科学归纳和总结，以便得出科学的结论。

（9）对于主题专家会议未形成决议的事项，应在会后有专人负责办理，然后将成果反馈给参会人员。

第二节　现代工作分析方法

伴随着企业组织的变革、发展以及新技术的快速革新，传统的工作分析方法已不能很好地适应工作分析的新需求。因此，在传统工作分析理论及方法的基础上，新的工作分析方法应运而生。

现代工作分析方法始于20世纪四五十年代，在七八十年代趋于成熟，并获得广泛应用。按照工作分析的侧重点不同，现代工作分析方法可以分为工作导向型工作分析方法和人员导向型工作分析方法两大类。工作导向型工作分析方法侧重于分析提供产品和服务所需要的任务和行为，以工作本身作为工作分析的出发点和落脚点，即把工作分析的目的直接对准工作目标、任务和其他有关工作实质性特征的事项，如关键事件法、职能工作分析法、任务清单分析法等。人员导向型工作分析方法强调成功完成工作任务和行为所需的个体工作者的知识、经验、技能、能力、天赋和性格特征等，将任职者作为工作分析的研究对象，即通过了解任职者的潜质、能力和执行工作过程中表现出来的特征来获得工作信息，如职位分析问卷法、管理职位分析问卷法、工作要素法、临界特质分析法、能力要求法等。

一、关键事件法

（一）关键事件法的含义

关键事件法（critical incidents technique, CIT）是由 J.C.Flannagan 在 1954 年提出来的，它

是指一种由工作分析专家、管理者或工作人员在大量收集与工作相关信息的基础上详细记录其中关键事件以及具体分析其岗位特征和要求的工作分析方法。该方法的核心是通过关键行为与任务信息来描述具体工作活动。与工作描述、任职资格分析等活动相比，关键事件能有效提供任务行为的范例，因而在培训需求确定与绩效评估方面应用较为广泛。在最初运用关键事件法进行工作分析时，需要工作人员回忆并记录那些能反映"特别好"或"特别差"的工作绩效的特定行为或事件。随着关键事件法的不断发展，要求使用一些更有代表性的能够描述工作绩效的方法。

（二）关键事件法的优缺点

1. 关键事件法的优点

第一，应用广泛。关键事件法作为一个重要的工作分析工具已经应用了近60年，适用于绩效评估、培训和工作任务设计等人力资源管理的许多方面，如绩效评估的行为锚定和行为观察。

第二，准确度高。关键事件法对行为进行系统地观察和测量，能更好地确定每一行为的作用，因而可以更加准确地描述工作行为和建立行为标准。

2. 关键事件法的缺点

第一，费时费力。收集和整理关键事件需要花费大量的时间和精力，成本较高。

第二，对中等绩效的员工关注不够。关键事件法关注的是对工作绩效显著有效或无效的事件，忽略了中等绩效的员工，因而不能全面地分析职务信息。

（三）关键事件法操作流程

关键事件法首先要明确编写关键事件的标准，然后选择合适的方法获取关键事件，最后对关键事件做必要的整理和加工。

1. 明确编写关键事件标准

关键事件的编写有四个标准：①内容明确；②行为导向清晰；③背景描述到位；④工作结果合格。如果详细描述的行为是单一的，我们称为明确的行为。我们描述的行为必须是明确的、全面的和详细的，要让对工作有所了解的人能够想象出工作者是以何种方式进行工作的。事件描述应该提供足够多的背景描述，从而使人们能够准确地想象出行为发生的场景并判断行为是否有效，同时还要包含对结果的描述，因为行为结果是判断工作者行为是否有效的关键。

2. 选择合适的方法获取关键事件

获取关键事件的方法主要有三种：工作会议法、访谈法和调查问卷法。通过这三种方法可以帮助工作人员获得能够体现工作绩效与行为的范例。

1）工作会议法

工作会议是确定关键事件最普遍的方法，一般要组成6~12人的工作分析专家组，并由熟悉关键事件的专家主持会议。工作分析专家组主要由两部分人组成：一部分是那些有经验的管理者或有观察力的工作者，他们对要分析的工作比较熟悉，有充分的机会去观察任职者完成工作任务特别好和特别差的行为表现；另一部分是有经验的工作分析人员，一般来说，有五年以上工作经验的人员比较合适，此外，还应具备良好的口头表达能力和较强的好奇心，这些人对别人的工作比较关注，能获得更多的信息。

安排工作会议时首先要明确会议的目的，会议主持人向大家解释为什么要编写关键事件，如何编写关键事件，以及最终如何应用它们，使专家和编写者理解工作分析的目的。在明确了会议目的之后可先由主持人给出几个编写较好和较差的关键事件的例子，也可让编者试写一两个例子，然后按照关键事件的编写标准集体讨论，纠正其中的不当之处。最后，确定记录关键事件的方法，可以选择机构化的记录方法，如美国PDR研究所开发的关键事件记录表，也可以选择非结构化的记录方法，但必须准备一份简要而全面的说明书，对每一关键事件所包含的信息进行说明。表2-6为关键事件记录表范例。

表2-6 关键事件记录表

请以您多年的工作经验，回忆工作者在工作中有哪些显著、典型的行为，能够反映出不同水平的工作绩效：非常有效、非常无效、适中。
1. 引起这个行为范例的环境背景是什么？
2. 请详细描述那些能够反映出不同水平工作绩效的显著行为。
3. 这些行为的后果是什么？
4. 请提供以下信息
　A. 工作名称：
　B. 工作绩效范围：
　C. 绩效等级划分：1、2、3、4、5、6、7、8、9
　　　　　　　　　|→差←|　|→适中←|　|→好←|

2）访谈法

访谈法也可以用于获取关键事件范例，通过与访谈对象更充分地接触和交流，获得更全面和深入的信息。但是，这种方法需要花费大量的时间和精力。有人曾进行统计发现，访谈法每个范例平均要花费10~15分钟，而在由10人组成的工作会议中，每个范例花费的时间不到访谈法的1/2。

一般情况下，访谈工作可以分为两个阶段进行：第一个阶段进行约1个小时的会谈，简单的自我介绍后讨论工作分析的目的和关键事件方法的性质，记录2~3个典型的范例；第二个阶段安排在3~5天之后，进行第二次会谈，请访谈对象描述他所注意到或想起的关键事件范例。

3）调查问卷法

调查问卷法就节省分析人员的时间和精力而言是最为有效的，但是对调查对象有较高的要求，他们不仅要有较好的书面表达能力，而且对这项活动本身要有责任感。因此，这种方法比较适合律师、医生、经济学家等专业人士。

3. 编辑关键事件

在关键事件收集好之后，必须对其进行编辑和加工，为下一步应用关键事件做好准备。首先，按照所确定的标准，检查每个范例的内容是否完整，前后格式是否一致。其次，要考虑范例的长度，范例太短不能保证提供全面的信息，范例太长则给阅读者带来困难，必须在这两点之间找到平衡点。最后，要考虑语言使用是否规范。

（四）运用关键事件法时需要注意的问题

（1）在讨论选取关键事件的范例时要注意强调关键事件的编写标准，采取合适的方法获取关键事件范例。

（2）在利用访谈法来获取关键事件范例时要创造合适的环境，如保密、安静等，防止与被访谈者的交流被打断，让被访谈者感觉舒适和放松。

（3）访谈开始前应首先介绍工作分析的目的，展示一些范例，并解释这些范例是如何产生以及如何编辑这些范例并转化为标准格式。

（4）访谈时尽量使用类似于"怎样""为什么"等开放性问题，避免直接可以用"是"或"否"回答的问题。

（5）被访谈者在描述行为发生的环境、反应和结果时，访谈者应该进行详细的记录，必要时问一些探索性的问题来获取补充的信息。

二、职能工作分析法

（一）职能工作分析法的含义

职能工作分析法（functional job analysis，FJA）又称功能性工作分析法，是由美国劳工部所属的美国培训与就业服务机构开发的，用于描述工作中的人、数据资料及物品等的特性，并在此基础上编写工作描述、工作说明书和工作规范的一种工作分析方法。最初，职能工作分析法是为了改善工作安排而服务的，为那些在地方就业机构登记要求就业的工人提供咨询和建议。随着职能工作分析技术发展，现在已被众多企业和组织所采用。

职能工作分析法既是界定任职者活动的概念性系统，也是衡量任职者活动水平的一种方法。职能工作分析法最基本的分析单元是任务，而不是工作本身。针对工作的每项任务要求，分析完整意义上的工作者在完成这一任务的过程中应当承担的职能，以获取与通用技能、特定技能和适应性技能这三种技能相关的信息。

职能工作分析的框架包括四个方面。

首先，完成什么与该做什么。职能工作分析必须从根本上区分要完成什么工作和为了完成该工作应该做些什么，如果对这两个概念区分得不是很清楚，会造成工作行为和工作结果这两个方面的混淆，并直接导致工作者实际的工作行为和需要他们完成的工作行为被混淆。在实际工作分析中，可以通过填写任务陈述表来完成对某一具体任务的陈述，并在此基础上搜集其他信息。表 2-7 为任务陈述表范例。

表 2-7　任务陈述表范例

项目	陈述
行为及动作	打印/誊写
动作的目的	形成信件
信息来源	通过记录提供
指导的性质	标准的信件形式
	特定的信息
	按照现有的操作规范操作，但为了文字的清楚和通顺可以调整标准格式
机器设备	打字机和相关的桌面设备
工作结果	待寄的信件

其次，工作者的职能。所有工作都要求工作者在某种程度上与数据、人和事相关联，工作者与数据、人和事发生关系时所表现的工作行为，可以反映工作的特征和目的，以及人员的职能。实际上，每项工作任务描述都必须反映出工作者同数据、人和事最重要的关系，只有当这种关系不明显时才可以被忽略不计。

再次，完整意义上的工作者。完整意义上的工作者是指同时拥有通用技能、特定技能和适应性技能这三种技能的工作者。所谓通用技能，是指人能够将人、事和信息有机联系在一起的能力。它受个人偏好和能力的影响，在任职者之间会存在差异。所谓特定技能，是指使工作者能够根据工作标准具有特定工作的能力。它表现在工作经验和所受培训等方面，并可以依据绩效指标将其分成不同等级。所谓适应性技能，是指工作者在工作环境影响下的应变能力。

最后，工作系统。对工作系统的分析十分重要，工作系统是由工作者、工作组织和工作本身组成的，在任务描述中我们能够找到多项任务的结果累积形成的工作目标，进而能找到由多项工作目标累积形成的组织目标。从这个意义上来说，职能工作分析法不仅强调工作者的工作行为，而且直接关系到如何实现组织的目标。只有正确理解工作系统的目的，才能理解工作者的工作行为、任务和结果。因此，在运用职能工作分析法时应对组织的目标及工作系统进行分析，让员工明白组织对他的期望与要求。

（二）职能工作分析法的优缺点

1. 职能工作分析法的优点

第一，任务描述详细。职能工作分析法对工作的每项任务要求进行详细分析，对工作内容的描述非常全面具体，一般能涵盖工作所含内容的95%以上。

第二，等级划分清楚。职能工作分析法清晰地将任务落实到了与数据、人和事的关系上，并对工作进行归类和等级划分，为确定工作的报酬等级和培训内容提供了依据。

2. 职能工作分析法的缺点

第一，费时费力。职能工作分析法对每项职位都要求做详细分析，因而撰写起来耗费大量的时间和精力。

第二，缺乏背景信息。职能工作分析法并不记录有关工作背景的信息，对于员工必备条件的描述也并不理想。

第三，操作复杂，难以把握。

（三）职能工作分析法操作流程

1. 回顾现有的工作信息

这个步骤通常会花费1~3天的时间，这主要取决于可得到的信息量和时间的压力。现有的工作信息包括工作描述、培训材料和组织目标陈述等，从这些信息中可以深入了解工作语言、工作层次、固定的操作程序和组织的产出。

2. 安排同主题专家小组会谈

同主题专家小组的会谈通常要持续1~2天的时间，选择的主题专家要尽可能广泛地代表工作者。

3. 分发欢迎信

自我介绍后，工作分析人员向参会者分发一封欢迎信，介绍小组会谈的目的，重点强调会议及今后工作的主体是参会者，而工作分析人员仅仅是获取信息的促进者角色。

4. 确定职能工作分析法任务描述的方向

确定任务描述的方向大概会花费 20~30 分钟，为主题专家提供任务陈述的格式和标准。

5. 列出工作的产出

主题专家小组将工作的产出列出来，一般来说，大概需要 15 分钟。工作结果的形式主要有：各种实物、报告、建议书、统计报表、决议、服务等。

6. 列出任务

由主题专家对每一个工作结果进行描述，说明为了得到这个工作结果需要完成哪些任务，直到小组达成一致意见。

7. 推敲任务库

每一个工作产出对应的任务都被列出来后，我们会发现有些任务会在几个工作产出中反复出现，如"沟通"。因此，工作分析人员要仔细推敲不同任务的相似之处和细微的差别，分析哪些任务应该作为其他任务的一部分而存在，而哪些任务可以拆分为多个部分。

8. 产生绩效标准

完成了任务库之后就要列出为了满意地完成任务工作者需要具备哪些素质，工作分析人员引导专家小组分析讨论甄选合适雇员的标准，并将标准进行排序，说明哪些素质特征是最为关键的。

9. 编辑任务库

工作分析人员将所讨论的信息搜集起来，按照规定的格式对任务库进行编辑和加工，进一步梳理信息，疏通语句，斟酌用词，特别是动词的使用。

（四）运用职能工作分析法时需要注意的问题

（1）工作分析人员应该尽可能准备一些在职能工作分析格式下可得的信息，如果不能准备所有信息，也可以说明在哪些方面需要补充信息和向主题专家演示这部分信息。

（2）同主题专家小组会谈的会议室选址要尽可能离工作地点远一点，把对工作的影响减到最小。

（3）工作分析所列出的任务应能覆盖工作所含工作任务的 95%以上，并确信没有遗漏重要的任务项。

（4）任务库即将完成之时，应该抄录一份给主题专家小组做最后的修改，纠正其中的不当之处。

三、任务清单分析法

（一）任务清单分析法的含义

任务清单分析法（task inventory analysis，TIA）是由美国空军人力资源研究室开发的，它的研究始于 20 世纪 50 年代，通过从 10 万多名雇员那里收集实验数据进行验证，前后经过两年时间才趋于成熟完善。

任务清单分析法一般由两个子系统构成：一个是用于收集工作信息的一套系统方法、技术；另一个是与信息收集方法相匹配的用于分析、总结和报告工作信息的计算机应用软件。任务清单分析法的调查对象一般是某一职业领域的任职者或其直接管理者。

（二）任务清单分析法的优缺点

1. 任务清单分析法的优点

第一，信息可靠性较高。任务清单分析法可以有效获得工作职责、工作内容、工作关系和劳动强度等方面的信息，所获得的信息可靠性较高。南佛罗里达大学对包括任务清单分析法在内的七种工作分析方法进行比较研究发现，在有效评价方面，任务清单分析法在工作描述、工作分类、工作设计和人员培训等七个指标中得分最高，在实用性方面，任务清单分析法在标准化程度、信度、职业适用性和可操作性等五个方面名列前茅。

第二，所需费用较少。

第三，难度较小，可操作性强，容易被任职者所接受。

2. 任务清单分析法的缺点

第一，对任务的定义难以把握，导致任务的划分缺乏明确具体的标准。例如，有些任务描述只是一项非常简单的活动，而有些任务描述却包含丰富的活动内容。

第二，使用范围较小，只适用于工作周期较短、工作内容比较稳定和变化较小的工作。

第三，整理信息工作量大，归纳工作比较繁琐。

第四，任职者容易受到近期工作的影响，忽略其他时间进行的重要工作任务。

（三）任务清单分析法操作流程

1. 构建任务清单

任务清单的构建方式有许多种，可以来自于对所研究工作的观察或工作日志，也可以来自于其他工作任务的任务清单，还可以借助主题专家法进行任务描述。一般地，我们可以采用目标分解和调查研究相结合的方法构建任务清单。首先，明确部门目标，再由部门目标导出部门职能。其次，通过理论推导和参考调查资料把部门职能分解为必须要做的工作，再把工作逐步分解，直至分解为各个任务项目。最后，把各个任务项目按一定的逻辑顺序排列形成任务清单。

2. 利用任务清单搜集信息

任务清单分析法搜集工作信息的工具是一种高度结构化的调查问卷，一般包括背景信息和任务清单两大部分。背景信息包含两类问题：传记性问题和清单性问题。传记性问题是指那些可以帮助分析者对调查对象进行分类的信息，如姓名、性别、岗位名称、岗位编号、任职部门、工作年限、教育水平、工作轮换及晋升路径、职业发展方向等。清单性问题是指为了更加广泛深入地了解有关工作背景信息而设计的问题，如所用的工具设备、所需培训的课程、对工作的态度等。任务清单是把工作任务按照职责或其他标准以一定的顺序排列起来，然后由任职者根据自己工作的实际情况对这些工作任务进行选择、组合和评价，从而准确地描述该工作的工作内容。

由任职者填写背景信息部分，并在任务清单中选择和评价符合其实际工作内容的任务项目。其直接管理者提供工作任务特征方面的信息，如任务的难度、对工作绩效的影响等。

首先，被调查者以填空或选择的方式回答背景信息部分的所有问题；其次，被调查者阅读任务清单上的所有描述，并在属于其正常工作范围内的任务描述旁边做标记；再次，被调查者在另一张空白纸上写出没有包含在任务清单中但属于其正常工作范围内的所有任务描述；最后，被调查者重新回到任务清单起点，逐一对其所选定的任务进行评价。表 2-8 为工作内容调查表范例。

表 2-8 工作内容调查表

编号	主要任务	占工作时间的百分比	工作频率			
1			时间	每天	每周	每月
			次数			
2			时间	每天	每周	每月
			次数			

3. 分析任务清单所收集的信息

任务清单分析法收集的信息绝大部分是可以量化的，从而借助计算机程序进行统计分析，如综合职业数据分析系统 CODA、社会科学统计程序 SPSS 和 EXCEL 等。

（四）运用任务清单分析法时需要注意的问题

（1）确定调查范围和对象时，注意根据调查研究的目的选择使用的和可行的方案。

（2）如果是集体调查，那么由调查者本人发放及回收问卷；如果是单独调查，那么最好通过正式的组织或渠道发放和回收问卷。

（3）如果需要保密，可以随附信封，问卷填好后装入信封，密封后再收上来。

（4）有关工作执行与否和持续时间的信息最好由工作执行者本人提供，而类似于工作重要程度和困难程度等方面的任务评价信息最好由工作经验丰富的管理者提供。

四、职位分析问卷法

（一）职位分析问卷法的含义

职位分析问卷法（position analysis questionnaire, PAQ）是 1972 年由美国普渡大学的 E.J.McComick 开发的以人为导向的结构化工作分析问卷。职位分析问卷法包括 194 个工作要素，其中 187 项用来分析完成工作过程中员工活动的特征，归类为信息来源、体力活动、智力过程、人际关系、工作环境和其他职位特征 6 个维度，另外 7 项涉及薪酬问题。通过对这 6 个维度的工作要素进行评价，可以反映目标职位在各个维度上的特征。表 2-9 为工作要素分析维度范例。

表 2-9 工作要素分析维度

维度	说明	工作要素举例
信息来源	任职者在哪里以及怎样获得工作时所使用的信息？	数据材料的使用
体力活动	在工作中从事何种体力活动？应用哪些工具和设备？	设备的控制
智力过程	工作中包含哪些推理、决策、计划和信息处理活动？	决策水平
人际关系	工作过程中与其他任职者的关系如何？	代码交流
工作环境	工作在何种物理条件和社会背景下进行？	空气污染程度
其他职位特征	和工作相关的、又不属于上述任何类别的活动、条件或特征还有哪些？	着装

（二）职位分析问卷法的优缺点

1. 职位分析问卷法的优点

第一，同时考虑员工与工作两个变量因素。

第二，将工作分为不同的等级，用于进行工作评估及人员甄选。

第三，不需要修改就可用于不同组织、不同工作，所以比较各组织间的工作更加容易。

2. 职位分析问卷法的缺点

第一，耗时。

第二，对工作分析人员的要求较高，需要由受过专业训练的工作分析人员填写问卷。

第三，工作特征抽象，不能描述实际工作中特定的、具体的任务活动。

（三）职位分析问卷法操作流程

1. 明确工作分析的目的

职位分析问卷法工作分析的最终目的是通过建立甄选或晋升标准、确定培训需求、建立绩效评价要素或职业生涯规划等，来实现某些人力资源管理职能。但是，在具体进行工作分析时，还需要有更加具体和明确的目标。

2. 获得组织的支持

首先，要明确组织的环境和文化，针对不同的文化背景选择不同的信息搜集方式。其次，要明确工作分析的开展方式，明确是从高级职位往下开展还是从低级职位向上推进。最后，制订具体的方案并交管理者审阅，获得管理层重视和支持。

3. 确定信息搜集的方式

职位分析问卷法收集信息的方式主要有两种：一种是任职人员或直接管理者提供工作信息，而工作分析人员填写职位分析问卷；另一种是任职者直接填写职位分析问卷。

4. 工作分析人员的培训

对工作分析人员进行 2~3 天的正式培训，工作分析人员通过培训熟悉工作分析的目的、意义和方法，了解职位分析问卷的内容、操作步骤和收集数据的技巧。

5. 与员工沟通

与员工沟通并获得员工的支持是职位分析问卷法进行工作分析必不可少的一部分，沟通的内容包括：工作分析的目的、时间规划以及数据收集的方式等。

6. 搜集信息

实际搜集信息的方法有访谈法、观察法和问卷法等，具体采用哪种方法要根据之前确定的信息搜集方式确定。如果采用的是任职人员或直接管理者提供工作信息，而工作分析人员填写职位分析问卷的方式，那么搜集信息的具体方式可以是访谈法或观察法或两者结合；如果采用的是任职者直接填写职位分析问卷的方式，那么问卷法比较适合。

7. 结果分析

在所有职位分析问卷填写完毕后，不但可以明确各工作对人员的任职资格要求，而且可以根据需要进行其他分析。

（四）运用职位分析问卷法时需要注意的问题

（1）熟悉组织环境并赢得组织管理层的支持，是职位分析问卷法进行工作分析必不可少的一部分。

（2）当使用任职者作为分析人员时，除提供正式培训以外，还可以召开一个小组会议，会议由专业职位分析人员牵头，提供职位分析相关操作指导和建议。

五、管理职位分析问卷法

（一）管理职位分析问卷法的含义

管理职位分析问卷法（management position description questionnaire，MPDQ）是由美国著名工作分析专家 W.W.Tornow 和 P.R.Pinto 于 1976 年针对管理工作的特殊性而专门设计的，它是一种结构化的、以工作为基础、以管理型职位为分析对象，用于评价管理者工作的工作分析方法，适用于不同组织、不同层级管理岗位的分析。

管理职位分析问卷法通过收集和评价与管理职位相关的活动、联系、决策、人际交往和能力要求等方面的信息，再经特定的计算机程序加以分析，以制作与工作相关的各种有针对性的个性化信息报告，为人力资源管理提供信息支持。

（二）管理职位分析问卷法的优缺点

1. 管理职位分析问卷法的优点

第一，针对性强。管理职位分析问卷法是专门针对管理人员设计开发的工作分析系统，对管理人员的工作进行了系统性的研究，帮助企业甄选、提拔和评价高素质管理人才，为培养管理人才指明了方向，为管理工作的分类和确定管理职业发展路径奠定了基础，也为正确评估管理工作提供了依据。

第二，受主观因素的影响小。管理职位分析问卷法通过计算机程序分析数据，在很大程度上降低了主观因素的影响，提高了工作分析结果的质量。

2. 管理职位分析问卷法的缺点

第一，成本较高，投入较大。

第二，由于管理工作的复杂性，难以深入分析所有类型的管理工作。

（三）管理职位分析问卷法操作流程

目前通用的管理职位分析问卷涉及 274 个描述工作行为的项目，这些项目的挑选遵循五个原则：第一，项目要有区分度，能体现管理岗位的等级差异；第二，要容易区分哪些是工作评价要素，哪些是绩效评价要素，哪些是工作描述要素，哪些是用于描述知识、技能和能力的要素等；第三，要能从各方面全面地对管理工作进行分析；第四，要形成一种易于任职者理解和完成的问卷模式；第五，要有助于准确评价管理人员的工作内容。这 274 个项目通过提问的方式被划分为 15 个部分，这样做的目的是加强项目之间的联系，是这些项目解释起来更容易，而且在设计问卷时，将相似的题目放在一起可以有效缩短问卷的填写时间，提高工作分析效率。表 2-10 为管理职位分析问卷范例。

对管理职位分析问卷各部分内容的简要描述如下。

（1）一般信息部分：这部分收集的是被分析工作的一般信息，如任职者的姓名、头衔和该工作的职能范围。同时，这部分还收集关于该工作的人力资源管理职责和财务职责以及其他主要职责的信息，另外还包括管理人员下属的数量和类型、管理人员每年能支配的财政预算等。

表 2-10　管理职位分析问卷

管理职位分析问卷内容	项目数量	
	描述工作行为的项目数	其他内容的项目数
（1）一般信息	0	16
（2）决策	22	5
（3）计划与组织	27	0
（4）行政	21	0
（5）控制	17	0
（6）督导	24	0
（7）咨询与创新	20	0
（8）联系	16	0
（9）协作	18	0
（10）表现力	21	0
（11）监控商业指标	19	0
（12）综合评定	10	0
（13）知识技能与能力	0	31
（14）组织层级结构图	0	0
（15）评论	0	7
总　计	215	59

（2）决策部分：这部分包括两个要素，即决策背景与决策活动。决策背景描述与决策相关的背景因素，反映决策的复杂程度，可为工作评价提供依据；决策活动反映整个决策过程中涉及的行为，可为工作描述和工作评价提供信息。

（3）计划与组织部分：这部分描述制订战略计划和执行计划的活动。

（4）行政部分：这部分评估管理者的文件处理、写作、记录、公文管理等活动。

（5）控制部分：这部分内容包括跟踪、控制和分析项目运作、财务预算、产品生产和其他商业活动。表 2-11 为控制部分分析问卷范例。

表 2-11　控制部分分析问卷范例

第一步：评定重要性
　　请指出以下每项活动对您职位的重要程度，然后按 0~4 分记分（标准如下），写在每个题目前面的空白处。请记住，需要考虑的是该活动和其他职位活动相比的重要程度与发生频率。
　　"0"——该活动与本工作完全无关。
　　"1"——该活动只占本工作的一小部分且重要程度不高。
　　"2"——该活动属于本工作的一般重要部分。
　　"3"——该活动是本工作的重要组成部分。
　　"4"——该活动是本工作的关键部分或者说至关重要的部分。
　（1）审阅提交计划以便合组织的目标与策略保持一致。
　（2）追踪并调整工作活动的进度，以保证按时完成目标或合同。
　（3）为项目、计划和工作活动制定阶段目标、最后期限，并将职责分派给个人。
　（4）监督产品的质量或者服务的效率。
　（5）对部门的发展和效率制定评估标准。
　（6）在工作计划或某项目结束后，评估其效果并记录在案。
　（7）每个月至少进行一次工作成效的分析。

(8) 分析工作报告。
(9) 控制产品生产或服务的质量。
(10) 监督下属完成部门目标的工作进程。
(11) 监督在不同地区的部门的工作进程,并调整它们的活动以达到完成组织目标的要求。
(12) 解释并执行组织的安全条例。

第二步:评论
在下面的空白处写下您认为,对您的职位该部分还应该包括的其他工作:

---

(6) 督导部分:这部分描述的是与监督、指导下属相关的活动和行为。

(7) 咨询与创新部分:这部分包括的内容属于技术性专家的行为,如律师、工业心理学家等的行为通常属于这一部分。

(8) 联系部分:包括两个矩阵,即内部联系矩阵和外部联系矩阵。搜集的信息包括联系对象和联系目的。

(9) 协作部分:这部分描述当存在内部联系时的行为,在矩阵式组织和团队作业为主的组织中多存在这种合作行为。

(10) 表现力部分:这部分描述的行为通常发生在营销活动、谈判活动和广告宣传活动中。

(11) 监控商业指标部分:包括监控财务指标、经济指标、市场指标的行为,多为高级经理人的职责。

(12) 综合评定部分:这部分根据上述部分将管理活动分为 10 种职能,要求问卷填写者估计这 10 种职能分别占整个工作时间的多大比重以及它们的重要程度。

(13) 知识技能和能力部分:这部分要求问卷填写者判定为高效完成工作所需要达到的知识、技能和能力的熟练程度,包括对 31 种素质范围的评定。本部分还要求问卷填写者回答他们是否希望接受培训,接受哪一方面的培训。

(14) 组织层级结构图部分:这部分给出了一般性的组织层级结构图,让问卷填写者填写他们的下属、同级、直接上级和上级的上级分别是什么职位。这部分的信息有助于薪酬专家快速确定某任职者在组织中的位置。

(15) 评论部分:为了帮助问卷填写人更好地评价问卷,可以在问卷的最后一部分要求问卷填写人员反馈对问卷的看法。通过反馈,搜集其他未能在问卷中涵盖的信息。表 2-12 为评论部分分析问卷范例。

表 2-12 评论部分分析问卷范例

(1) 自己的工作有多大比例的内容被本卷涵盖?
(2) 问卷的质量怎样?
(3) 问卷的难易程度如何?
(4) 完成问卷花费了多长时间?
(5) 是否存在重要的活动本问卷没有涉及?

为了满足人力资源不同职能的需求,管理职位分析问卷法试图从管理工作因子、管理绩效因子和工作评价因子三类有关管理职位的因子出发对工作进行分析。管理工作因子是一组描述工作内容的因子，用来反映不同职位工作内容的相同点和不同点，如决策、计划和组织、行政、控制、咨询和创新等。管理绩效因子是，为了帮助对管理工作的绩效进行评价而选取的工作要素，也就是说，从这些方面对管理工作的绩效进行评价有助于发展和提高管理业绩。管理绩效因子强调的是那些能辨别管理工作开展得有效还是无效的要素，以帮助上级主管评价和指导管理者的绩效，同时，帮助上级主管和培训专家明确对管理者的培训需求。例如，工作管理、商业计划、解决问题和制定决策、沟通等。工作评价因子是用来评价管理类工作相对价值的维度，即用来衡量某一管理工作职位相对其他工作职位而言对组织的贡献度有多大，如制定决策、解决问题的能力、组织影响力、人力资源管理能力等。

利用 MPDQ 问卷对工作进行分析，最终可以形成多份分析报告，其中最主要的报告包括管理职位描述、管理职位价值报告和管理职位任职资格报告。管理职位描述是指对管理职位进行概括性的描述，包括对单个管理职位财务职能、人力资源管理职能、重要活动、人际关系以及职位所要求的知识水平、技能和能力水平的描述。管理职位价值报告是指通过与参照性职位的比较对被分析管理职位的管理工作因子进行说明，然后从工作评价因子出发评价职位的相对价值。管理职位任职资格报告是用于反映被分析职位每个管理绩效因子的重要程度，该职位要求达到什么样的熟练程度以及应具备怎样含的知识技术能力。

（四）运用管理职位分析问卷法时需要注意的问题

（1）管理工作要素通常为薪酬管理人员和招聘人员所用，使他们能很快的从总体上把握工作的内容，同时也为管理者从整体上理解自己职位与其他职位的不同点提供方便。

（2）薪酬专家们应用工作评价因子来确定职位或工作的等级，并最终确定某一管理工作职位的报酬水平。

六、工作要素法

（一）工作要素法的含义

工作要素法（job element method，JEM）是由美国人事管理事务处的 E.S.Primoff 开发的一种典型的开放式人员导向性工作分析系统。这种基于工作要素的工作分析方法是在德国心理学家 Wilhelm Wundt 所提出的基本原则的基础上建立起来的，即"在没有熟悉最简单的事物之前，我们不可能进一步了解到更复杂的现象"，对于工作本身来说，其最简单的方面就是组成该工作的各种要素或者成功地完成该工作所需具备的人员特征。

工作要素法的目的是为了确定对成功完成特定领域的工作有显著成效的行为以及该行为的依据，这些显著要素一般通过主题专家组进行确定、描述和评估。工作要素法的分析对象不是某一具体的工作岗位，而是某一类具有相似特征的工作，如专业技术人员的工作。工作要素法所关注的工作要素非常广泛，包括知识、技术、能力、愿望、兴趣和个性特征等。需要特别说明的是，并不需要像职位分析问卷法那样包含所有与工作相关的要素，只有那些对完成所研究工作有重要影响作用的要素才能被列入工作要素法的考虑之中。表 2-13 为工作要素举例。

表 2-13　工作要素举例

（1）知识——如专业知识掌握程度、外语水平、知识面的宽窄等
（2）技能——如计算机运用、驾驶技术、叉车操作技术等
（3）能力——如口头表达能力、判断能力、管理能力等
（4）工作习惯——如对工作的热爱程度、承担超负荷的工作的意愿、工作时间不规律等
（5）个性特点——如自信、主动性、独立性、外向、内向等

（二）工作要素法的优缺点

1. 工作要素法的优点

第一，开放性程度高。工作要素法研究的行为及其特征要素并不是作为完成该工作的工具的一部分来给出并固定的，而是由对所分析的工作非常熟悉的主题专家小组来确定与这一工作相适应的若干个性化的要素，并对它们进行描述、界定以及评估。工作要素法可以根据特定工作提取个性化的工作要素，可以比较准确、全面地提取影响某类工作的绩效水平的因素。

第二，可靠性高。与其他系统相比，工作要素法的操作方法和数值的标准转化过程具有一定的客观性。

第三，应用价值高。工作要素法对于人员招聘过程中的人员甄选以及确定培训需求具有重要的应用价值，其分析结果中的选拔性最低要求要素为人员甄选提供了可靠的依据，而培训要素则为企业确定员工培训需求找到了重要的来源。

2. 工作要素法的缺点

第一，初步确定目标工作的工作要素时，过于依赖工作分析人员来总结要素。工作分析人员对工作的看法不同，导致大量要素的出现，而有些要素并不是对目标工作而言很重要的因素，而是一些几乎适用于所有工作的要素，这无疑会导致许多无用工作，因为正常情况下，这些要素是会被剔除的。

第二，评分过程比较复杂，需要强有力的指导与控制。

第三，焦点小组成员在进行工作要素评价时，容易偏向于肯定回答，认为这些要素很重要，另一些要素也很重要，难以取舍。这主要是由于他们进行的是主观判断，没有一定的客观标准。这样做的后果是得出的分析结果（如最低要求要素、培训要素等）数量太多，难以突出重点，大大降低了工作分析结果应用在其他人力资源管理职能中的操作性和最终效果。

（三）工作要素法操作流程

1. 收集工作要素

由主题专家小组的成员们运用头脑风暴法列举出对目标工作的实现有显著影响作用的工作要素，并对这些工作要素进行反复推敲。其中，工作要素的提出应该以完成目标工作所需的知识、技能、能力和个人特征为根据，每个被提到的要素都是和这个工作相联系的。

2. 整理工作要素

对收集来的工作要素资料进行归类和筛选，将具有相同或相近含义的工作要素归入同一类别，并根据该类别所包含的工作要素的内容和特点对该类别进行明确的界定和解释。通过对资料进行归类和筛选，形成初步的工作分析维度与子维度，并得到一个工作分析要素类属清单。

3. 划分工作分析维度

首先，由主题专家小组成员或其他对工作分析有所熟悉和了解的非主题专家小组成员组成焦点小组，一般为6人。

其次，对小组成员进行培训，介绍如何科学使用工作要素表对工作要素进行评估。培训的内容包括：介绍工作要素表的结构，介绍评估指标的含义，举例说明评估过程。

再次，对每个工作要素进行评估，汇总评估结果，对汇总结果进行数据处理，对评估结果进行反馈。

最后，通过焦点小组的讨论，将子维度划分到相应的维度中。小组成员分别根据自己的标准独立评估所得到的工作分析要素类属清单中的工作要素，并确定工作分析的维度与子维度。

4. 确定各类工作要素

利用确定的工作分析的维度与子维度，得到工作分析维度表。

（四）运用工作要素法时需要注意的问题

（1）主题专家小组的成员们在提出工作要素时应该从工作的各个方面反复地进行考虑，以确保这些工作要素可以完全覆盖目标工作的要求。

（2）运用焦点小组的方法划分工作分析的维度与子维度时，每个成员应该根据自己的标准独立完成对工作要素的评估。此时，所要评估的工作分析要素类属清单中的工作要素是被打乱的且独立的。

（3）将子维度归到相应的维度中时，要尽量建立在焦点小组成员意见一致的基础之上，如果成员之间有不同意见，则可以通过投票方式来决定。当各个不同的意见获得相同的票数时，可以将该子维度同时划归到不同的维度中。

七、临界特质分析法

（一）临界特质分析法的含义

临界特质分析法（threshold traits analysis system，TTAS）是完全以个人特质为导向的工作分析系统，目的是为了提供标准化的信息以辨别人们为基本完成和高效完成某类工作分别至少需要具备哪些品质和特征，临界特质分析法称这些品质和特征为临界特质。

研究者通过分析工作分析专家普里默夫、麦考密克等的研究成果，得出以下几点结论。

（1）每个工作都具有两方面的特征：一是任职者必须完成的工作任务和活动；二是为了完成这些工作任务需要满足的条件。一份完整的工作说明书必须包括与这项工作相关的所有任务、活动和要求。

（2）为了实现人员甄选、配置、开发和激励，一份工作说明书必须明确任职者完成工作所需要具备的特质。

（3）为了便于辨别工作对任职者特质的要求，有必要开发一种特质库，这种特质库能用有限的特质描述涵盖所有工作和职业对任职者的要求。

临界特质分析法包含5大类工作范畴，定义了12种工作职能，提炼了33种特质因素，这些特质因素可以涵盖从事任何一项工作所需要的所有特质。临界特质分析法对每个特质的含义都进行了严格的界定，以供分析人员判断。表2-14为临界特质分析表范例。

表 2-14 临界特质分析表

工作范畴	工作职能	特质因素	描述
身体特质	体力	力量	能举、拉和推较重的物体
		耐力	能长时间持续地耗费体力
	身体活动性	敏捷性	反应迅速、灵巧、协调性好
	感官	视力	视觉和色觉
		听力	能够辨别各种声响
智力特质	感知能力	感觉、知觉	能观察、辨别细微的事物
		注意力	在精力不集中的情况下仍能观察入微
		记忆力	能持久记忆需要的信息
	信息处理能力	理解力	能理解口头表达或书面表达的各种信息
		解决问题的能力	能演绎和分析各种抽象信息
		创造型	能产生新的想法或开发新的事物
学识特质	数学能力	计算能力	能解决与数学相关的问题
	交流	口头表达能力	口头表达清楚、简练
		书面表达能力	书面表达清楚、简练
	行动力	计划性	能合理安排活动日程
		决策能力	能果断选择行动方案
	信息与技能的应用	专业知识	能处理各种专业信息
		专业技能	能进行一系列复杂的专业活动
激动特质	适应能力	适应变化的能力	能自我调整，适应变化
		适应重复	能忍受重复性活动
		适应压力的能力	能承担关键性、压力大的任务
		对孤独地适应能力	能独立工作或忍受较少的人际交往
		对恶劣环境的适应能力	能在炎热、严寒或嘈杂的环境下工作
		对危险的适应能力	能在危险的环境下工作
	控制能力	独立性	能在较少的指导下完成工作
		毅力	能坚持一项工作任务直到完成
		主动性	主动工作并在需要时承担责任
		诚实	遵守常规的道德与规范
		激情	有适当的上进心
社交特质	人际交往	仪表	衣着风貌达到适当的标准
		忍耐力	在紧张的气氛下也能和人和睦相处
		影响力	能影响他人
		合作力	能适应团队作业

仔细分析临界特质表，可以看出对临界特质分析法而言，人的特质首先可以分为两大类：一类是能力因素或者说"能做什么"；另一类是态度因素或者说"愿意做什么"。身体特质、智力特质和学识特质这三类特质属于能力特质，而动机特质和社交特质属于态度特质。能力特质又可以进一步分为两个子类：发展性能力和熟练能力。发展性能力是员工通过培训能掌

握或达到一定级别的能力,熟练能力描述员工已经掌握的知识或技能。在第三层分类上,熟练能力,或者说已掌握的能力,又可以分为一般性知识技能和特殊性知识技能。

(二)临界特质分析法的优缺点

1. 临界特质分析法的优点

第一,分析结果准确。

第二,使用范围广泛。

2. 临界特质分析法的缺点

第一,实用性不强。临界特质分析法的引进和实施需要耗费大量的人力和财力,容易超出企业的实际能力。对企业而言,耗费如此巨大的资源实施临界特质分析法是不太现实的。

第二,灵活性不高。临界特质分析法限制了人为修改工作分析结果的自由,灵活性不高。

第三,过于复杂。临界特质分析法的技术背景、系统内部的逻辑性以及所依据的理念大大超出了人力资源专家和高层管理者的能力范围,它的理论以及所使用的工具和技术需要大量细致的研究才能保证正确的运用。

(三)临界特质分析法操作流程

完整的临界特质分析系统包括三种分析技术:临界特质分析(threshold traits analysis, TTA)、工作要求与任务分析(demand and task analysis, DATA)和技术能力分析(technical competence analysis, TCA)。其中,临界特质分析是最主要的部分。

1. 临界特质分析

进行临界特质分析时,要由直接主管、其他主题专家组成员和任职者评价33种特质的等级、相关性、实用性,也就是说评价在该工作岗位上达到可接受的或优秀的绩效水平与哪些特质相关、需要达到哪种等级、这种要求是否切合实际等。

进行临界特质分析一般其包括以下步骤。

1)选择和培训分析团队成员

临界特质分析是由一组分析人员完成,这个分析团队包括1名主持人以及至少5名分析人员。如果分析人员少于5名,分析结果的信度将大打折扣。主持人通常由组织内熟悉临界特质分析、熟悉组织的职业矩阵以及劳动力市场状况的人担当。通常的主持人自己并不参与对工作的评定。分析人员有多种来源,但一线的直接主管通常都包括在内,因为是他们直接观察任职者的行为和特质。

在组成分析团队后,需要对他们进行如何分析的培训。培训时,应提供给每位分析人员有关操作的书面材料,另外,组织他们实际分析一份他们熟悉的、与正式分析无关的工作。书面材料需要包括每种特质的定义与等级界定、已完成的临界特质分析卡。主持人必须在肯定每位分析人员都了解特质分析的目的以及分析过程中的每个细节后才能开始正式的分析过程。

2)完成临界特质分析卡

临界特质分析开始于临界特质分析卡的填写,该卡分为三步完成:第一步,通过评定每个特质的重要性和独特性评定它们与工作的相关性;第二步,明确为了达到可接受的绩效水平需要达到各相关特质的哪一等级;第三步,确定任职者如果试图取得优秀的绩效需要达到哪一等级特质水平。表2-15为临界特质分析卡范例。

表 2-15 临界特质分析卡范例

工作名称	技师 A			分析人姓名				杨明		
隶属部门	电力生产部门			分析日期				2013.9.20		

范围	特质	第一步			第二步		第三步		主持人	
		A	B	C	D	E	F	G	H	I	J
身体特质	力量	1	1	1	0	2	1	2	0	2	2
	耐力	1	1	1	1	1	2	2	2	2	4
	敏捷性	1	1	1	1	2	2	2	2	4	6
	视力	1	0	0							
	听力	1	0	0							
智力特质	感觉、知觉	1	1	1	1	2	2	2	2	4	6
	注意力	1	1	1	1	2	2	2	2	4	6
	记忆力	1	1	1	1	2	1	2	2	2	4
	理解力	1	1	1	1	2	2	1	2	3	5
	解决问题能力	1	1	1	2	1	2	2	2	4	6
	创造力	0	0	0							
学识特质	计算能力	1	1	1	1	2	2	2	2	4	6
	口头表达能力	0	0	0							
	书面表达能力	1	0	0							
	计划性	1	0	0							

第一步：评定相关性
第二步：可接受绩效（当 C 为 1 时填写）
第三步：优秀绩效（当 C 为 1 时填写）

A. 重要性：该特质是否对于完成本工作的某些职能很重要？选择 1（是）或 0（不是）。
B. 独特性：对于该特质的要求是否达到 1、2、3 等级？选择 1（是）或 0（不是）。
C. 相关性：请填写 A 与 B 的乘积。
D. 特质等级：为达到可接受绩效应具备该特质的哪个等级？请填写 0、1、2 或 3。
E. 实用性：预计多大比例的求职者能够达到该特质等级？如果高于 10% 填写 2；1%~10% 请填写 1；低于 1% 填写 0。
F. 特质等级：为达到优秀绩效应具备该特质的哪个等级？请填写 0、1、2 或 3。
G. 实用性：预计多大比例的求职者能够达到该特质等级？如果高于 10% 填写 2；1%~10% 请填写 1；低于 1% 填写 0。

3）整理并总结临界特质分析卡

在分析人员完成临界特质分析卡的填写后，剩下的内容就由主持人来完成。主持人首先检查临界特质分析卡是否存在错误，然后填写临界特质分析卡剩余的部分。

2. 工作要求与任务分析

临界特质分析是对任职者进行分析，而工作要求与任务分析是对工作本身进行分析。工作要求与任务分析技术是利用工作描述问卷，如任务清单等，对目标工作包含的任务和要求进行分析和描述。问卷由有代表性的任职者进行填写，问卷要求任职者用八分法判断问卷中每项工作任务或职责的重要性及在整个工作中所占比重。问卷结果将输入电脑进行聚类分析，从而确定哪些是目标工作的关键性工作任务和职责。

一般而言工作要求与任务分析的实施包括以下几个步骤。

（1）收集资料。在开始阶段，受过培训的工作分析专业人员要进行资料收集。通过访谈该工作的专业人士，或者通过阅读现有的工作描述资料以及其他书面材料收集所有关于工作职责的信息。

（2）设计工作描述问卷。在第一阶段收集到的信息将用于工作描述问卷的建立。在发放问卷进行调查之前，应将初步建立的描述问卷交与主题专家小组讨论。

（3）问卷填写。在给予适当的指导后，有工作任职者独立地对问卷的每一项描述进行评定。

（4）问卷分析。在问卷填写完之后，将用统计方法对问卷结果进行处理。

（5）工作描述的初步结果。

（6）比较临界特质分析与工作要求与任务分析的结论。对临界特质分析与工作要求与任务分析的分析结论进行比较，对于不一致的项目，需要通过主题专家小组的再次观察来最终确定。

3. 技术能力分析

这种技术仅适用于分析对技术知识和技能有重要要求的工作。技术能力分析的目的在于明确完成技术性的工作职能所需具备的各种能力。其包括以下几个步骤。

（1）确定最低要求。在这一步中需要直接主管或其他主题专家小组成员各自独立对通过问卷分析确定的关键知识和关键技能进行评价，评价该技术知识或技能是否是员工刚上任就需要用的，是否需要员工在没有指导的情况下完成。

（2）确定培训需求要素。

（3）形成技术能力说明书进行技术能力分析。说明书包括对目标的实现有重要意义的技术知识和技能，新员工必须具备并能在没有指导的情况下独立应用的知识和技能，需要对新员工进行培训的知识技能等。

（四）运用临界特质分析法时需要注意的问题

（1）一些后天特征，如受教育程度和工作经验等，并没有列入临界特质分析的特质名单中。

（2）为了与临界特质分析相联系，设计的工作描述问卷既要包括工作任务的描述，还要在每条工作任务描述的结尾标明对应的临界特质分析中的特质名称。

八、能力要求法

（一）能力要求法的含义

能力要求法（ability requirements approach，ARA）是通过对基础能力描述来反映岗位工作技能要求的工作分析方法。

能力要求法提供了一份包括任何工作都需要的所有可能的能力清单，该能力清单分为 5 个维度，一共包括 52 种能力。表 2-16 为工作能力举例。

表 2-16　工作能力举例

（1）心理能力：口头理解、书面理解、口头表达、书面表达、观念正确、独创性、记忆、问题敏感性、数学推理、数字反应、演绎推理、归纳推理、信息整理和思维灵活性。
（2）知觉能力：知觉速度、知觉灵活性、空间定向和形象化。
（3）心理动力能力：控制精确、多肢协调、反应定向、速度控制、反应时间、臂手稳定性、手工灵巧、手指敏捷、腕指速度、腿臂运动速度、选择性注意和时间分享。
（4）生理能力：静止力量、爆发力量、动态力量、躯干力量、伸展灵活性、动态灵活性、身体协调、身体平衡和耐力。
（5）感官能力：近视力、远视力、视觉色彩辨别、夜视力、周边视力、深度知觉、炫目敏感度、一般视力、注意力、声音定位化、语言听力和语言清晰性。

（二）能力要求法的优缺点

1. 能力要求法的优点

第一，能力要求法常用于招聘与选拔人员，尤其是当求职者并不被期望在进入工作门槛时便拥有特定技能的情况下。

第二，能力要求法可以用来进行身体素质标准的确定。

第三，由于能力要求法提供了全面的人的能力清单，故工作分析人员不需要在每一次进行工作分析时都重新从零开始。

2. 能力要求法的缺点

能力要求法所收集的信息范围有限，无法提供关于任务与工作背景等方面的信息。

（三）能力要求法操作流程

1. 确定工作分析的对象

确定工作分析的对象就是要确定针对什么样的工作岗位进行分析，不同的工作岗位对应不同的分析项目。

2. 选择工作分析项目

参照能力要求法提供的能力清单表，选择合适的工作分析项目。

3. 分析工作项目

对所选出的项目一一进行具体分析。

4. 整理分析结果

在单个分析项目的基础上综合评价工作，描述所获信息，得出工作分析结果。

（四）运用能力要求法时需要注意的问题

第一，选择工作分析项目时应该针对工作岗位特殊性选择特定的工作分析项目。

第二，能力要求法所能获得的信息有限，因此，能力要求法通常要结合其他工作分析方法一起使用。

[案例讨论]

X 公司的工作分析方案

X 公司是一家 IT 企业，前年研发出一种新型网络信号接收卡，并投入批量生产。产品推出后，异常火爆，2002 年实现销售收入 5000 万元。2003 年销售形势与上年相比，预计也会大幅上升。出于公司业务发展的需要，公司领导决定在行政部、市场部、企业发展部招聘一批员工。为了使招聘工作更有针对性，使新员工更加符合现任岗位的要求，人力资源管理部门决定对上述三种岗位进行详细的工作分析，并为此拟定出一份工作分析方案。

一、工作分析的目的

为了提高企业人力资源管理工作的有效性和可靠性，为了有效地在下季度实施企业招聘计划，同时为了能够圆满完成今年的薪酬政策、激励政策和培训政策的调整工作，使人力资源管理工作适应企业的发展趋势。

二、工作分析小组构成

工作分析小组由常务副总经理任组长，人力资源部经理任副组长，人力资源部招聘专员、薪酬专员为成员。

三、工作分析对象

（1）行政部行政文员岗位。

（2）市场部销售经理岗位。

（3）企业发展部公共关系经理岗位。

四、工作分析样本

出于岗位经验、岗位完整性及其他相关因素的考虑，在各部门分别选取一位有代表性的员工作为工作分析样本。

五、工作分析方法

由于各样本的岗位性质不同，分别采用不同的工作分析方法。

（1）行政部行政文员：问卷法、观察法。

（2）市场部销售经理：问卷法、面谈法。

（3）企业发展部公共关系经理：问卷法、面谈法。

六、工作分析时间安排：

公司计划 2003 年 3 月进行工作分析。3 月上旬，召集相关人员进行座谈，宣传并解释工作分析的目的、意义、作用及注意事项。3 月中旬，工作分析小组成员分别对各工作岗位进行分析。3 月下旬，召集相关人员进行座谈，对工作描述和任职资格要求进行最终定稿。

讨论题：

1. 试分析案例中所用工作分析方法的优缺点。

2. 你认为这三种岗位还可以用什么方法进行工作分析？

HAPTER 3

第三章 工作分析的流程

[内容提要]

本章主要介绍工作分析的流程，主要包括：工作分析前的准备、工作信息的搜集、工作信息的分析与标准化、工作分析结果的形成、工作分析结果的应用五个阶段。

[学习要点]

1. 明确工作分析前的准备工作；
2. 掌握工作信息搜集的范围与内容；
3. 了解工作信息搜集者的构成；
4. 明确工作信息的来源；
5. 了解工作信息的搜集方法；
6. 掌握工作信息分析与标准化的方法；
7. 了解工作分析结果的形成与应用。

[引导案例]

A公司该如何实施工作分析

A公司原本是一家小型的软件开发公司。这几年，凭借高质量的产品和良好的售后服务，公司有了飞速的发展，规模不断扩大，逐渐发展为一家中型的软件开发公司。伴随这个进程，人力资源部陈经理发现公司的组织结构和岗位职责发生了很大的变化，于是立刻向上级汇报，申请展开实际调查。获得上级批准后，陈经理便派人对各岗位的员工和主管做了一次关于工作满意度的访谈调查。调查结果让他大吃一惊，因为好多新入职的员工不明白自己的岗位职责是什么，岗位之间也经常出现扯皮推诿现象，主管往往需要花费大量的时间进行协调处理，因此对所属员工颇有微词。有些员工还普遍对薪酬抱有不满，认为目前的薪酬过低，无法衡量他们工作的价值，士气有所下降。部门之间也不太和谐，有的部门抱怨事情太多，人手不够，导致工作不能按时、按质、按量完成；相反，有的部门人员冗杂，人浮于事，导致工作效率低下。整个公司似乎充斥着一种不良的情绪，而且这种不良的情绪还在不断蔓延，这对公司未来的发展极为不利。面对这样的形势，陈经理经过思考后认为，很有必要对岗位职责和工作任务做一个详细的了解，决定制订工作计划进行工作分析。上级也很支持陈经理的想法，把这项任务放心地交给人力资源部解决，并表示各部门会主动配合。那么陈经理该按照什么样的流程去完成工作分析呢？

从这则案例可以看出，陈经理要想成功地在企业内实施工作分析，并不是一件容易的事。工作分析是一项非常复杂、烦琐并极具挑战性的工作，即要讲究方法，又要讲究技巧。同时，工作分析不是人力资源管理部门单独就能完成的，需要企业领导、各个部门甚至每一位员工的积极配合。本章主要介绍工作分析的流程，主要包括：工作分析前的准备、工作信息的搜集、工作信息的分析与标准化、工作分析结果的形成、工作分析结果的应用五个阶段。

第一节 工作分析前的准备阶段

在工作分析前的准备阶段，要为工作分析的正式开展做好思想上、资源上、行动上的准备。这一阶段的主要任务包括：开展工作分析的必要性和可行性分析，明确工作分析的目的，制订工作分析的实施计划，组建工作分析小组，明确有关人员的角色。

一、工作分析的必要性和可行性分析

小李是某公司新来的人力资源部经理，刚上任几天便发现公司组织结构有点混乱。为了能全面了解公司的组织架构，一个星期后便命令手下将与岗位相关的问卷发给各部门的员工和管理者完成。资料收集上来后小李发现填写结果很不理想，因为员工和管理者对工作的反馈不一样。例如，管理者列出的都是简单的例行的工作职责，员工却认为自己的工作内容很复杂，需具备各种技能才能完全胜任。另外公司使用的工作说明书还是几年前的老版本，可实际情况早已发生了很大的变化，无法起到指导工作的作用。这次调查坚定了小李进行工作分析的决心，而且他想通过这次活动，使管理者和员工对工作的认识达成一致。

从上例我们可以看出，当组织内的员工对岗位的职责不清楚，或者工作说明书所描述的工作内容与员工的实际情况不符时，组织很有必要进行工作分析。一个组织如果没有进行良好的工作分析，势必会影响人力资源管理的各项活动。那么在什么情况下，工作分析对一个组织来说是迫切需求的？

工作分析其实有两种类型：一种是持续性的、常规性的、小范围的和小规模的工作分析；另一种是阶级性的、特殊性的、整体性的和大规模的工作分析。对一个组织来讲，第一种类型是人力资源部门日常的工作活动，其必要性是显而易见的，操作难度不是很大；第二种类型则不一样，需要充分考虑其必要性，并观察开展的条件是否具备，时机是否成熟。

1. 工作分析的必要性分析

工作分析的必要性分析就是要明确组织是否需要进行工作分析。一般来说，当组织出现以下情况时，就表明非常需要进行工作分析。

（1）组织管理体系、业务流程运行不畅。

（2）新技术、新方法、新工艺或新系统的引进使工作内容或工作性质发生重要变化时，需要对组织中的工作进行重新界定。

（3）组织的战略计划得不到有效的落实，引起对工作分析的需求。

（4）组织中出现岗位职责不清、分工不明、人浮于事、工作说明书与实际工作不符等事项时，需要理顺各种工作关系。

（5）其他人力资源管理工作（如招聘、培训、绩效考核、薪酬管理等）缺乏信息基础，如很难确定用人标准和培训需求，没有科学的考核标准，无法对各岗位的价值进行评估时，急需通过工作分析来获取有关工作的全面信息。

2. 工作分析的可行性分析

工作分析是整个人力资源管理系统构建的基础。它是一个复杂的系统工程，正式开展不仅需要满足上述的各种条件，还需选择成熟的机会。因此，为了使工作分析能顺利开展下去，并卓有成效，企业很有必要对此进行深入分析和准确定位，主要包括以下几点：①组织结构和工作流程是否相对明确、清晰和稳定；②组织的战略目标是否相对明确、清晰和稳定；③各部门现有的岗位职责是否相对明确、清晰和稳定；④组织的各种模式（如业务、管理模式）是否相对明确、清晰和稳定；⑤这项活动能否获取组织内部人员的充分支持。

3. 宣传解释工作的必要性

人力资源专员小张最近负责公司各个岗位的工作分析。刚着手时便发现普通员工不太配合。大多数员工不理解工作分析有何用，并认为人力资源部是吃饱了没事干。资历深厚的员工则质疑公司是否要裁人，整天忧心忡忡，而新员工疑心重重的不肯接受采访，以各种借口推脱。一周下来，小张精疲力竭，却收获不大。

在这个案例中，员工之所以对工作分析产生质疑或冷淡，主要原因就在于事先没有对员工进行必要的宣传解释工作。员工不了解工作分析的必要性，自然对这突然而来的工作不配合，对实施者也有不信任感。因此，在准备阶段对组织内部人员进行必要的宣传解释工作是很必要的。如果没有进行宣传解释工作，那么在工作分析过程中难免会遇到不少阻力，有来自员工对工作分析所带来的工作量的增多的抱怨，有来自对工作分析有误解的员工的错误信息，也有来自管理者对工作分析工作的不支持、不协作。那么如果在组织内部进行宣传解释工作，需要达到什么样的效果呢？

(1)组织的高层管理人员应清楚地了解工作分析的必要性和可行性,并知道进行工作分析所要做的工作和所花的时间、金钱和人力。

(2)组织的中层管理人员应清楚地了解工作分析的必要性和意义,懂得如何安排以及支持配合工作分析的开展。

(3)普通员工能够了解工作分析的目的和要求,知道如何配合工作分析过程中他们所需要做的工作。

4. 没有开展宣传解释工作可能出现的结果

(1)一部分管理者对工作分析的不理解、不支持、不配合,造成整个工作的失败。

(2)组织成员对工作分析不配合,导致调查工作可能不能及时按要求进行,从而影响工作分析的进度。

(3)组织成员对工作分析不理解,那么调查内容可能回答的不准确、不全面,使工作分析的质量受影响,从而导致工作分析结果的准确度和可信度降低。

二、明确工作分析的目的

在组织管理,尤其是在人力资源管理过程中,需要解决的管理问题不同,对信息要求的侧重点也有所不同,因此需明确工作分析的目的,也就是明确获取工作分析信息的用途是什么。只有明确了工作分析的目的,才能正确确定分析的范围、对象和内容,才能选择合适的信息搜集方法。

在一个已成立的组织中,工作分析的目的不同,其侧重点也会有所不同。如果开展工作分析的目的是为了设计一套科学合理的招聘和甄选系统,那么其侧重点应是明确该职位的工作职责和对任职者的资格要求;如果是为了培训与开发,那么其侧重点就在于衡量每一项工作的职责以及履行这一职责所需员工的能力;如果是为了确定薪酬体系,那么其侧重点就应该是采取一些定量方法对职位进行量化评估,确定每一职位的相对价值。也就是说,工作分析的目的直接决定了需要搜集何种类型的信息,以及使用哪种方法来搜集这些信息。

通常,工作分析的目的主要有以下几项:①正确描述和认识各种特定工作;②编制或修订工作说明书;③对工作进行设计或再设计;④明确岗位资格要求,制订招聘标准和招聘测试方案;⑤确定组织的培训需求并制订培训计划,提高培训的针对性和培训的效果;⑥明确工作任务、职责、权力及与其相关工作的关系,减少相互推诿现象;⑦进行工作评价,平衡薪酬待遇,实现公平公正;⑧为制定考核程序及方法提供依据,提高评价的客观性和公正性等。

考虑工作分析的目的时还应考虑所要做的工作分析的精确程度。例如,在做工作分析时,是将工作分解成一个个极其精细的成分还是在一个比较概括的水平上进行。也就是说,在工作分析之前要对分析的精确程度做出规定,因为工作分析的精确程度会随着工作种类的不同而不同。另外,我们还应注意确定哪些职位需要分析。当一个组织中的职位特别多时,常常选取具有代表性的职位进行分析。对于相似的职位,为了节省成本,可能只选取其中的一部分进行分析。

三、制订工作分析的实施计划

进行一次完整的工作分析活动,往往需要花费很长的时间、调动大量的资源以及需要来自组织各部门人员的配合。因此,明确了工作分析的目的之后,必须制订一个整体实施计划,在具体实施时还需形成一个具体的操作计划，以便有步骤、有条理地进行工作分析。

（一）工作分析的整体实施计划

工作分析的整体实施计划是指根据工作分析的目的，对这一过程中的人员配置、活动内容、工作进度、阶段任务等进行的描述与说明。它体现了组织开展该项活动的目的和意图，是组织开展工作分析的依据，是工作分析有序进行的保障。

一份完整的工作分析的实施计划通常包含以下内容：①工作分析的目的和意义；②工作分析项目的组织形式与实施者；③工作分析所需搜集的信息内容；④工作分析实施的步骤和时间安排；⑤工作分析方法的选择；⑥工作分析的结果；⑦工作分析结果的审核与评价。

总之，工作分析的整体实施计划是整个工作分析过程的一个说明。在制订实施方案时，应对工作分析的用语进行规范，避免用语不同而导致信息出现误差。

（二）工作分析的具体操作计划

仅对工作分析制订整体计划是不够的，因为它缺乏操作意义。所以，在具体的实施过程中，还需对整体计划进行细化，形成一个具体的操作计划。在这个具体的操作计划中，应该有明确的时间表，这个时间表要说明具体的每一个时间段每个人的职责和任务是什么。具体包括：要开展什么工作，开展的时间和具体地点，参与的人员和各自承担的具体工作，使用的设备，要达到的目标等。

有了这个具体的操作计划，工作就可以按照具体步骤来操作了。但是由于不可能预先确定所有的要素，在实施这个计划的时候，还应该根据实际情况做出适当的调整。如果实施过程不再按照原计划进行，应及时将有关情况通知相关人员，使其重新进行安排，保证工作正常有效的展开。为了更好地理解以上内容，我们可以看一个具体例子，见表3-1。

表 3-1 某公司某次工作分析活动的时间安排

时间	阶段	工作内容
第一周	准备阶段	根据工作分析的目的，制订总体规划，准备相关工作 召开行动大会，公布计划日程，安排各项事务
第二周 第三周 第四周	实施阶段	到各部门基层发放工作日记和调查问卷，并培训员工如何填写 基层主管访谈 中高层经理访谈
第五周	整理、完成阶段	整理收集的信息，撰写工作说明书初稿 征求各级人士的意见后，进行修订
第六周	应用阶段	工作说明书的使用培训，进一步收集反馈意见

四、组建工作分析小组

为了顺利地进行工作分析，组建一个专门的工作分析小组十分必要。它是一个临时组建的团队，是工作分析的指导者和实施者，其工作的好坏直接关系到工作分析的进程和结果。组建一支合理、有效的工作分析小组，需要做好以下几个方面的工作。

（一）选择工作分析小组成员

工作分析小组成员选择得恰到与否是整个工作分析能否取得成功的关键所在。工作分析的顺利进行需要有较高的专业知识和技能保证，因此小组成员中需要有工作分析人员。同时，工作分析也是一个复杂的系统工程，不是人力资源部门能单独承担的，还需获得组织各层管理人员的认可和支持。因此在工作分析小组的构成上，除了工作分析人员外，一般会由组织高层领导任组长，而且部分核心部门的负责人也会参与进来，以使工作分析在组织内获得最大限度的支持。

1. 组织高层领导

组织高层领导一般担任组长，主要是作为相关政策的发布者与工作分析结果的验收者。具体来说，其作用有三个：第一，通过对组织全员的充分动员，获取他们思想上和行动上的支持（即人员保障）；第二，确保组织工作的正常开展，对工作分析项目给予政策上的支持（即政策保障）；第三，及时配备工作分析项目中的各种物质资源，对工作分析项目给予资源上的支持（即物质保障）。

2. 工作分析人员

工作分析人员就是那些接受过专门培训，懂得系统搜集和分析信息的人员，也就是专门搜集工作信息的人员。他们通常选取面谈法、问卷法或观察法来搜集资料。工作分析人员既可以是组织内部成员也可以是组织外部成员。组织内部工作分析人员通常来自人力资源部门或其他相关部门，而组织外部工作分析人员则往往是专业的咨询顾问。使用经过专门培训、有能力、有经验的工作分析人员的最主要的优点，就是能使分析结果更客观、更有效、更可信。工作分析人员通常有三种类型：工作分析专家、主管人员和任职者。由于后面章节还会详细地讲述这三种类型，在这里只是简单地介绍一下。

1) 工作分析专家

高层领导给予工作分析人员、政策和物质保障，而工作分析专家则给予工作分析技能保障。工作分析专家有良好的专业知识技能和相当丰富的工作分析经验，能保证工作分析的有效进行和获得高质量的分析结果。他们可以是人力资源部的工作人员，也可以是外聘专家。一般来说，人力资源部的工作人员的优点是很熟悉组织的情况，缺点是在专业知识和经验方面比较欠缺。而外聘专家刚好相反，他们在工作分析过程中比较客观公正，能保持信息的一致性，在分析方法的选择上也有专长；但是他们可能会因为对组织的情况缺乏了解而忽略工作中某些无形的方面。

关于是否要外聘专家，应视情况而定。问题的关键是组织中能否找到合适的、有资格的工作人员来完成工作分析。一般来说，可以从以下几个方面作为决策参考。

第一，假如工作分析只是一时之需，那么外聘专家可能更经济实惠。组织往往会低估使用内部资源进行工作分析的成本，实际上外部聘用专家所要花费的成本更容易预测。

第二，对组织中那些对工作分析方法不在行的工作人员来说，自己动手做工作分析是一种有价值的学习过程，但必将导致项目进展较慢，工作质量不高，并且容易出现较多的错误。因此内部工作人员与外部聘用专家相比，其工作分析信用相对较低。

第三，基于法律考虑，外聘专家的工作分析，更具合法性和技术标准化，可避免在招聘和甄选中的法律问题。

无论工作分析专家是来自于组织内部还是外部，都必须经过专门的培训，掌握好工作分析的方法与技巧，以便全面系统地搜集和分析工作信息。在正常情况下，工作分析小组中至少需要一名工作分析专家，确保工作分析结果的客观性和科学性。

2）主管人员

主管人员参与工作分析具有很多优点，如对所要分析的工作具有全面而深入的了解，搜集信息的速度也较快。不过在工作分析前需要对他们进行专门的相关培训，可能会占用他们大量的时间，从而影响他们的积极性，也影响工作分析的客观性。主管人员一般包括各部门主管和目标工作任职者的上级主管。

部门主管通过给予政策、人员和物质上的大力支持，确保分析项目在本部门的顺利进行；同时，通过对工作相关信息的把关，可以保证工作分析的质量。

工作任职者的上级主管能够监控任职者所从事的工作，对目标工作的相关情况非常了解。他们既能确保搜集信息的速度，又能确保工作信息的质量。但是工作分析项目会浪费他们和下属大量的时间，所以必须通过动员和深入沟通避免其产生抵触情绪，以提高其支持与配合的积极性。

3）任职者

任职者是工作开展的主体，对工作内容和过程最为了解，他们可能提供关于工作的最真实、最可靠的信息，他们搜集信息的速度也是最快的；但是任职者更多的是从本身职位出发考虑问题，可能对职责的理解不完整，从而导致搜集到的信息的标准化程度较差。当任职者需承担更多的工作量时，可能会引起他们的抵触心理，从而影响他们工作的积极性。因此也需通过动员和深入沟通避免其产生抵触情绪。

（二）确定工作分析小组成员的数量

工作分析小组成员的数量应视情况而定。人数过多，容易出现人浮于事的现象；人数过少，难以在规定的时间内完成任务。如果涉及的工作量较多且工作难度较大时，工作分析小组成员的数量可以相对多一些；相反，如果只涉及少量的工作量且工作任务较轻时，工作分析小组成员的数量可以相对少一些。通常情况下，工作分析小组成员的数量是单数，这样有利于工作分析结果的形成。

（三）明确工作分析小组成员的工作职责

职责分明，可以避免相互推卸责任的现象产生，从而保证工作分析的效率和质量。一般来说，工作分析小组成员的职责主要有两个方面：一方面是在基本步骤中制订更为详细的工作计划，包含计划方案的组织与细化，该环节主要由工作分析专家和人力资源部专员来负责；另一方面，审查与监督计划方案的实施，其中会涉及工作分析的实施情况，需要各部门主管的参与，并由组织的高层管理者进行审查。

（四）对工作小组成员进行培训

为了确保工作分析的效果，在工作分析小组成立后，要对小组中的成员进行相关的培训，这是工作分析的关键环节。

1. 信息搜集人员

信息搜集人员是指在工作分析过程中承担信息搜集任务的人员，应着重对他们的沟通技能和分析技能进行培训。沟通技能包括书面表达和口头沟通两方面的能力。书面表达能力主要体现在记录有用的职位信息和书写访谈记录方面；口头沟通能力在与目标职位任职者、主管人员、专家的交流中尤为重要，直接影响搜集信息的完整性和准确性；分析技能主要体现在对搜集的信息进行加工处理，去除干扰或错误信息等方面。

培训时，主要由工作分析专家对工作分析的目的、方法进行讲解，对项目用语的标准含义、施测指导语、施测过程的引导和控制进行统一规定，回答成员的质疑，并对有歧义的地方进行讨论和确定。在培训过程中，应为每位分析人员准备一些有关操作的书面材料，此外还可以组织他们实际分析一份他们熟悉的、与正式分析无关的工作，目的是帮助他们积累一定的经验，以便在正式操作时他们能顺利地使用工作分析工具和处理分析过程中出现的各种问题。另外，对其进行严格的组织纪律培训，以及组织的相关知识的培训也是很必要的。

2. 信息分析人员

信息分析人员是比信息搜集人员高一层次的专业技术人员，他们承担信息分析处理，形成成果的工作。因此，他们不仅要懂得如何搜集信息，还要熟练掌握使用各种工作分析的方法，并且具备敏锐的洞察力、深刻的分析总结能力和高度的责任感。一般来说，信息分析人员应由接受过系统化的专业课程训练并有 2~3 年从事工作分析经验的人员担任。

3. 信息分析专家

信息分析专家是整个工作分析的核心人物，负责对工作分析进程和结果的控制。他们除了需具备专业上的最终决策能力以外，还要具备很强的沟通协调、高层运作能力，随时解决工作分析过程中可能发生的技术性、结构性和协调性问题。信息分析专家通常扮演着专业和管理的双重角色，这种角色技能主要是通过在通常的工作分析实践基础上获取。

五、明确有关人员的角色

广东省某电子公司是一家集团性企业，下属子公司有几十家，其经营管理的好坏直接影响到其下属子公司发展战略的执行。从 2012 年起，该公司的业绩增长缓慢，陷入暗亏的境地。为了弄明白问题出在哪里，公司特意请来有权威的顾问专家，对企业进行诊断。专家在了解到该公司的背景情况后，发现问题主要在于公司没有做好工作分析和评估。于是以问卷调查的形式考察了公司基层岗位的基本状况，并对公司的高层管理人员和中层管理人员进行访谈。结果发现公司内部的责、权、利关系不明确，高层管理人员的角色意识不清晰。公司领导在接到诊断报告后，经过分析和讨论，决定开展有效的工作分析，并特别强调要明确有关人员的角色和作用。

工作分析是对组织中的工作岗位进行分析，因此涉及的部门范围较广。在工作分析的过程中，必然要和组织中诸多层次群体（如管理人员、主管、工作分析人员等）接触，因此需要得到他们的支持与配合。为了营造良好的工作氛围，在工作分析正式开展之前，应明确有关人员在工作分析中所担当的角色和作用。

（一）高层管理人员的角色

（1）根据组织发展的状况，结合工作分析的需要，提出工作分析的必要性和可行性，并在组织内发起对工作分析意义的讨论。在实践过程中，高层管理人员是否参与以及参与的态度是决定工作分析成败的关键。具体来说，高层管理人员对工作分析的态度将直接影响到其他人员对工作分析过程的态度和配合程度，对工作分析的认识和重视程度也决定了工作分析过程是否顺利。

（2）发布政策、指示，向组织内传递有关信息，并亲自指导工作分析过程。工作分析的过程需要高层管理人员的政策支持和直接指导，其执行的决心和指导程度直接影响工作分析的进展和结果。高层管理人员所直接倡导和关注下的工作分析,将受到组织内绝大多数成员的重视,从而获得更好的工作效果。

(3) 合理安排组织内部人员组织,协调工作分析过程,并提供多方面的授权。工作分析往往需要耗费大量的人力、物力和时间,在这期间难免会出现各种冲突。高层管理者需要在组织内选派有影响力、比较权威的管理人员进行协调工作分析中遇到的各种问题,有效地组织、安排工作分析过程。

(4) 为实施工作分析计划建立时间框架。为了使工作分析的结果能尽快地在实际工作中得以运用,工作分析过程最好能在一段持续的时间内并有计划地完成。因此,在准备阶段,高层管理者需要制定工作分析的进程和阶段性的工作要求。

(5) 审核、验收、认可工作分析结果并将其应用到实际人力资源管理工作中。

除此之外,高层管理者还应密切关注工作分析的全过程,以便解决在工作分析过程中出现的各种冲突,并为工作分析过程提供持续有力的支持。

(二) 中层管理人员的角色

(1) 支持并协助工作分析专家实施工作分析计划。中层管理人员作为组织的中坚力量,对各工作岗位最为了解,同时也是工作分析结果最直接的使用者,因此中层管理人员最容易获知工作分析的必要性,也有能力承担工作分析的部分工作。

(2) 在必要情况下参加工作分析,为工作分析提供相关可靠的信息。一般来说,中层管理人员也是工作分析的对象,也需要按工作分析的要求接受信息调查。因此,为了获取准确的岗位信息,中层管理人员需积极配合。

(3) 与涉及工作分析的员工进行沟通,获取他们对工作分析过程的支持与理解。沟通可以增强参与人员对工作分析项目的了解和认可,提高他们工作的积极性和主动性,从而获取更加准确、有效的信息。

(4) 选择适合参与工作信息搜集的任职者。信息来源渠道对于工作分析来说,是至关重要的。为了保证工作分析信息的准确性和有效性,中层管理人员需要选择那些胜任工作岗位、表达能力好、积极配合的任职者进行调查。

(5) 审核与认可工作分析的初期结果。中层管理人员对所负责范围内的工作岗位信息较为熟悉,工作分析的初期结果一般由他们审核,认可后可能直接应用这些结果。

(三) 工作分析人员的角色

(1) 根据工作分析的目的和预期结果,选择合适的信息搜集方法,以便快速获取准确有效的信息。

(2) 在调查阶段中搜集所需信息,并分析所得结果。专业素质高的工作分析人员,往往在工作分析中能敏锐地发现各种细小的问题,能通过有效的方式全面搜集工作分析所据的信息,确保工作信息的分析过程顺利进行。

(3) 根据实际工作的进展,工作分析人员能从人力资源管理专业人员的角度研究和开发工作分析的因素、项目,提出解决问题的方案。

(4) 根据信息搜集过程和信息分析过程的结果,编制工作说明书等工作分析结果文件。

(5) 工作分析人员要做到相互沟通、交流,以监督和协调整个小组的工作。

(6) 必要时可参与工会谈判,向工会解释员工在工作分析整个环节中产生的有关问题。

（四）任职者的角色

（1）参加信息搜集工作，如填写调查问卷、参与工作分析面谈等。任职者应该清楚地明白工作分析的必要性和目的，在工作分析的过程中给予积极的配合，如及时、按要求填写调查问卷，配合访谈过程，向工作分析人员提供所知道的真实的信息等。

（2）必要时可参与工作说明书草案的制定。任职者对所从事的岗位有着最直接的认知，因此对于工作说明书是否符合实际情况及其合理性有较多的发言权。让任职者参与制定工作说明书的草案，有利于确保工作说明书的准确性，并提高员工对工作分析过程和工作说明书的接受程度。

（3）组建工作分析小组时，需要有任职者的参与，以获得组织内部成员对工作分析公平性的认同。同时，如果组织政策允许，普通任职者也可参加对工作分析结果的验收工作。

（五）工会的角色

（1）认识到工作分析的必要性，为工作分析提供强有力的支持。工会作为工作人员利益的代表，有时能决定对工作分析结果的接受程度。因此，在工作分析过程中，工会的积极支持能保证信息搜集的顺利进行。

（2）为保证工作分析的客观性，工会任命的代表也需参加工作分析的全过程。必要时，工会代表还可参与工作说明书的编制。

（3）审核和认可工作分析的最终结果，增强组织内部成员对工作分析结果的认可度。

（4）在工作分析过程中，如果工会代表认为工作分析的过程或结果会损害工作人员的利益，那么工会应该代表员工的利益与管理层进行谈判。

（六）工作分析顾问的角色

（1）为管理层提出工作分析的建议，协助管理者制订有关工作分析的计划，审核和检查工作流程。

（2）与工作分析小组一起工作，在信息搜集与分析、建立系统的工作程序、编制工作说明书等方面提供建议。

（3）监控工作分析的全过程，使之能按预定计划进行。

（4）参与人员招聘、绩效考核、薪酬管理等其他阶段的工作。

总之，工作分析涉及组织的每一阶层，工作分析的参与人员应该明确并扮演好自己的角色，互相支持与配合，把工作分析做好。

第二节　工作信息的搜集

工作信息的搜集阶段的主要内容有工作信息搜集的范围与内容、工作信息的搜集者、工作信息的来源以及工作信息的搜集方法。

一、工作信息搜集的范围与内容

工作分析的目的不同，工作信息搜集的范围也会不同。在进行工作分析时，要针对工作分析的目的，确定工作信息搜集的范围。也就是说，选择哪些信息源、找哪些人面谈、记录哪些活动、调阅哪些资料等应根据工作分析的目的和任务来进行具体设计和选择，力求做到有的放矢。

为了确保工作信息的搜集质量，减少信息分析的工作量，我们要对工作分析所需要的各类工作信息有一个概括的认识。

（一）工作分析所需信息的主要类型

（1）工作活动。包括为什么要执行这项工作，什么时候执行这项工作，工作的流程如何，工作任务是如何完成的，与其他工作和设备的关系怎样，承担这项工作所需要的行为和动作以及工作要求怎样等。

（2）机器设备。主要指工作中使用的机器、工具、设备、辅助设施和材料等。

（3）工作条件。包括工作环境、劳动强度、工作背景、工作进度安排、工作报酬和工作权限等。

（4）对任职者的要求。包括与工作有关的任职者的身体特征、教育和培训背景、技能、工作经验、工作态度以及心理素质等。

（二）工作分析所需信息的内容

我们可按照6W1H的内容来考虑需要搜集的信息，6W1H即做什么（what）、为什么做（why）、让谁做（who）、何时做（when）、在哪里做（where）、为谁做（for whom）、如何做（how）。它有利于我们对工作分析所需要的信息形成一个整体的认识。

（1）做什么？是指所从事的工作内容。主要包括：①任职者所要完成的工作内容是什么？②任职者的这些工作会产生怎样的结果？③任职者的工作结果需达到什么样的标准？

（2）为什么做？表示任职者的工作目的，也就是这项工作在整个组织中所发挥的作用。主要包括：①做这项工作的目的是什么？②这项工作与组织中的其他工作有何联系？③这项工作对其他工作以及整个组织有什么影响？

（3）让谁做？是指对从事某项工作的人的要求。主要包括：①从事这项工作的人应具备什么样的身体素质和心理素质？②从事这项工作的人必须具备哪些知识和技能，至少应受过哪些教育和培训？③从事这项工作的人至少应具备什么样的经验？④从事这项工作的人在其他方面应具备什么样的条件？

（4）何时做？表示在什么时间从事各项工作活动。主要包括：①哪些工作活动是有固定时间的，在什么时候做？②哪些工作活动是每天必做的，哪些是每周必做的以及哪些是每月必做的？

（5）在哪里做？表示从事工作活动的环境。主要包括：①工作的自然环境，包括地点（室内与户外）、温度、光线、噪音、安全条件等；②工作的社会环境，包括工作所处的文化环境、工作群体中的人数、完成工作所要求的人际交往的数量和程度、环境的稳定性等。

（6）为谁做？是指工作中与哪些人发生联系，发生了什么样的联系。主要包括：①工作要向谁请示和汇报？②向谁提供信息或工作结果？③可以指挥和监控何人？

（7）如何做？是指任职者怎样从事工作活动以获得预期的结果。主要包括：①从事工作活动的一般程序是怎样的？②工作中要使用哪些工具，操纵哪些机器设备？③工作中所涉及的文件或记录有哪些？④工作中应重点控制的环节有哪些？

当然，具体搜集哪些信息还要视工作分析的目的而定。一般情况下，在实际工作分析中所需要搜集的信息一般包括以下内容：①工作基本标志信息，包括工作名称、工作所属部门等；②工作的范围和主要内容，包括工作领域、工作边界和工作任务等；③工作的具体职责，包括工作的业绩责任、财务责任、人事责任等；④工作要求的灵巧和正确程度；⑤工作者所需的相关知识、技能、经验和品质；⑥工作关系，包括与组织内其他工作之间的关系、与外部机构的关系；⑦作业时的身体姿态、劳动强度和工作压力；⑧作业环境。

二、工作信息的搜集者

工作分析的过程是一个搜集工作信息的过程。如何搜集、分析、处理信息，便成为了工作分析的重中之重，首先需明确由谁去搜集信息。一般来说，搜集工作信息的人主要有以下三种人员，即工作分析专家、工作任职者和工作任职者的上级主管。尽管这三种人员有各自的特点、优势和不足，但无论如何，他们应具备一些基本的条件，如具有一定的专业知识；对工作分析的方法与流程有较为充分的了解；具有观察、面谈、记录等基本能力和技巧；有良好的耐心、理解力、分析和判断力；有获得他人信赖与合作的能力等。

（一）工作分析专家

从上一节我们已经了解到工作分析专家既可以来自于组织内部，通常是来自于人力资源管理部门或业务流程研究部门，也可以来自于组织外部的专业机构。无论来自组织内部还是组织外部，这些工作分析专家都接受过专门的训练，能够客观、有效地搜集和分析工作信息。

对一个组织而言，支付一定的费用聘请训练有素的外部专家来进行工作分析，有很多优点，如更节省费用，对组织内部问题的分析更加客观、公正、有效，具有在不同组织中实施工作分析的丰富经验。当然，也存在以下不足：①当工作地点分布较广时，在差旅、时间及相关方面的花费会比较高；②外部专家由于初始对具体的工作业务缺乏了解，所以需要花费大量时间去了解工作业务，可能延缓工作分析进程；③有的情况下，工作任职者并不会完全信任和接受外部专家，在提供与工作相关的信息方面会有所保留。

总而言之，组织可根据具体的情况来决定是聘请组织内部的专业人员还是组织外部的专家。当组织内部没有受过专门训练的、专门负责实施工作分析的专业人员，而且组织也不愿吸收专业的工作分析人员作为正式的员工（因为无需进行工作分析的时候，雇员这些人员是一种浪费）时，可聘请外部专家。

（二）工作任职者

第二类搜集工作信息的人是工作任职者。一般来说，他们最了解工作内容，有可能提供关于工作的最真实、最可靠的信息。最重要的是他们能够描述工作实际上是怎么做的，而不是工作应该怎么做。

1. 对工作任职者的挑选

当某个岗位上的工作任职者数量较少时，一般使用所有符合要求的工作任职者搜集工作信息；当某个岗位上的工作任职者数量较多时，需要对符合要求的工作任职者进行取样，取样时要充分考虑性别、年龄、工作时间、工作地点等方面的因素，保证样本具有代表性。除此之外，还需满足以下条件。

（1）搜集工作信息的工作任职者必须是自愿参加的，这样他们在工作中才有较高的兴趣和热情。

（2）搜集工作信息的工作任职者必须具有较好的口头交流、阅读和书面表达能力。

（3）工作任职者至少在被分析的岗位上已工作 6 个月以上，这样他们才有可能提供关于该岗位的全面和准确的信息。

2. 工作任职者搜集工作信息的优势

（1）工作任职者能够提供关于工作的完整信息。

（2）通常可以使用大量的任职者对同一岗位的工作提供信息。

（3）当需要对大量的岗位进行工作分析时，使用工作任职者来搜集工作信息是最有效率的方法。

3. 工作任职者搜集工作信息的缺陷

（1）工作任职者不一定愿意报告他们工作的内容，因此需要让他们充分了解工作分析的必要性，并使用一定的激励手段来提高他们在工作分析中的投入程度。

（2）工作任职者往往需要接受关于搜集工作信息方法的培训。

（3）一部分工作任职者往往会带有功利目的，夸大他们的工作，如夸大自己工作的复杂性，以期望提高自己的薪酬等级等。

（三）工作任职者的上级主管

任职者的上级主管有机会观察任职者的工作，能够客观地提供信息。使用任职者的上级主管搜集信息的一个假设前提是他们在工作中与任职者有密切的关系，能够提供其下属工作的全面信息，他们清楚地知道其下属做了些什么，并能对下属的工作活动做出相应的判断，因此信息搜集的速度和质量都得到了保证。但是，任职者的上级主管往往倾向于从任职者"应该"怎样做的角度而不是从"实际上"是怎么做的角度去描述任职者的工作。在实际操作中，他们作为主要的工作信息搜集者的情况是比较少的，往往是要他们对已经搜集来的工作信息进行检查与证明，从而确保工作信息的客观性和准确性。

（1）工作任职者的上级主管搜集工作信息的优点：①对所要分析的工作包括它的有形与无形方面都具有全面和细致的了解；②搜集信息的速度比较快。

（2）工作任职者的上级主管搜集工作信息的缺点：①事先要接受有关工作分析方面的培训；②搜集工作分析信息是一个耗时耗力的过程，对任职者的上级主管来说在时间上是一个沉重的负担；③在任职者的上级主管也感到员工负担过重的情况下，其工作客观性没有保证。

组织应该根据工作分析的目的、侧重点及内部的具体情况，来决定选用哪种类型的人员进行工作信息的搜集。目前大多数组织都是采取三者相结合的方法，即工作分析专家作为工作信息搜集的主要策划者和组织者，工作任职者作为信息搜集的主体，而工作任职者的上级主管则担任信息审查工作。

三、工作信息的来源

从前面可知，工作分析所需要搜集的信息基本上可以归纳为 6W1H。那么，我们该从哪里来获得这些信息呢？通常来说，有以下四种渠道。

（一）书面资料

组织里一般都有关于现任岗位的资料记录、岗位职责说明以及其他相关资料，如供招聘用的广告与宣传手册、各种规章制度等，这些资料对工作分析非常有用。但需要强调的是，在对各种信息的搜集过程中，很重要的一个信息来源就是调用组织现存的背景资料，这些背景资料包括组织结构图、岗位配置图、工作流程图、原有的工作说明书以及国内外的职业分类标准等。有效利用这些背景资料，不仅有助于工作分析人员很快地对组织现状进行了解，更重要的是它们可以在很大程度上降低工作信息搜集的难度和工作量。

1. 组织结构图

组织结构图主要是用来描述组织中各个组成部分之间的相互关系（图3-1）。它不仅确定了每一岗位的名称，而且用相互连接的直线明确表明了各部门或岗位间的相互关系，如每一个部门或岗位成员应该向谁汇报工作、发生关联的部门或岗位有哪些等。通过组织结构图，可以很清楚地了解各个岗位在整个组织中所处的地位。

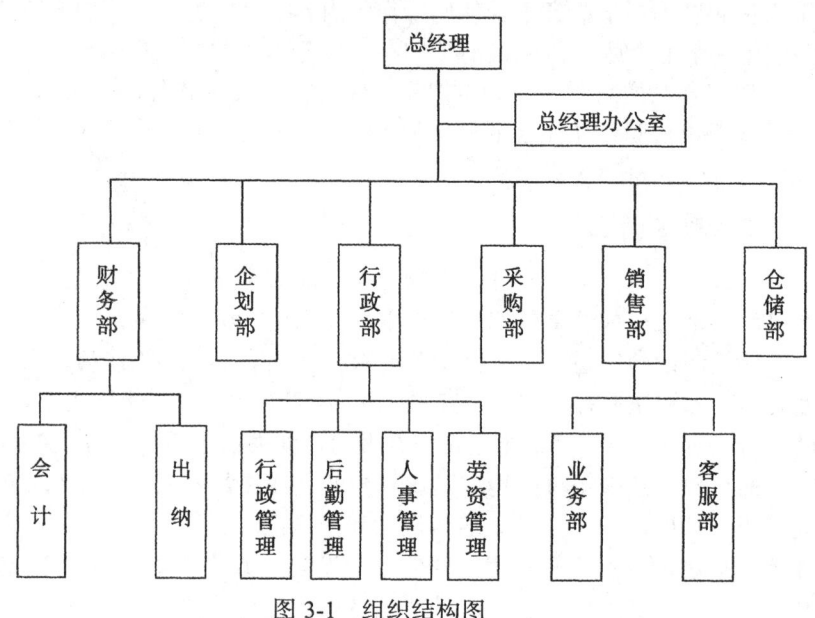

图3-1　组织结构图

2. 工作流程图

组织结构图表示的是部门或岗位之间的一种静态联系，而工作流程图则表明了部门或岗位之间的动态联系。工作流程图是通过适当的符号记录全部工作事项，用以描述工作活动流向顺序。它是用图的形式反映一个组织系统中各项工作之间的逻辑关系，可以提供比组织结构图更详细的有关工作方面的信息。通过工作流程图，我们可以看出在组织中各岗位的工作输入与输出关系，可以比较好地了解工作任务以及工作中的关联关系，这对现有工作流程进行优化和调整是非常重要的。下面是员工绩效考核的工作流程图（图3-2）。

3. 岗位配置图

岗位配置图（图3-3）能够清晰地表明组织中现有岗位的人员配置情况，有助于工作分析者更好地对那些一人多岗和多人同岗等问题进行判断和处理。

4. 国内外职业分类标准

职业分类是采用一定的标准和原则，对从业人员所从事的各种专业化的社会职业进行全面、系统的划分与归类。

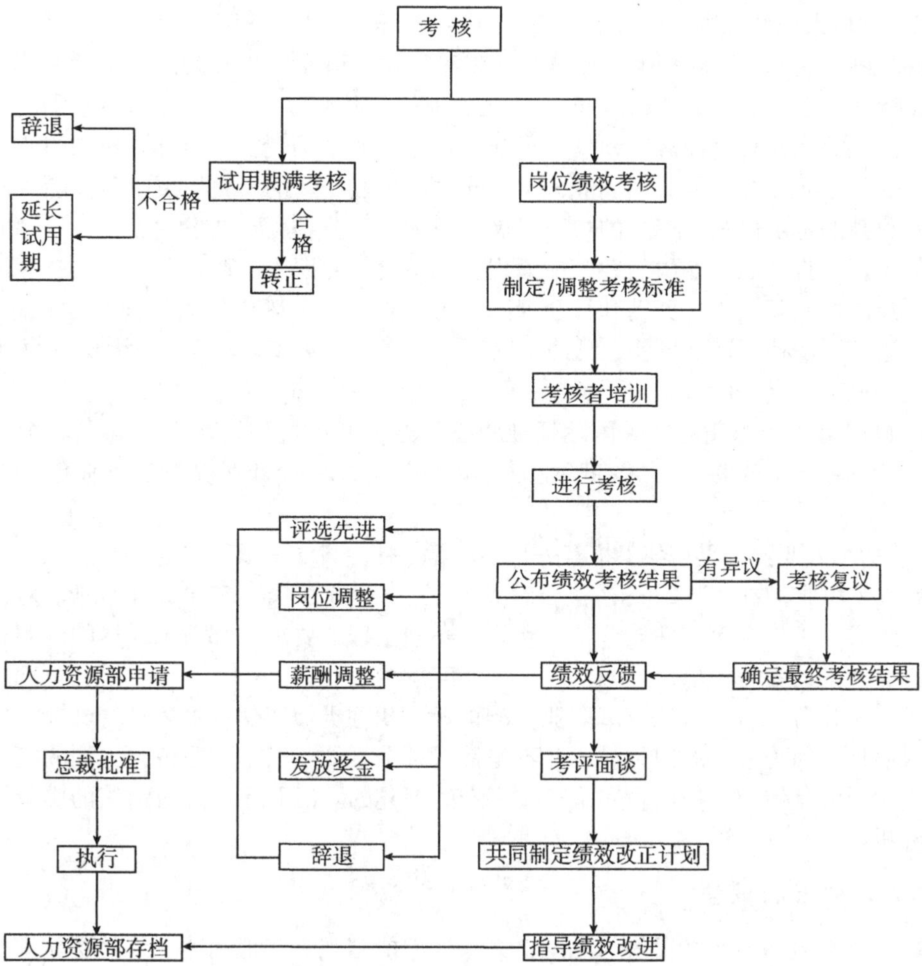

图 3-2 员工绩效考核的工作流程图

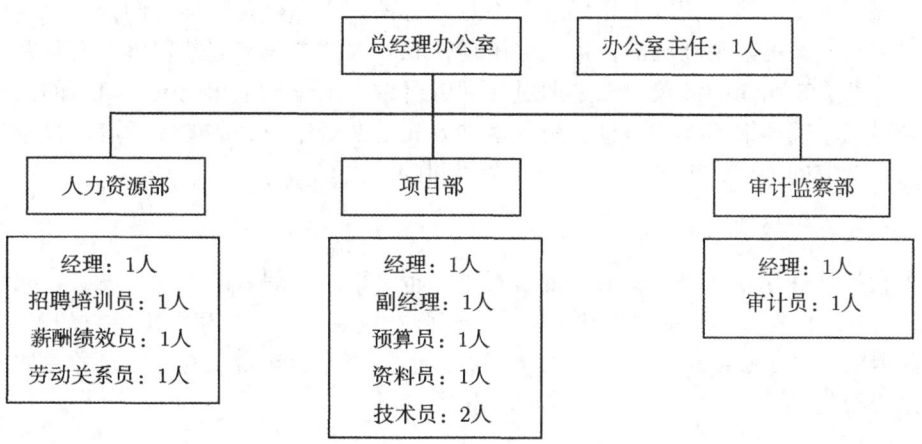

图 3-3 某公司的部分岗位配置图

（1）《中华人民共和国职业分类大典》（1999年出版）是我国第一部对职业进行科学分类的权威性文献。它参照国际标准职业分类，将我国职业划分为 8 个大类、66 个中类、413 个小类、1838 个细类（职业），依次体现了从粗到细的职业类型。每一层次都有不同的划分原则和方法。这些分类比较全面客观地反映了我国社会职业结构现状，填补了我国职业分类领域的空白。它的颁布，标志着我国职业分类工作进入了一个新的历史发展阶段。随着产业结构的调整、科技的进步以及生产力的快速发展，我国的职业结构正在发生变化，一些旧的职业逐渐消失了，一批新职业如雨后春笋般涌现，如果还参照原先的职业分类标准就显得很不合理。为了反映这些新变化，劳动和社会保障部组织有关专家不断对《中华人民共和国职业分类大典》进行了增补修订。目前，已经出版了《中华人民共和国职业分类大典》的 2005 年、2006 年、2007 年的增补本。

（2）国际劳工组织制定的《国际标准职业分类》（1958 年出版），是为给各国提供统一准则而制定的职业分类标准。它将职业分为 8 个大类、83 个小类、284 个细类、1506 种职业项目。

（3）《加拿大职业分类词典》将有关自然科学、社会科学、工程技术、医疗、卫生、教育、体育、行政等职业，划分为 23 个主类、81 个子类、489 个细类、7200 多个职业，对每个职业的名称、定义、工作内容、性质、特征和职业心理生理的要求，都做了详尽的说明和严格的规定，具有较大的参考价值。

在进行工作分析时，可以查阅职业分类词典，找到类似职位的描述进行参考、借鉴，但不可照搬照抄，因为书中的职位描述并不是针对某个具体组织中的职位，不同的组织中即使职位名称相同但具体的工作内容还是存在一定的差异的。因此，需针对组织的实际情况做出具体的分析。

（二）任职者的报告

任职者对自身的工作情况最为熟悉，如果他们能客观真实地描述工作的实际情况，将获得很有价值的信息。可以采取两种方式来获取任职者关于工作岗位信息的报告：一是通过面谈，要求任职者自己描述所做的主要工作以及完成的步骤。这种面谈对现有岗位的分析是很重要的一环，可以迅速地获取工作信息。不过，这种方式也存在缺陷。例如，很难保证任职者本人提供的信息是客观准确的，可能会出现任职者故意弄虚作假的现象，而且并不是所有的工作要素都能在面谈中涉及。二是通过任职者所做的工作日志和记录、填写的工作分析问卷调查等得到比较详细的工作信息。由于这种方式是在工作中完成的，所以可以避免由主观性和记忆而造成的失误，但这是一种很耗费时间的方法。

（三）同事的报告

除了直接从任职者那里获得有关的资料外，也可以从任职者的上级、下级、同级等处获得资料。同事的报告有助于提供对比，也有助于弥补仅从任职者那里获得资料的不足与偏颇，从而使获得的信息更加准确。对于结构性问卷，如工作分析问卷，通过上级的评估还可检查其结果是否有效。

（四）直接的观察

到任职者的现场进行直接的观察也是一种获取有关工作信息的方法。尽管工作分析人员出现在任职者的工作现场可能会对任职者造成一定的影响（如霍桑效应），但这种方法仍能提供一些其他方法所不能提供的信息。

除此之外，工作分析的资料还可以来自于顾客和用户等处。他们处于组织的外部，一般能站在一个比较客观的角度来看问题，他们的建议对工作分析同样具有参考价值。尽管信息的来源多种多样，但作为工作分析人员，要寻求最为可靠的信息来源渠道，以避免信息失真。

在选择信息来源时，需要注意以下几点：①不同层次的信息提供者就同一岗位提供的信息会存在不同程度的差别；②信息搜集者应站在公正的角度听取不同人员的意见，不要事先存有偏见；③使用各种职业信息文件时，要结合组织的实际情况，不可照搬照抄，对组织原工作文件要在研究分析的基础上批判地继承。

四、工作信息的搜集方法

收集工作信息的方法多种多样，有定性的方法，也有定量的方法；有以考察工作为中心的方法，也有以考察任职者特征为中心的方法，每种方法都有各自的优缺点。若方法选择不当，则很难保证所搜集的信息有用。那么在具体开展工作分析时，如何选择最有效的方法呢？

为了保证信息的有用性，需要考虑以下几个方面。

首先，需考虑工作分析的目的。目的不同，采用的方法也有所不同。例如，当工作分析用于招聘时，就应该选用关注任职者特征的方法；当工作分析用于薪酬设计时，就应该选用定量的方法，以便对不同工作的价值进行比较。

其次，需考虑所分析岗位的不同特点。不同的岗位有不同的要求，如有的岗位比较外显，以操作机械设备为主，对工作经验的要求相对较强一些，那么这样的岗位可以使用现场观察法；而有的岗位的活动主要以内隐的脑力活动为主，这样的岗位对知识和智利的要求较高，不易进行观察，那么运用观察法对这样的岗位收集工作信息就不适合。因此，应该根据岗位的具体特点来选用不同的方法和技术，以便更加准确的对工作加以描述。

再次，需考虑实际条件的限制。有些方法虽然可以得到较多的信息，但可能由于花费的时间或财力较多而无法采用。例如，面谈法可以较直接地从任职者处获取丰富的信息，但它需要的时间较长；而问卷法虽然获得的信息有限，但可以让许多人同时作答，效率更高，适合在时间要求较紧的情况下使用。

最后，还需考虑工作分析方法与人员的相互匹配性。每一种搜集工作信息的方法都有其独特之处，都有其适合的范围，每个组织的员工状态也不一样。在这种情况下，要根据组织具体的目的和实际情况，有针对性地选择一种或几种方法，这样才能取得较好的效果。

在选定了搜集信息的方法之后，组织一般需要对信息收集人员进行相应的培训，讲解已选定方法的具体操作步骤以及注意事项。有的方法还需事先设计一定的程序或准备一定的文件，如面谈的提纲、调查问卷的设计、观察的记录表格等。最为常用的工作信息搜集方法有面谈法、问卷法、观察法和工作日志法。实际上，在工作分析中很少单独使用一种信息搜集方法，往往都是将不同的信息搜集方法加以组合，取长补短，以求更好地获得各种所需要的工作信息。

（一）面谈法

面谈法又被称为访谈法，是一种应用最为广泛的工作信息搜集方法，在很多工作分析系统中也是一个非常重要的步骤。它主要通过工作分析人员与被访人员就工作相关的内容进行面对面的交流来获得工作信息。面谈法一般适用于脑力劳动者,如研发人员、设计人员、高层管理人员等。

面谈法的优点包括:①可以对工作者工作态度、工作动机等深层次的内容有详细和比较深刻的了解;②能够简单而迅速地搜集多方面的工作分析资料;③能够及时进行控制和引导;④便于及时沟通;⑤可以得到具体准确、直观性强的信息;⑥可以使受访者更了解工作分析的目的和必要性。面谈法的缺点包括:①需要专门的访谈技巧;②工作的时间成本高;③受访者可能会夸大工作的难度和重要性,导致信息失真。

有效的工作分析需要从面谈中得到尽可能完全和清晰的工作信息,在进行正式的面谈之前,对整个面谈过程进行事先计划是非常必要的。

1. 做好面谈前的准备

在进行面谈之前,对已获得的信息进行了解,如之前相关的面谈记录、有关该工作的文件记录等。除此之外,还需要确定以下几个方面的问题:①面谈的对象有哪些,其综合素质的差异程度如何;②面谈的目的是什么,要获取哪些工作信息;③面谈的标准化程度如何;④所需的材料和工具有哪些;⑤时间和地点安排如何。

2. 确定所使用的面谈方法

一般来说,根据面谈的对象,面谈法可以分为个别员工面谈法、集体员工面谈法以及主管人员面谈法。

(1)个别员工面谈法。在工作分析的时间充分、各个工作之间差别明显的情况下、员工作为某一工作的直接承担者,往往可以提供最为直接和完整的工作信息。

(2)集体员工面谈法。在多个员工从事同样或者类似工作的情况下,可以运用集体员工面谈法来搜集更全面的资料,而且可以避免过多的时间消耗。

(3)主管人员面谈法。当工作分析的时间紧张时,往往可以对同一个或多个主管进行较深入的面谈,从而在相对短的时间内最大限度地获得有效的工作信息。

3. 面谈技巧的培训

面谈法是需要一系列技巧的,如沟通与倾听能力、引导受访者提供真实信息的能力、对面谈内容随时进行准确记录的能力等。这些技能和经验对获取准确有效的信息是非常重要的,因此需事先有针对性地对面谈者进行技巧方面的培训。

4. 使用面谈法搜集信息的技巧

在使用面谈法来搜集信息时,还需注意以下几点。

(1)事先需征得被访者直接上级的同意,尽量获取直接上级的支持。

(2)选择合适的面谈环境,如在无人打扰的环境中面谈。

(3)营造轻松的气氛,使被访者畅所欲言,鼓励被访者真实、客观地回答问题。

(4)工作分析人员应按照面谈提纲的顺序,由浅入深地进行提问,同时注意把握面谈内容,所提问题要和工作分析的目的有关。

(5)提问人语言表达要清楚,含义要准确,所提问题必须清晰、明确,不能太含蓄。

(6)所提问题和谈话内容不能超出被访人的知识和信息范围,不要涉及被访人的个人隐私。

(7)敏感问题需要经过引导后再行提问,重要的问题先问,并给被访者留出充分的时间进行信息补充。

（8）当员工对工作内容或管理者不满，向面谈者诉苦时，不要发表意见，但要认真倾听，及时将谈话内容引回正题。

（9）在不影响被访者说真话的前提下进行谈话记录，并在面谈结束时，让被访者查看和认可谈话记录。

（二）问卷法

问卷法是工作分析中通用的一种方法。它是使用预先设计好的调查问卷来获取工作分析的相关信息，从而实现工作分析目的的一种方法。使用问卷法获得工作信息的质量，取决于问卷本身设计的质量，同时还受到被调查者文化素质的高低以及在填写时的态度等因素的影响。问卷一般是针对具有一定阅读能力和文字理解能力的工作者进行设计的，如管理类、技术类岗位的工作者。一般来说，使用问卷法来采集工作信息，多用于规模大、岗位设置繁杂、工作分析结果应用要求高的组织。

问卷法的优点包括：①可以快速有效地收集众多岗位的信息资料；②调查范围广，可用于多种目的、多种用途的工作分析。问卷法的缺点包括：①问卷设计和编制的技术要求较高并且需要花费较多的时间；②不同任职者因对问卷中同样问题理解的差异会产生信息资料的偏差。

经典的工作分析问卷有职位分析问卷、管理职位分析问卷、临界特质分析系统等。通常，用于工作分析的问卷最好请有关专家进行设计与编制，或者是借鉴已经被广泛使用的工作分析问卷来提取工作信息，并在问卷发放和填写时给出具体的说明和指导，从经验上来讲，附上一个范例可以有效地减少填写人在问卷填写过程中的疑惑。

一般来说，在以问卷的方式进行信息搜集时，需要注意以下问题。

（1）事先需征得答卷人直接上级的同意，尽量获取直接上级的支持。

（2）为答卷人提供安静的场所和充裕的时间，需要注意答卷时间尽量不要和答卷人正在进行的工作产生冲突。

（3）向答卷人简单介绍工作分析的意义，并说明填写问卷的注意事项。

（4）鼓励答卷人真实客观地填写问卷调查表，不要对表中填写的任何内容产生顾虑。

（5）工作分析人员能够随时或尽快地解答答卷人填写问卷时提出的问题，但是要尽量避免引导或暗示答卷人填写，确保其独立思考和真实填写。

（6）答卷人填写完问卷后，工作分析人员要认真地检查问卷是否有漏填、误填现象，至少要在问卷末尾处提醒答卷人注意检查是否有漏填、误填问题。

（7）问卷填写准确无误后，需向答卷人致谢。

（三）观察法

观察法是指工作分析人员通过对员工的正常工作状态进行直接观察而获取工作信息的方法。它一般是与面谈法结合使用，比较适用于短时期的外显行为特征的分析，常用于相对简单、重复性高且容易观察的工作，而不适合那些没有时间规律与表现规律的工作，以及对隐藏的心理素质的分析。

观察法的优点包括：①可以直接观察到具体的工作内容；②能及时捕捉到正在发生的行

为；③操作方法简单。观察法的缺点包括：①无法了解员工的真实想法；②可能会引起被观测人员的紧张、反感等情绪。

根据不同观察对象的工作周期和工作突发性有所不同，观察法可具体分为直接观察法、阶段观察法和工作表演法。

（1）直接观察法。工作分析人员直接对员工工作的全过程进行观察，适用于工作周期很短的职位。

（2）阶段观察法。为了能够完整地观察到工作周期较长的员工的工作，必须分阶段进行。

（3）工作表演法。适用于工作周期很长和突发事件较多的工作。由于一些工作阶段跨度太大，工作分析难以追踪记录很长时间，采用工作表演法较为合适。

采用观察的方式进行信息收集时，需要注意以下问题：①观察者应尽量不影响工作者正常的工作，同时要避免工作者由于被观察而改变原有的工作过程和方法；②取得观察对象的信任；③做好观察记录，并及时与引导人员沟通，以确保自己的理解真实地反映工作过程；④为了消除工作情境和时间上偏差的作用，可对同一个工作者在不同的时间和空间进行观察分析。

（四）工作日志法

工作日志法是由任职者本人自行记录的一种信息搜集方法。这种方法提供的信息完整详细且客观性较强，适用于对管理工作或其他随意性大、内容复杂的工作进行分析。需注意的是，为了保证填写内容的真实性和有效性，工作日志应该随时填写，而不应该在下班前一次性写好。

在实际操作中应注意以下几个问题：①要做好充分的准备工作，如编制工作日志填写指南、对填写者进行相关的培训等，确保工作日志的填写工作能顺利完成；②工作日志的填写持续时间一般为15天或30天，以确保全面掌握工作者的工作；③工作日志填好后，工作分析人员要进行汇总统计，以明确整个工作周期中工作者的工作内容和工作时间占用等信息。

由于任职者最为了解自身的工作情况和工作要求，所以由任职者本人进行记录是最为有效和经济的。对于那些有经验的任职者来说，即使某些工作没有在工作日志填写期内发生，也可以根据以往的经验将一个完整工作周期内的主要工作内容补充完整。当然这种方法可能会因记录者本身或多或少的主观色彩而造成记录偏差，但可以通过任职者的上级主管的检查和校正得以解决。

上述各种方法都是比较常见的搜集各种信息的方法，它们都能够提供比较真实的工作信息。这些工作分析方法既可单独使用，也可结合使用，每种方法都有自身的适用条件和优缺点。在实际的工作分析过程中，要根据工作分析的目的，并考虑组织自身的具体情况来选择其中一种或几种方法。

第三节 工作信息的分析与标准化

对工作信息的分析就是将利用各种搜集信息方法所搜集到的信息进行统计、分析、研究、归类的一个过程。工作信息的标准化就是对工作信息进行标准化处理，包括规范化、结构化和具体化等。

一、工作信息的分析

对工作信息进行分析的目的是获得各种规范化的信息,如重点工作项目、任职资格要求等,并最终形成格式统一的工作说明书。在信息分析阶段除了利用所搜集到的第一手资料,还可以参照组织以前的工作分析资料和其他组织或同行业相同的工作分析资料,以及国家劳动和人事部门公开发布的相关信息,以提高信息分析的可靠性。在工作信息分析的过程中,工作分析人员如果对工作信息产生疑问,应请基层管理者提供帮助,进行检验、核实。总的来说,这一阶段主要包括整理信息、审查与确认信息、分析信息三个环节。

(一)整理信息

按照有关的程序和方法,由工作信息搜集者将各类原始信息进行整理,检查是否有遗漏的项目,如果有的话要返回到上一个步骤,继续进行调查搜集工作。

由于不同的工作信息搜集方法对于信息整理的过程有不同的操作方法和要求,要根据具体的方法灵活安排信息。例如,采用访谈法的过程中,可能会采用一些符号、简写、数字等方法,以便于当时的及时记录。因此,访谈结束后,信息搜集者应立即进行补充和完善,将符号、简写等速记方式转化为可以阅读和使用的文字与图形说明,从而整理成一份详细、完整的访谈记录,便于工作分析人员的审查。

整理信息的过程中要注意把握准确性和及时性原则。只有准确的信息,才能为岗位说明书的形成提供科学的信息支持。失真以至错误的信息,不但不能对工作分析起到指导作用,相反还会导致工作分析结果出现偏差。因此信息搜集者在整理原始材料的时候必须坚持实事求是的态度,认真加以补充与核实,使其能够准确反映实际情况。另外还需注意保持信息的统一性,也就是做到计量单位相同、描述语言规范,以免在信息使用时造成混乱现象。及时性原则意味着信息搜集者应该适时记录已发生的情况并加以整理,因为有时候在访谈过程中信息内容过多,不及时记录整理的话过一段时间后可能会忘记,从而出现信息不完整。

(二)审查与确认信息

整理好的信息,必须交给工作分析小组进行审查、核对与确认,以免出现偏差。信息审查的内容主要包括信息是否完整、信息是否准确、信息描述是否符合从业规范、信息是否容易理解等。

审查工作既有助于判断搜集的信息是否正确、完整,也有助于确定这些信息能否被所有与工作分析相关的人员所理解。同时,还为工作承担者提供了修改工作描述的机会,从而有助于赢得大家对所搜集到的工作分析信息的认可。审查信息工作完成后,工作分析小组要将经审查后确定的信息送交领导人或委托人进行进一步的审查确认。

(三)分析信息

在确认了所搜集的信息没有遗漏和错误后,就可以对这些信息进行分析了。一般来说,对工作信息的分析通常包括以下内容。

(1)工作名称分析。对工作名称进行分析时,应注意使工作名称标准化,并符合人们一般的理解,使人们通过工作名称就可以了解工作的性质和内容。因此命名应准确,不易发生歧义;名称应有美感和吸引力,能反映这项工作在组织中的地位和作用等。

（2）工作描述分析。工作描述分析是为了全面认识工作整体，其具体内容包括以下几个方面。①工作任务分析：工作任务分析是对工作任务、工作内容、独立性与多样性程度、工作程序与方法、设备与材料的运用进行分析。②工作责任分析：其目的是通过对工作相对重要性的了解来配备相应权限，确保责任和权力对应，一般是以定量的方式来确定工作责任与权限。例如，财务审批的金额、准假的天数等。③工作关系分析：工作关系分析是对工作的制约与被制约关系、协作关系、升迁与调换关系等进行分析。明确某个职位会与哪些工作发生关联关系，会对哪些工作产生影响，会受到哪些工作的制约，会与谁发生协作关系，可以在哪些职位范围内进行晋升和岗位调换。④劳动强度分析：劳动强度分析是对劳动强度指数、标准工作量、工作压力等进行的研究与界定。例如，确定工作的标准活动量，规定劳动定额、绩效标准、工作循环周期等。

（3）工作环境分析。工作环境分析是为了确认工作的条件和环境。具体内容包括以下几个方面：①工作的自然环境，包括环境中的温度、湿度、照明度、噪音、震动、异味、粉尘、辐射等，以及任职者与这些环境因素接触的时间；②工作的社会环境，主要包括工作地点的生活方便程度、环境的变化程度、环境的孤独程度、与他人交往的程度等；③工作安全环境，主要包括工作的危险性、可能发生的事故、事故的发生率和发生原因、易患的职业病、患病率以及危害程度等。

（4）工作任职者的必备条件分析。其目的是确定工作任职者所应具有的最低资格条件，这些条件包括：必备的知识水平、身体素质、工作经验、操作能力、个性特征等。

以上便是工作信息分析所包含的内容，具体的分析内容可以根据工作分析的目的加以调整。下面我们把视野转向国外，看看其他国家的工作信息的分析包含哪些内容。

美国劳动部规定的16项基本工作分析项目：①工作内容；②工作职责；③有关工作的知识；④精神方面的机能；⑤灵巧正确的程度；⑥经验；⑦年龄；⑧所需体质；⑨教育；⑩技能培养；⑪见习制度；⑫和其他工作的联系；⑬身体动作；⑭作业环境；⑮作业对身体的影响；⑯身体毛病。

需要注意的是，工作信息的分析不仅就某一职位而言，而是要总体考虑各部门所有的职位。通过对所有职位工作流程和工作逻辑顺序的梳理，更加确保了部门工作的合理安排和有序进行。

当针对某一职位而言，要确定其重点工作项目和与之对应的任职资格要求。

重点工作项目的确定可以选择一些评价维度，如时间消耗、工作价值、工作影响等。在表3-2的例子中，某职位分别采用了"时间消耗"和"工作价值"两个评价维度来确定其重点工作项目。评价维度确定后，就要对其进行等级划分或分值确定，表中对两维度都给予了5分制划分。最后根据每一工作项目的总分，确定重点项目。

表3-2 某职位重点工作项目评定表

工作项目		工作价值				
		5	4	3	2	1
时间消耗	5	项目1				
	4				项目5	
	3			项目3		
	2	项目2				项目4
	1					

可以清楚地看出，项目 1 的工作价值和时间消耗均为 5 级，因此可以判定项目 1 为重点工作项目。而项目 2 的总分为 7 分，项目 3 和项目 5 的总分为 6 分，项目 4 为 3 分，所以位于第二的重点工作项目是项目 2。

在确定了重点项目后，就可以针对重点工作项目来制定该职位的任职资格要求，包括知识要求、技能要求、能力要求和经验要求等。我们再来看一个例子：在表 3-3 中，该职位有 5 个重点工作项目，每个重点工作项目对应的任职资格要求包括 4 项内容，分别为"学历要求""经验要求""专业要求""年龄要求"。当然在实际工作分析操作中要根据工作本身的特点来选择需要确定的任职资格。

表 3-3 重点工作项目任职资格评定表

重点工作项目	学历要求	经验要求	专业要求	年龄要求/岁
项目 1	本科	1	无限制	22~50
项目 2	专科	3	管理学	21~50
项目 3	专科	2	管理学	26~55
项目 4	本科	2	无限制	26~55
项目 5	本科	1	无限制	30~55
最终任职资格要求	本科	3	管理学	30~55

从表 3-3 可知，项目 1、项目 4、项目 5 需要的学历要求是"本科"，而项目 2 和项目 3 则要求的是"专科"学历，因此该职位的学历要求最低应为"本科"，其他 3 项要求也类似推导。

二、工作信息的标准化

工作信息的标准化是按照组织内人力资源管理各个环节信息使用的要求，对工作信息进行标准化处理。标准化后的工作信息意义重大，能够提高工作分析开展的效率，并为人力资源管理其他模块工作开展提供现成有用的信息。例如，在进行职位评价时，在确定了职位评价的各个维度后，还需确定该职位在某一维度上处于什么级别，此时这些信息就需要通过对原始信息的标准化处理而获得。

工作信息的标准化首先是要明确界定工作信息的各项内容，包括所涉及的名词、概念和要素等。例如，"工作技能"可以定义为"完成工作所需具备的知识、技能、经验等"；"岗位职责"可以定义为"某个岗位所要求的需要去完成的工作内容以及应当承担的责任范围"。一般的，这些定义需采用学术界或行业内所共同认可与接受的定义。

接着要对每项内容进行等级划分，应根据该内容标志值的不同程度划分为不同的等级。例如，在表 3-4 中，对工作技能的等级进行了三级划分，分别为"非常熟练""一般熟练""不熟练"，并对各个等级的工作技能进行了明确的定义。

表 3-4 工作技能的等级划分

等级	等级名称	等级解释
A	非常熟练	不仅能够独立快速的做好本工作，还能带领大家一起协同工作
B	一般熟练	可以独立快速的做好本工作，但不会指挥他人
C	不熟练	只能在他人的指挥下，从事简单的工作

在确定了各个内容的等级之后，就可以根据具体工作的特点确定其所处的级别。例如，表 3-5 列举了某企业技术部 6 个不同岗位任职资格要求中对"工作经验"等级的要求。

表 3-5　各岗位任职资格要求——工作经验

岗位	档案管理员	编程员	技术员	程序组组长	开发组组长	部长
经验级别	1	2	3	5	5	7
级别定义	不需要工作经验	需半年从事相关工作经验或经过部门培训上岗	需要一年从事相关工作经验	需要2年从事相关工作经验	需要 2 年从事相关工作经验	需要 3 年从事相关工作经验

第四节　工作分析结果的形成

工作分析的结果通常为每个岗位的工作说明书。工作说明书编好之后，还需要进一步审核与确认。

一、编写工作说明书

工作说明书是对工作的目的、职责、任务、权限以及任职者的资格条件等的书面描述。它是工作分析的最终结果之一，包含了工作分析过程中所获得的所有信息，并把这些信息以标准化的形式编制成文。鉴于在后面章节将会有专门关于如何编写工作说明书的介绍，此处不做详细说明。但是，在编写过程中还是需注意以下几点：①根据经过分析处理的信息草拟工作描述与工作规范；②将草拟的工作描述与工作规范同实际工作进行对比；③根据对比的结果决定是否需要进行再次调查研究；④修改工作描述与工作规范；⑤若有需要，可重复②~④的工作。特别是重要的岗位，工作描述与工作规范应多次修订；⑥形成最终的工作描述与工作规范；⑦在工作描述与工作规范的基础上形成工作说明书；⑧将工作描述、工作规范与工作说明书应用于实际工作中进行检验，并注意搜集有关人员提出的反馈信息，不断完善；⑨对工作分析本身进行总结评估，注意将工作描述、工作规范与工作说明书归档保存，为今后的工作分析提供经验与信息。

二、审核与批准

为确保工作描述和工作规范的正确、清楚、易理解，编写完成的工作说明书应给管理者和员工检查一遍。如果有问题，可根据有关建议和意见，再对工作说明书进行修订。

一般来说，工作说明书有以下两种修订方式。

（一）召开主题专家会议

主题专家会议是工作说明书确认修订的最为简单有效、不可或缺的方法。在该会议中，应重点与相关人员讨论确认以下方面的信息：①工作目的、职责表述的准确性；②绩效标准的针对性及可操作性；③任职资格在组织中的横向与纵向比较；④从组织层面考虑组织功能的完整性。

（二）组织范围内的公开讨论

在工作说明书最终定稿之前，在条件允许的情况下，可以召集组织内部员工公开讨论工作说明书，广泛采纳他们的意见、建议。这是弥补工作分析中的过程缺陷、结果缺陷以及人为缺陷的很有效的办法，并且能为后期工作分析成果的运用获得广泛的群众支持。

修订后的工作说明书，按照一定的程序，一旦经过负责人的批准后，便可正式公布执行。公布方式多种多样，如公告板、文件、会议等，从而方便各部门与员工从多个渠道了解工作说明书的有关内容。

第五节　工作分析结果的应用

工作说明书形成之后，工作分析的工作就基本结束了。但是对工作分析结果的应用也同样重要。因为只有将形成的工作说明书运用到组织实际工作中，才能充分展现其在组织管理中的价值。工作说明书的利用率高，意味着工作分析的成效大，组织的努力没有白费；反之，工作说明书的利用率低，意味着工作分析的成效小，不仅使组织在人力、物力上造成浪费，还使有用的信息得不到正常的交流与使用；而且只有在应用的过程中才会发现一些难以发现的问题，从而在实际工作中不断地加以改进和完善，为后续的工作分析积累经验。总之，在这个阶段主要开展以下工作：工作说明书的应用、工作说明书的评价以及工作说明书的反馈与调整。

一、工作说明书的应用

（一）工作说明书的使用培训

尽管部分任职者参与了工作分析的全过程，但工作说明书毕竟是由专业人员编写的，里面包含了大量技术性、专业性成分。为了便于理解，很有必要对工作说明书的使用者进行培训。一般来说，工作说明书使用培训包含以下几种类型：①召集所有员工，在组织内公开宣讲。主要讲授工作说明书的目的、意义、用途以及书中各信息板块的阅读和使用方法。②各部门内部针对具体职位开展的培训。主要由工作分析人员负责，要使任职者明确各具自职位的工作职责、绩效标准、任职资格、学习和培训方向等。③对人力资源部门管理人员的培训。主要是关于工作说明书如何运用到招聘、培训、考核、薪酬等人力资源管理功能板块中的培训。

（二）制定各种具体的应用文件

培训结束后，专业人员还要协助各部门制定并完成相应的具体文件，如岗位绩效指标、岗位操作流程等。

（三）健全工作说明书的管理机制

工作说明书的使用是一个动态过程，必须建立一套完整的管理机制。

（1）健全信息管理体系。委派专门的人员负责工作说明书等工作文件的管理与使用，并采用计算机系统完成信息的录入与更新工作。重视用科学的定量分析方法，从大量数据中找出规律，提高科学管理水平，使信息充分发挥作用，实现管理规范标准化、制度化。

（2）建立灵敏的信息反馈机制。工作内容与任职资格都会随着组织内外环境的变化而变化，因此必须及时了解工作说明书的变化状况并加以改进。一方面，人力资源部要专门对信息工作人员进行培训，使其具有识别信息的能力，并定期检查追踪工作岗位信息的变化情况；另一方面，各职能部门应定期向人力资源部反馈相关信息，由人力资源部对各种数据信息进行深入的分析，从而改进和完善工作说明书。

（3）重视对工作说明书的过程管理。不仅要注重工作说明书的制定过程，还要注重工作说明书的使用、反馈和修订过程，切实发挥工作说明书在人力资源管理活动中的作用。

（四）工作说明书在人力资源管理系统中的具体应用

工作分析所获得的信息最终要为人力资源管理的其他工作环节服务，因此必须知道工作说明书可以用于人力资源管理的哪些方面，归纳起来有以下几点。

（1）人力资源规划。一份完整的工作说明书包括了岗位名称、工作环境、工作职责、工作关系等，通过对这些信息资料的整理可以进行相应的人员供给预测分析，可以决定需要招聘什么样的人来从事这项工作等。

（2）招聘与录用。工作说明书明确了不同工作的任职资格，规定了符合工作要求的人员录用标准，因此可以根据说明书来客观、公正地招聘员工，使招聘录用工作科学化、正规化。

（3）培训与开发。工作说明书显示了工作本身要求员工具备的技能，可以帮助我们判断员工是否符合工作的要求以及员工目前的能力与工作要求的差距，从而了解员工的培训需求，并制订培训计划，使培训具有针对性、及时性和有效性。

（4）绩效评价。根据工作说明书中的工作职责可制定工作岗位考评的内容和标准；职位特点可确定了考评的周期、方法；工作关系可决定参与考评的人员，从而对员工工作的有效性进行客观的评价与考核。

（5）薪酬设计。组织的薪酬体系设计必须建立在科学的工作评价基础之上，而工作评价的依据则来自工作分析所形成的工作说明书。因此，工作说明书对于薪酬管理的意义重大。

（6）劳动安全。通过工作说明书可以全面了解不同工作的危险程度，从而采取有效的安全保护措施。同时，一旦发生事故，也可以根据工作说明书的信息，科学地分析和判断事故的原因，为事故的处理提供有效的依据。

（7）工作设计与再设计。通过工作说明书，可以对工作内容、工作职责、工作关系等各个方面进行系统的审视，改进不合理之处，从而提高员工的工作满意度和工作效率。而且还可以对工作所要完成的具体任务及采用的方法进行重新确认，有助于组织通过工作的丰富化和扩大化来对工作进行再设计，从而使人与工作能够更好地匹配。

总之，工作说明书所提供的信息对员工的培训、考核、晋升、职业发展等具有直接的影响。不过工作分析结果的应用并不是独立进行的，不同的应用之间互相联系、互为支撑。

二、工作说明书的评价

工作说明书一旦应用到实践中，总是会不可避免地出现一些问题。因此，要对工作说明书给予正确的评价，以确定其价值，并总结经验教训，为今后更科学、有效地进行工作分析提供借鉴。一般来说，可以从以下几个方面对工作说明书进行评价。

（1）工作说明书的内容信息：是否全面反映了工作的信息，是否体现了岗位性质与特征，是否科学界定了岗位的任职资格与条件等。

（2）工作说明书的效果信息：是否达到了预期目的，是否提高了工作绩效，是否规范了岗位的操作方式与流程，是否解决了人力资源管理中需要解决的有关问题等。

（3）工作说明书的过程信息：是否明确了工作分析过程中所花费的成本，大家对它是否满意，是否影响了工作人员的工作，如何改进等。

三、工作说明书的反馈与调整

尽管在稳定的组织中，工作说明书具有相对稳定性。但由于工作分析是在相对集中的时间内完成的，对于各信息板块的分析整理难免会有疏漏之处；同时，随着组织与环境的发展变化，一些原有的工作任务会消失，一些新的工作任务又会产生，许多岗位的性质、内涵和外延都会发生变化；而且在工作说明书的使用过程中，使用者还会根据其适用性提出反馈意见。因此，对于工作说明书的管理和使用应该是个动态的过程，应经常对其内容进行调整和修订。人力资源管理部门的相关人员可以在组织内部建立工作说明书的反馈渠道，不断搜集反馈信息，并及时对工作说明书进行完善，同时总结工作分析过程中的缺陷和漏洞，为以后进行工作分析积累经验。

[案例讨论]

公司如何做好工作分析

人力资源部李经理最近很烦恼，因为总经理安排给人力资源部一项艰巨的任务，就是要求人力资源部进行工作分析。李经理完全理解老总的目的，因为她还清楚地记得五年前刚来公司的时候，公司只是本地一个小型的房地产开发公司，内部没有明确的组织结构，也没有明确的书面职责分工，大家所做的工作之间经常会出现交叉。不过，由于总经理对每个人采取直线领导，很容易进行协调，所以组织的工作效率倒也很高。

随着近几年房地产业需求强劲，公司得到飞速发展，规模持续扩大，逐步发展为一家中型房地产公司。众多的组织和人力资源管理问题逐渐暴露出来。从组织方面来说，以总经理依靠个人意愿安排工作的方式已经开始导致内部发生很多混乱，如岗位设置随意、职责界定不清、相互推诿责任等。有的部门抱怨事情太多，人手不够，任务不能按时按质按量完成；有的部门又觉得人员冗杂，人浮于事，效率低下。在人力资源管理方面，也有着许多矛盾存在。例如，在人员招聘方面，人力资源部给出的招聘标准很含糊，导致招来的人大多差强人意。同时许多岗位难以做到人岗匹配，员工的能力也不能得到充分发挥，严重挫伤了士气，影响工作效果。员工和主管的晋升以前由总经理直接决定，现在总经理太忙，只能根据部门经理的意见做出决策。很多时候，上级与下属的私人感情成为能否晋升的决定性因素，一些有才干的人长期得不到提升，导致许多优秀员工纷纷辞职。另外，公司还缺乏科学的绩效考核标准和薪酬制度，考核中的主观性和随意性非常严重，也经常能够听到大家对薪酬的抱怨和不满。

面对这样严重的形势，在一次高层管理会议上，总经理提出：公司在现阶段一定要在提高管理水平上下工夫，而以组织结构为基础，进行工作分析便是首要工作。这个工作自然而然落到人力资源部的头上。李经理没有工作分析的经验，不知道如何有效开展工作分析，因此特别头疼。但是事情还是必须完成，于是她只好硬着头皮一步一步地探索。

首先，她召集本部门成员开始寻找进行工作分析的方法和技术。在阅读了一些国内目前流行的工作分析方面的书籍之后，她们从中选取了一份工作分析调查问卷作为收集工作信息的方法。然后，人力资源部将问卷发放到了各个部门的经理手中，同时还在公司的内部网上发了一份关于开展问卷调查的通知，要求各部门成员配合人力资源部的问卷调查。

据反映，问卷在下放到各部门后却一直搁置在各部门经理手中，而没有下发下去。很多部门是直到人力资源部开始催收时才把问卷发放到每个人的手中。同时，由于最近大家都很忙，很多人在拿到问卷之后，没有时间仔细思考就草草填完了事。还有很多人在外地出差或者任务缠身，实在自己无法填写而由同事代笔。此外，据一些较为重视此次调查的人员反映，大家都不了解这次问卷调查的意图，也不理解问卷中一些生疏的管理术语。有些积极的员工想向人力资源部询问问卷中的疑难问题，可是不知道具体该找谁。因此，在问卷回答时只能凭借自己个人的理解来填写，无法把握填写的规范和标准。

一个星期后，人力资源部收回了问卷。但是发现，问卷填写的效果不太理想，有一部分问卷填写不全，一部分问卷答非所问，还有一部分问卷根本没收上来。于是，人力资源部决定着手选取一些职位进行访谈。但在试着访谈了几个职位之后，发现访谈的效果也不好。例如，被访谈人大部分时间都是在发牢骚，指责公司的管理问题，抱怨自己的待遇不公平。而在分析相关的工作内容时，被访谈人往往又言辞闪烁，顾左右而言他，似乎对人力资源部的访谈不太信任。访谈结束后，访谈人对该职位的了解还停留在模糊的阶段。这样持续了两个星期，访谈了大概1/3的职位。李经理认为时间不能再拖延下去了，因此决定开始进入下一个阶段——编写工作说明书。

可是各职位的信息收集还不完整，该怎么办呢？人力资源部在无奈之中，不得不另觅他途。于是，通过各种途径从其他公司收集了许多工作说明书，试图以此作为参照，同时结合问卷和访谈搜集的一些信息来编写工作说明书。

在编写阶段，人力资源部还成立了几个小组，每个小组专门负责起草某一部门的工作说明书，并且规定两个星期后完成任务。由于不了解别的部门的工作，问卷和访谈提供的信息不准确，同时又缺乏写工作说明书的经验，所以大家写起来都觉得很费劲。规定的时间快到了，很多人为了交稿不得不急急忙忙，东拼西凑了一些材料，再结合自己的主观判断，最后成稿。

最后，工作说明书终于出台了，并下发到各个部门。同时，总经理还下发了一份文件，要求各部门按照新的工作说明书来界定工作范围，并按照其中规定的任职条件来进行人员的招聘、选拔和任用。不久，便引起了其他部门的强烈反对，很多直线部门的管理人员甚至公开指责人力资源部，说这些工作说明书完全不符合实际情况。

于是，人力资源部与相关部门召开了一次会议来推动工作说明书的应用。李经理本来是想通过这次会议来说服各个部门支持这次项目的。但结果却恰恰相反，在会上，人力资源部遭到了各个部门的一致批评。同时，人力资源部由于对其他部门不了解，对其他部门所提出的很多问题也无法进行解释和反驳。因此，会议的最终结论是，人力资源部回去重新编写工作说明书。后来，经过多次重写和修改，工作说明书始终无法令人满意。最后，工作分析项

目不了了之。

讨论题：

1. 该公司决定从工作分析入手来解决组织问题，这样的决定正确吗？为什么？
2. 在工作分析项目的整个组织与实施过程中，该公司存在着哪些问题？
3. 该公司所采用的工作分析方法主要存在哪些问题？

HAPTER 4
第四章 工作分析的结果

[内容提要]

本章主要介绍工作描述、工作规范、工作说明书等人事管理文件的内容、格式与编写。

[学习要点]

1. 明确工作描述的含义及内容;
2. 理解工作描述在人力资源管理中的应用;
3. 明确工作规范的含义及内容;
4. 理解工作描述的构建方法;
5. 理解工作说明书的作用;
6. 明确工作说明书的编制准则。

第四章 工作分析的结果

[引导案例]

小张为何要辞职

人力资源部王经理一大早便收到小张的辞职信,信中写道:"可能我无法适应目前的工作,我希望在这个月末试用期结束时离开公司。"王经理看完很惊讶,小张可是两个月前才来公司的,在销售部担任经理助理。在这段试用期内,据销售部经理以及销售部其他同事的反映,小张的表现很好,公司正打算等试用期结束后正式录用他,没想到他会主动提出辞职。

三个月前,销售部经理提出了增加经理助理职位的需求,因为销售部将加强与国外厂商的业务联系,急需熟练使用英语口语和处理英语书面文件的员工,并希望新增加的员工具有一定的计算机水平,同时可兼顾公司对外网站的管理工作。上司批准了销售部经理的请求,并决定由人力资源部负责招聘。人力资源部就所需增加的工作岗位进行了分析,经过与销售部经理协商后,编写了该职位的工作说明书。其中对工作职责的描述是:①协助经理处理国外业务的联系及英文书面文件、合同;②在需要的情况下可担任英文翻译;③整理销售部内部业务文档;④负责在网站上发布有关公司的业务信息,并进行公司网页的更新、调整。

从以上可以看出,该职位对语言能力方面的要求决定了应聘人员最好是英语专业的毕业生或在国外生活过的人员;而计算机网站管理又对应聘人员的计算机水平提出了较高的要求,应聘者最好是具备计算机专业学历的人员。

看到这样的任职资格要求,人力资源部感到这个岗位的招聘工作难度很大。果然,当招聘信息在人才招聘渠道发布后,申请的人员并不多。小张是华南地区某商学院毕业的学生,毕业后在广告公司做过业务工作,后来到英国留学,在国外所学的专业是计算机应用,留学刚回来,各方面的条件刚好符合招聘岗位的要求。经过两次面试后,销售部和人力资源部都觉得小张是这个职位的最佳人选,于是通知小张来公司报到上班。

"为什么你会觉得自己不能适应这项工作呢?"王经理亲自问小张。

小张说:"工作中英文文件处理、与客户的业务联系都没问题,内部文件也能按要求管理好,但是我不了解公司生产产品的技术参数和生产能力,在与客户联系的过程中,需要根据客户的需求为客户量身定制产品的技术参数并在合同中注明交货期限。销售部要求我向客户提供技术方案和我们能为客户量身定制的产品的规格、型号,有时还要决定我们什么时候能给客户供应哪些类型的产品。我又不是销售部经理,我无法决定。目前我承担的工作与应聘时对我提出的工作要求完全不一样。"听完小张的话,王经理陷入了深思:"难道是我们的工作说明书编写错了吗?"王经理心中充满疑虑。

这则案例告诉我们,许多企业对工作说明书的内容、格式及编写要求并不十分清楚,结果导致工作说明书与岗位实际工作不符的情况出现。工作说明书是工作分析的一种直接结果。通常情况下工作分析结束后就要编写工作描述、工作规范,最后形成工作说明书。工作描述主要是涉及工作执行者实际做什么、如何做以及在什么条件下做的一种书面文件。

而工作规范则是说明工作执行人员为了圆满完成工作所必须具备的知识、能力和技能。本章主要介绍工作描述、工作规范、工作说明书等人事管理文件的内容、格式与编写。

第一节 工作描述

作为工作分析结果之一的工作描述主要是涉及工作执行者实际在做什么、如何做以及在什么条件下做的一种书面文件。本节将首先对工作描述的含义及应用进行概述，其次介绍工作描述的基本内容、编写规范，最后提供具体范例来加深对工作描述的理解与掌握。

一、工作描述的含义及应用

（一）工作描述的含义

工作描述是指用书面形式对组织中各类岗位的工作性质、工作任务、工作职责与工作环境等所做的统一说明。一份合格的工作描述应反映该项工作区别于其他工作的信息，说明从事的工作是什么、为什么做、怎么做、在哪里做以及在什么条件下履行其职责等。它的主要功能是让员工了解工作概要，建立工作程序与工作标准，阐明工作任务、责任与职权，为将来员工的聘用、考核和培训等工作打下理论基础。

工作描述的编写应该根据应用对象的不同而有所区别。对中高层管理人员的工作描述强调的是权责关系及工作间的相互关系，这些信息更多地应用到组织设计、人力资源规划、管理能力开发计划中。而为基础员工准备的工作描述重点在日常工作，并服务于人事管理职能，如招聘甄选、培训需求确认、薪酬管理等。

工作描述对员工和管理者均有价值。从员工的角度来说，工作描述可以帮助他们了解工作义务，并且时刻提醒组织对他们的期望值。从管理者的角度来说，工作描述可以尽可能地减少在工作要求上与员工的冲突。当工作描述中所包含的义务员工没有做到时，管理者就有了采取纠正行动的依据。

（二）工作描述的应用

工作描述在人力资源管理中的应用主要表现在以下几点。

1. 人力资源规划

员工调动和岗位变化通常需要一个预期和计划的过程。工作描述对于员工升迁路线、组织发展路线以及空缺岗位补充来源都有重要的应用价值。工作描述还可以帮助确认工作之间的关系与权责分配是否有漏洞并可及时进行弥补。

2. 招聘与配置

工作描述可以帮助应聘者了解其感兴趣的职位，从而判断自己能否胜任；招聘人员也可以根据工作描述中的工作职责、工作内容等方面来确定面试内容，从而甄选到合适的人选。总之，一份清晰详尽的工作描述可用于人员招聘、甄选、雇佣、配置等各个方面。

3. 培训与开发

工作描述中列出的工作所需的知识、技能、行为态度等为培训需求的确定提供了重要依据。根据工作描述，可以很清楚地了解员工的实际工作水平与预期工作水平的差距，从而针对不足方面进行重点培训。新员工也可以借助工作描述更快地熟悉岗位规则与操作流程，并随时检查自己的行为与规范是否相符。工作描述中的工作关系成为员工轮岗计划和岗位调动的依据。

4. 绩效评估

工作描述在绩效评估中最直接的应用是绩效标准的确认。通过工作描述，可以判断任职者是否完成了岗位所规定的工作内容和工作标准。管理者可以以工作输出信息为标准，而非以个人主观判断对员工的绩效进行评估。在绩效反馈与绩效指导中，工作描述也有很多应用。

5. 工作评价与薪酬管理

工作描述中所获得的信息是工作评价与薪酬管理的重要依据。工作描述为各种工作评价方法提供基础信息，不同工作中抽象的相关可比要素是工作评价的依据，而工作评价又是制定合理薪酬体系的重要依据。

6. 职业生涯设计

在职业生涯设计中，员工的升迁道路设计必须考虑到从基层工作向更高层岗位转变过程中对工作要求的变化。工作描述可以提供不同层级的岗位之间在教育、技能、能力以及工作经验方面的相似性与联系，从而制定出职业发展路线。

7. 员工安全

工作描述中清楚地写明了工作环境的危险性，并且制定了相关的安全标准，这将有利于对员工进行安全培训，减少事故和危害发生概率，并随时提醒操作人员注意。

8. 组织结构设计

工作描述可以作为组织结构变革、重组的辅助工具。随着组织规模与业务的发展，组织功能和职责需要不断进行重新分配，工作描述可以帮助组织确定最佳变革方案。

9. 工作设计

工作设计人员可以根据工作描述对工作设计流程的合理性进行分析，从而提高工作设计流程与工作系统的优化程度。新工作的设计与安排可以通过分析已有的相关工作的工作描述来进行。

总之，工作描述广泛应用于人力资源管理活动中的各个环节，为企业的人力资源规划、职业生涯设计、组织结构设计等提供了基础性的信息。

二、工作描述的基本内容

不同的工作分析的目的和不同的工作描述的使用者，对工作描述的内容有不同的要求。一般来说，工作描述的内容被分为两部分：一部分是核心内容，即任何一份工作描述都必须包含的部分，主要包括工作识别、工作概要、工作关系、工作职责、绩效标准、工作环境等方面。这部分内容不能缺失，否则会导致人们无法对本工作与其他工作加以区分。另一部分为可选择性内容。它一般由工作分析专家根据预先确定的工作分析的具体目标，有选择性地进行安排。这部分内容有工作权限、工作范围、职责的量化信息、工作负荷等。本章主要阐述工作描述的核心内容。

（一）工作识别

工作识别又称工作标识、工作认定，其作用是将工作与组织中其他工作分开，主要包括工作名称、工作身份、工作编号、工作地点等，如表4-1所示。

1. 工作名称

工作名称是工作识别中最重要的项目，表明了工作人员在组织中所扮演的角色，是一组

表 4-1 某公司销售部销售主管职位工作标识说明书

基本信息			
职位名称	销售主管	所在部门	销售部
目前任职者	××××	职位等级	高级主管级
工作代码	SH-003-005	工作地点	A公司总部
职位分析员	××咨询有限公司	分析时间	××年××月

在重要职责上相同的岗位总称。好的工作名称往往很接近工作内容，并能把一项工作与其他工作区别开来，如销售主管、招聘专员等。在确定工作名称时，要遵循准确、通行、讲究艺术的原则。具体来说，要注意以下几点。

（1）工作名称的重要性反映在它的心理作用上，因为它代表了员工的地位。因此工作名称应该讲究艺术性，如"环卫保洁员"要比"卫生员"的命名恰当。工作名称的艺术处理和美化效果可以提高该项工作的社会声望，以及员工对这项工作的认可度和满意度。

（2）工作名称应该较准确地反映其主要工作职责。例如，"设备管理员""产品质量检验员"就明确指出了其工作的职责。在实际工作中，工作名称也有使人产生误解的时候。例如，曾有一名毕业生应聘的工作名称是一家主营橡胶轮胎企业的地区服务经理助理，可他的工作职责不过是把轮胎从卡车上卸下来，检查轮胎表面是否磨损，再把轮胎装到货车上，因此更合适的工作名称应该是轮胎检查搬运员。

（3）工作名称应该指明任职者在组织等级中的相关位置，如"初级设计师"名称就比"高级设计师"等级低。表示等级的名称还有"助理研究员""总经理助理"等。

（4）工作名称应尽量按照社会上通行、公认的做法来拟定。这样不仅便于人们理解，而且也便于组织的薪资调查。

2. 工作身份

工作身份又称工作地位，是指工作所在的实际位置，一般排在工作名称之后。对一般的公司来说，可以用工作所在的部门、分部门、工作小组的名称来定义，但对于一些特定的岗位，如地区销售专员、快递公司派送员等则需要找出其组织中的工作地点特征为其命名。

对工作身份的界定主要包括以下几点：①所属的工作部门；②直接上级岗位；③工作等级，指在组织中存在工作等级分类情况下，此工作处于哪一等级；④工资水平；⑤所管辖人数；⑥定员人数，指该职位的人员编制；⑦工作时间。

3. 工作编号

工作编号又称岗位编号、工作代码，主要是为了方便职位的管理，组织可以根据自己的实际情况来决定应包含的信息。一般是按工作评估与分析的结果对工作进行编码，目的在于快速查找所有的工作。组织中的每一种工作都应该有一个代码，这些代码代表了工作的一些重要特征，如工资等级、职位类别。

一般来说，工作编号应该符合以下四个要求。

（1）唯一性。工作编号必须唯一确定相关的工作岗位。如果出现一个编码对应两种不同的工作岗位的情况，那么当把这两个岗位的信息资料混在一起时，就容易造成岗位信息混乱，失去应有的管理价值。

（2）方便性。随着组织管理的需求和信息化的发展，计算机系统被组织广泛采用。因此，工作编码应该便于运用计算机等进行处理，并且保证工作编号的唯一性。

（3）可扩性。组织结构的变动会促使组织增加或减少一些岗位与员工，这就要求编码规则能够适应组织的这些新变化，可以在不改变原有规则的基础上进行扩充，以增加或减少部门与岗位的信息。

（4）可用性。工作编号由一系列的数字与字母组合，对于工作人员来说，不易记忆，容易混淆。因此，需要建立编码表，形成较为固定的编码规范，以方便管理者和员工理解编号的意义。

编码规则也是组织管理中的一项重要制度，是组织进行信息化和规范化管理重要的基础性文件。其主要内容包括三个方面。

（1）编码是一组有序的字符排列编码，可以由数字、字母、符号（如画线）等便于计算机处理的符号构成。最好不要用除数字和英文字母之外的特殊字符。

（2）编码长度不宜过长。一般是六位或八位数，以便于查找。

（3）可按部门、岗位评价与分级的结果对岗位进行编码。表 4-1 即某部门销售主管的工作编号，其中，SH 表示销售部，003 表示第 3 销售小组，005 号表示该销售小组全体员工的顺序号。

4. 工作地点

工作地点是指工作在实际中被放置的物理位置。一般来说，工作地点在给工作所在部门或分支机构的命名中已经明确给出。但是，用于命名组织单元的名词变化相当大。例如，交警被分配到公安局，却工作在不同的执勤路线上；销售代理人活动在不同的地区等。工作执行人员往往会把工作地点作为与待遇或工作满意度等相关的重要因素来考虑。这就要求我们在工作评价中对工作地点予以充分的考虑，以便对常常在特殊工作地点工作的员工提供特别津贴。

（二）工作概要

工作概要又称工作目的，是用简练的语言文字阐述工作的总体性质、中心任务以及要达到的工作目标。工作概要是使该工作与其他工作区分开来的标志性文件。它是对工作内容的简单概括，通常是用一句话对工作内容和工作目的进行归纳。通过工作概要，有助于人们从总体上把握该项工作的总体性质、工作任务、工作范围等信息。

工作概要一般是用动词开头来描述最主要的工作任务，而不必细述工作的每项具体任务和活动。其规范写法为"工作行为+工作对象+工作目的"或"工作依据+工作行为+工作对象+工作目的"。例如，某公司财务主管的工作概要是"负责管理财务部的日常工作，制定和执行有效的财务监察制度，确保公司财务的稳定"。

工作分析人员在编制工作概要时有相当大的自由度。但是，为了避免重复并保持工作概要作为工作说明书必要部分的独特性，需要注意以下几点：①工作概要必须简洁，避免出现笼统的描述。例如，"执行需要完成的其他任务"，虽然这样的描述可以增加工作的灵活度，但很容易促使工作人员回避责任。②工作概要必须能表达工作的基本任务和目标，因此对于非主要内容可省略。③工作概要需概括性地表达工作行为，因此动词选择要准确。④工作内容相对简单的工作，其工作概要可直接表达工作任务即可。

（三）工作关系

工作关系描述又称工作联系描述，它包括两部分：一是该工作职位在组织中的位置；二是指任职者与组织内外其他部门或人员之间的关系。前者是工作描述必需的核心内容,它反映该职位在组织中上下左右的关系,通常用组织结构图来表示,或者用文字形式表达,某组织人力资源部经理在组织中所处的位置见图4-1。后者可以根据组织需要选择是否采用,在内容上包括:此工作受谁监督,此工作监督谁,此工作可晋升、平调的职位,与哪些部门的职位发生联系等。此外,还需列举出工作关系的频繁程度、接触的目的和重要性。在实际操作中,主要关注的是工作联系的对象和内容。这些内容有的是在工作描述中以专栏列出,有的则是反映在对工作职责的具体描述中。示例见表4-2。

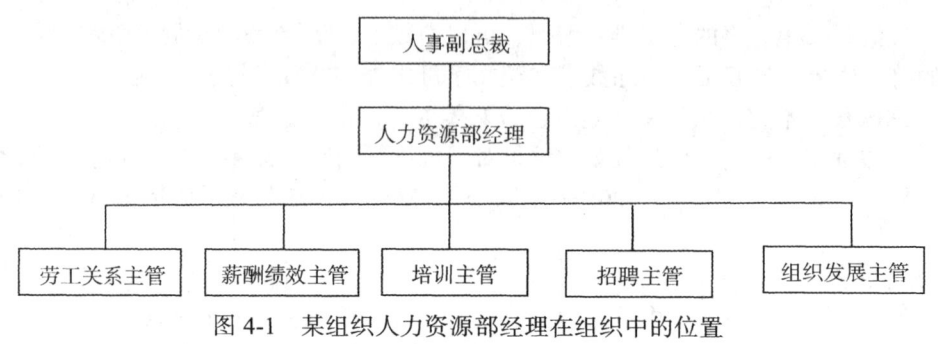

图 4-1　某组织人力资源部经理在组织中的位置

表 4-2　某组织销售部销售主管的工作关系

工作关系				
	职位升迁		可直接晋升的职位	销售经理
			可相互轮换的职位	店面经理
			可晋升至此的职位	销售员
			可降级的职位	销售员
	工作联系	内部关系	所受监督	在销售经理的领导下,努力完成销售任务
			所施监督	带领所属销售员,努力完成销售任务
			合作关系	与公司有关部门和人员协作,努力完成销售任务
		外部关系		建立良好的顾客关系

在编写工作关系时要遵循两个原则,即经常性和重要性原则。前者是指编写工作关系时要选择那些经常发生的工作关系;后者是指对于那些虽然发生频率不高(可能每年一次)但是却很重要的工作关系,也要将其编写在工作描述中。因此,在编写工作关系时,并非所有工作关系都要列举。

(四)工作职责

工作职责包括工作的职能与责任,是工作描述的主体,与工作概要相比,它提供的是关于工作职责的细节描述,应包括工作的所有主要职能及要求。

工作职责一般包括以下项目:①工作活动内容。逐项说明工作活动内容与工作时间的百分比,按重要性的顺序逐项列出工作任务,并说明各项活动内容的执行依据。②工作权限。界定工作人员在工作活动内容上的权限范围,包括决策的权限、对他人实施监督的权限、经费预算的权限等。③工作结果,又称工作的绩效标准。工作结果应尽可能定量化。例如,生产车间人员每个工作日所生产的总产品不低于523个单位,每周延时完成工作的时间平均不超过3%等。④与上级和下级的权责关系。⑤对公司经营的责任。⑥所使用的机器与设备。

对工作职责的分析与判定主要有两种方法：一种是基于战略的职责分解；另一种是基于流程的职责分析。在实践中往往将这两种方法结合起来使用，互为补充。通过战略分解得到职责的具体内容；通过流程分析，可以界定在这些职责中该职位应该扮演什么样的角色，应该拥有什么样的权限。

按照对工作职责描述方式的不同，可将工作职责描述分为两类。

第一，工作职责的定性描述。

职责是对每项职能执行过程的具体描述，需要体现职能中重要的、常规的职责，并对每项职责进行权限界定，同时对一些具体、零散的工作活动，应以概括性的语言进行总结性的描述。

工作职责的定性描述要注意以下几点。

（1）为了强化工作职责描述的规范性，常采用"动作行为（动词）+具体对象（宾语）+职责目标"的表达方式来描述工作职责。动词的选择可参照表4-3和表4-4；宾语表示该项任务的对象；职责目标表示通过此项工作的完成要实现的目标，常用"确保""保证""争取""推动"等词语连接。例如，"监督和控制销售流程，保证销售业务按计划、程序顺利进行"，动词为"监督和控制"，宾语为"销售流程"，职责目标为"保证销售业务按计划、程序顺利进行"。

表4-3 根据作用对象分类的工作职责常用动词

动词作用的对象	相应的动词
针对计划、制度、方案、文件等	编制、制定、拟定、起草、审定、审核、审查、转呈、转交、提交、呈报、下达、备案、存档、提出意见
针对信息、资料	调查、研究、收集、分析、归纳、总结、提供、汇报、反馈、转达、通知、发布、维护管理
某项工作(上级)	主持、组织、指导、安排、协调、指示、监督、分配、控制、牵头负责、审批、审定、签发、批准、评估
直接行动	组织、实行、执行、指导、带领、控制、监管、采用、生产、参加、阐明、解释
上级行为	许可、批准、定义、确定、指导、确立、规划、监督、决定
下级行为	检查、核对、收集、获得、提交、制作
其他	维持、保持、建立、开发、处理、执行、接待、安排、监控、汇报、经营、确认、概念化、合作、协作、获得、核对、检查、联络、设计、测试、建造、修改、执笔、起草、引导、传递、翻译、操作、保证、预防、解决、介绍、支付、计算、修订、承担、谈判、商议、面谈、拒绝、否决、监视、预测、比较、删除、运用

表4-4 根据职责主体及性质分类的工作职责常用动词

项目	管理职责	业务职责
决策层	主持、制定、筹划、指导、监管、协调、委派、考核、交办	审核、审批、批准、签署、核转
管理层	组织、拟定、提交、制定、安排、督促、布置、提出	编制、开展、考察、分析、综合、研究、处理、解决、推广
战略层	策划、设计、提出、参与、协助、代理	编制、收集、整理、调查、统计、记录、维护、遵守、维修、办理、呈报、接待、保管、核算、登记、送达

（2）对工作职责的界定要做到准确、清晰、系统，避免出现职责的交叉、重叠或遗漏。

（3）尽量避免使用模糊性的数量词，如"许多""一些"等。如果任务描述涉及定量的内容，就应该以定量的词准确描述。例如，推动装有400磅钢铁的卡车。

（4）尽可能使用任职者熟悉的语言，如果实在要采用一些术语，那么应在工作说明书的附件中予以解释。

（5）应采用主动式来描述工作职责。例如，"及时拟定促销方案"这一职责，不应该表述为"促销方案被及时拟定"。

第二，工作职责定量化信息的表述。

在实际操作中，常用的对职责进行定量描述的方法主要有三种：各项职责所花费时间的百分比；各项职责的重要性排序；各项职责的复杂程度。这些信息往往通过对任职者本人的访谈和问卷调查获得，其结果往往呈现在"职责描述"部分的各项职责的后面（表4-5）。

表 4-5　工作职责的定量化信息示例——时间百分比

职责	占用时间/%
根据年度工作需要，参考上级年度工作计划，起草公司年度审计工作计划，为公司审计工作的开展提供指导与依据	5
根据公司年度审计计划，参与、组织与指导审计处对公司各独立核算单位进行常规审计，对日常经营与管理过程进行监控	20
根据公司年度审计工作计划，参与、组织与指导审计处开展公司及下属经济单位的债权债务审计、违规违纪审计、剩余物资和账外物资审计，为公司的业务运行提供有效的预警	25
根据公司年度审计计划，参与、组织与指导项目经理经济责任审计，为综合、如实地反映项目经理的业绩提供保障	25
根据不同的审计类别，撰写重要的审计报告，针对被审计单位的问题，提出建设性的改进建议，为公司经营管理提供增值服务	10
根据上级机关的要求与审计处年度工作需要，组织公司审计人员培训，提升审计人员的业务知识与技能	10
制订部门内部组织与人员管理方案与制度，培养、考核、激励部门下属人员，确保部门工作高效开展	5

（五）绩效标准

绩效标准又称为业绩标准、业绩变量，是在明确界定工作职责的基础上，对如何衡量每项职责完成情况的规定。它是提取职位层次的绩效考核指标的重要基础和依据。

绩效标准包含两个方面：衡量要素和衡量标准。前者是指对于每项职责应该从哪些方面来衡量它的完成情况；后者是指这些要素必须达到的最低要求，这一标准可以是具体数字，也可以是百分比。例如，销售主管这一职位，工作完成的好坏主要是看销售业绩，因此销售业绩就属于衡量要素；业绩要到多少，就属于衡量标准的范畴。

绩效标准分为正向和反向两种。正向的绩效标准，是从正面的角度来考察该项职责是否完成以及完成的效果，如销售额、目标达成率、市场占有率等；反向的绩效标准，是从反面的角度来考察该项职责是否完成以及完成的效果，如事故率、次品率、失误率等。反向的绩效标准适用于那些正向绩效标准不易提取，或者不具有可操作性的工作职责。正向的绩效标准衡量要素主要从两个方面提取：一方面是工作的结果，将职责所要达成的目标的完成情况作为业绩标准；另一方面是分析在职责完成的整个流程中存在着的关键点。当目标清晰易衡量时用第一种，否则用第二种，或者两者结合效果更好。正向的绩效标准仅是考虑工作做不好的情形。

确定绩效标准需遵守 SMART 原则,具体来说:S 代表具体(specific),指绩效考核要切中特定的工作指标,不能笼统;M 代表可度量(measurable),指绩效指标是数量化或行为化的,验证这些绩效指标的数据或者信息是可以获得的;A 代表可实现(attainable),指绩效指标在付出努力的情况下可以实现,避免设立过高或过低的目标;R 代表现实性(realistic),指绩效指标是实实在在的,可以证明和观察;T 代表时限性(time bound),指注重完成绩效指标的特定期限。

表 4-6 为某公司财务部出纳专员业绩标准示例。

表 4-6 某公司财务部出纳专员业绩标准示例

职责范围 (按重要顺序依次列出每项职责及其目标)	建议考核内容 (考核指标)	占用时间/% (100%)
(1)现金收付业务,并负责现金支票的保管、签发	现金收付准确无误,出错率为 0	25
(2)负责银行结算,办理银行存取款业务和转账业务,并定期打印、取回银行对账单	银行结算业务办理及时率为 100%	55
(3)建立现金日记账,逐笔记载现金收支,做到每日结算、账实相符、出现差异及时汇报	记账的准确率为 100%,出错次数为 0	20

(六)工作环境

工作环境是指工作者工作时所处的外部环境,一般包括工作的物理环境和心理环境。在一般情况下我们所讨论的工作环境是工作的物理环境。物理环境一般包括以下内容:①工作场所;②工作环境的危险性;③职业病;④工作的时间;⑤工作的均衡度;⑥工作环境的舒适程度。

一般地,通过工作环境测定来确定工作环境状况,通常重点关注的是劳动环境中各种有害因素和不良环境条件。这是设计劳动保护的重要基础,也是工作评价要素的重要依据。

劳动环境测定的工作步骤如下。

(1)调查受测岗位的基本情况,包括生产工艺流程、原材料与产品、有害因素接触情况、作业位置和所处工序。

(2)确定有害因素的接触范围、测定点、测定的技术方法和仪器。

(3)制订有害因素监测计划。

(4)测定有害因素接触时间和接触率。

(5)测定有害因素浓度或强度。

(6)对测定数据进行计算处理,按标准分级,做出评价。

与工作环境密切相关的因素还有工作压力,它是指由于工作本身或工作环境的特点给任职者带来压力和不适的因素。一般来说,可以从工作时间的波动性、出差时间比重和工作负荷等方面对工作压力进行描述。工作时间的波动性越大、出差时间越多、工作负荷越高,员工所承受的工作压力就越大。在界定工作压力时,可以分等级描述,从而为工作评价直接提供信息。可参考表 4-7 的示例。

表4-7 工作压力有关因素的等级描述示例

维度	具体界定	选择
工作时间的波动性	定时制：一个工作周期内（管理人员一般为1个月，或者更长），工作量基本没有太大的变化，如出纳员 适度波动：一个工作周期内，出现按天计算的工作忙闲不均的情况，如工资发放人员，在月末比较忙，而平时很闲 周期性：在长期的工作过程中，出现强烈的反差，如市场人员，在投标前期工作极其紧张，但是交接工程部门以后，相对轻松	
出差时间比重	经常出差，占总时间的40%以上 出差较为频繁，占总时间的20%~40% 出差时间不多，占总时间的10%~20% 很少出差，占总时间的6%~10% 偶尔出差，占总时间的0%~5%	
工作负荷	轻松：工作的时间、节奏可以自己掌握，没有紧迫感 正常：大部分工作的时间、节奏可以自己掌握，有时比较紧张，但持续时间不长，一般没有加班情况 满负荷：工作的时间、节奏自己无法控制，明显比较紧张，出现少量加班 超负荷：完成每日工作须加快工作节奏，持续保持注意力的高度集中，经常感到疲劳，经常有加班现象	

为了提高工作者的工作积极性，工作描述除了包括以上必备内容和常见的可选内容外，有时还列出该工作职位的工资结构、支付工资办法、福利待遇、休假制度等内容，这些内容往往是直接影响员工工作态度和工作积极性的因素。

总之，工作描述作为工作说明书的一个重要组成部分，既是工作规范的基础，又与工作规范共同服务于人力资源管理及其他组织管理活动。

三、工作描述范例

工作描述的具体范例见表4-8~表4-10。

表4-8 某公司财务副总裁工作描述

岗位名称：财务副总裁		所在部门：公司总部
岗位编码：		编制日期：
岗位概要：负责公司财务方面的事务，为公司的正常运转提供有力的保障		
主要工作关系		
关系性质	关系对象	
直接上级	总裁	
直接下级	财务部经理	
内部沟通	公司总部其他副总裁	
外部沟通	公司主管单位的财务部门 物价局、银行、国资委、税务机关、财政厅、商务部等单位 关联企业的财务部门	
工作岗位职责		
1.制度制定 1.1 主持制定公司的所有财务管理制度，提交总裁		

续表

1.2 审定财务实施细则，呈报总裁
1.3 审定财务表格的标准格式，呈报总裁
2.财务规划
2.1 依据公司中长期规划，提供未来 3~5 年的财务规划（增股、配股、拆股等），提交总裁
2.2 拟订公司的经营计划和财务预算大纲，具体落实公司财务规划，并提交总裁
2.3 组织建立健全公司财务规划监控体系
2.4 提供公司资金运作建议，提交总裁
3.经营计划管理
3.1 依据公司发展战略和董事会确定的目标，审定经营计划指标，呈报总裁
3.2 主持编制公司年度经营计划，提供指导支持
3.3 审查公司年度经营计划，提出意见，提交总裁
3.4 审查公司的经营计划调整方案，提出意见，提交总裁
3.5 根据经营计划的执行情况做出决策，提交总裁
3.6 主持对公司下属各机构经营计划的复核，提出复核意见，提交总裁
4.财务预算与财务决算管理
4.1 审定公司预算方针的具体内容，呈报总裁
4.2 主持编制公司年度财务预算，提供指导与支持
4.3 审查公司年度财务预算，提出意见，提交总裁
4.4 审查公司财务预算调整方案，提出意见，提交总裁
4.5 监督指导财务决算事宜
5.资金管理
5.1 组织拟订公司总部和各下属机构的年度资金计划，提交总裁
5.2 审定下属机构月度资金收支计划和追加资金计划，呈报总裁
5.3 审查资金调拨方案，提出意见，提交总裁
6.信贷管理
6.1 制订公司融资规划，提交总裁
6.2 审批各下属机构贷款、抵押担保的申请报告，提出意见，呈报总裁
7.财务核算和分析
7.1 主持编制公司财务报表和分析报告，提交总裁
7.2 主持公司重大经营活动（投资、资产重组等活动）的可行性研究，提出意见和建议，提交总裁
8.管理支持工作
8.1 制订和实施财务系统的工作目标和计划，提交总裁
8.2 指导、分派、激励、考核下属部门的工作
9.其他工作
9.1 疏通政府财务关系
9.2 总裁交办的其他工作

基本职责绩效指标	
•制度完备，切合实际	•预算及决算管理符合国家规定，没有纰漏
•在资金上保证企业的正常运转	•为企业经营决策提供帮助
•财务工作没有发生重大问题	•下属部门的业绩

工作环境和条件
实行定时工作制
工作地点：公司总部办公室

表 4-9　某公司培训主管工作描述

岗位名称：培训主管	所在部门：公司人力资源部
岗位编码：	编制日期：
岗位概要：在人力资源部经理的领导下，对公司人员进行培训，丰富员工的业务知识，提高员工的工作技能	

续表

主要工作关系	
直接上级	人力资源部经理
直接下级	无
内部沟通	部门内其他人员、公司事业部等其他部门
外部沟通	管理咨询公司、政府劳动部门和人事部门、教育机构

工作岗位职责	绩效标准
1.制度规范 （1）草拟公司的培训制度，提交部门经理 （2）拟订公司培训工作的流程及程序，提交部门经理 （3）制定新员工手册，编制企业内部培训教材	• 制度可行、完备、有效 • 流程规范、清晰 • 培训材料适用
2.培训活动 （1）制订新员工的教育计划，并具体负责实施 （2）根据各部门和各事业部提交的培训需求，并结合公司实际拟订年度培训计划，提交部门经理 （3）按照培训流程，具体实施公司通用技能的培训 （4）负责公司中高层专业知识和技能的培训	• 新员工及时融入公司 • 培训费用节省 • 培训对象满意
3.业务指导 （1）指导各部门和各事业部制定本单位的培训计划 （2）帮助各单位处理在培训过程中出现的问题 （3）检查各单位培训计划的实施情况	• 各事业部满意 • 计划落实完好
4.其他 （1）对各单位外出参加的培训进行审核并备案 （2）领导交办的其他工作	• 领导满意

工作环境和条件	
经常性工作场所	公司总部办公室
工作设备	台式计算机
工作时间	每周5天，每天8小时

表 4-10　某公司技术科科长工作描述

职务名称：技术科科长	所属部门：组装部
职级：	
制作日期：	批准日期：

工作概要
负责整车装配工艺设计、生产技术准备与实施及部门技术管理；负责部门质量控制；负责部门 ISO 9000 运行与提案管理；负责部门培训计划的制定与实施；负责调试班、修理班、质检班的管理

主要工作关系	
直接上级	组装部经理
直接下级	整车装配工程师
内部沟通	部门内其他人员
外部沟通	政府科技管理部门和产品质量管理部门、科研机构、高校等

工作职责描述
1.工艺技术管理 （1）根据新产品开发计划和生产计划，制订新产品技术准备计划，并组织实施 （2）负责编制年度设备、工装、器具、工具申购计划并报批 （3）负责年度技改计划的编制及实施 （4）参与设备的安装、调试与验收

续表

（5）负责整车装配及包装工艺的设计编写，并对其进行组织实施和监督检查 （6）负责装配工装、工具的设计、改进、选购及验收 （7）负责整车包装箱设计、鉴定 （8）负责班组作业指导书的编写指导、审核 （9）负责生产技术文件资料管理 （10）负责组织设计变更，并按计划实施 2.质量管理 （1）负责部门装配过程的质量控制制度的制定，并组织实施、监督检查 （2）负责部门包装过程的质量控制制度的制定，并组织实施、监督检查 （3）负责部门整车调试、修理、检验过程的质量控制制度的制定，并组织实施、监督检查 （4）负责修订与完善ISO 9000体系文件，并对其运行情况进行监督检查，保证其有效性 （5）负责现场质量问题的处理与反馈 （6）负责对相关部门和现场发现本部门过程控制的质量问题进行整改 （7）负责部门提案改善管理制度的制定，并组织提案实施 （8）负责制定部门培训制度，并组织实施 （9）组织编写员工岗位培训教材 3.班组管理 负责调试班、修理班、质检班的管理 4.完成上级交办的其他工作任务
工作环境因素：
工作地点：室内

第二节　工作规范

工作描述与工作规范都是工作分析的结果。前者是在描述工作，而后者则是在描述工作所需的人员资格。在实际操作中，工作规范一般是从工作描述中提取出来的，可以说工作描述是工作规范的基础。本节主要分析工作规范是如何对员工在执行工作上所需具备的知识、技术、能力和其他特征的清单进行描述的。

一、工作规范概述

工作规范又称岗位规范或任职资格，是指任职者要胜任该项工作必须具备的资格与条件。工作规范说明了一项工作对任职者在教育程度、工作经验、知识、技能、体能和个性特征方面的最低要求，是工作说明书的重要组成部分，对于招聘培训、选拔晋升、培训开发等管理活动具有重要的意义。

工作描述与工作规范都是工作分析的结果，两者之间存在着十分密切的联系，但也有一定的区别，主要表现在以下两方面。

（1）从编制的直接目的看，工作描述是以"工作"为中心对岗位进行全面系统深入的说明，为岗位评价、岗位分类以及组织劳动人事管理提供依据。而工作规范是在岗位说明的基础上，解说什么样的人员才能胜任本岗位的工作，以便为组织员工的招聘、培训、考核、选拔、任用提供依据。

（2）从其内容涉及的范围来看，工作描述的内容十分广泛，包括对岗位各有关事项的性质、特征、程序、方法的说明，而工作规范的内容较为简单，主要涉及对岗位人员任职资格条件的要求。

在确定工作规范时，要注意以下两点。

（1）工作规范的着眼点应该是某项工作或是具体职位，而非任职者本身。工作规范要求任职者本身要符合工作实际要求，不能肆意夸大，也不能随意贬低，应该遵循人员与职位匹配的原则。

（2）工作规范对任职资格的要求仅是履行该工作职责的最低要求，而非理想或期望要求。如果从理想或期望角度出发，就无法确定工作规范的制度化，会因此失去管理的公平性和客观性。

二、工作规范的内容

一般来说，通过对工作描述的每一项工作任务、工作职责所需要的资格与条件做出回答，并加以综合整理，就可以得出工作规范的总体内容。

（一）一般性的人员任职条件

工作规范的本质是分析任职者应具备的个体条件，这些条件主要包括身体、心理、知识经验、职业品德等几个方面。

（1）身体素质。它包括身高、体型、力量、耐力以及身体健康状况等。

（2）心理素质。它包括视觉、听觉等各种感、知觉能力，如辨别颜色、明暗、距离、大小细节等能力，辨别音调、音色及分辨语声的能力，辨别气味的能力等；记忆、思维、语言、操作活动能力、应变能力；兴趣、爱好、性格类型等个性特点。

（3）知识经验。它包括一般文化修养、专业知识水平、实际工作技能和经验等。

（4）职业品德。任职者除了必须遵纪守法和具有一般公德外，还应具备职业所需要的职业品德。

（二）管理岗位工作规范

该规范内容一般包括4类13个项目。

（1）职责要求。指本岗位的具体工作职责要求。

（2）知识要求。指胜任本岗位工作应具有的知识结构和知识水平。它主要由六项组成：①受教育程度，即胜任本岗位工作所应具有的最低学历；②专门知识，即胜任本岗位工作要求具备的专业基础知识与实际工作经验；③政策法规知识，即具备的政策、法律、规章或条例方面的知识；④管理知识，即应具有的管理科学知识或业务管理知识；⑤外语水平，即因专业、技术或业务的工作需要，对一种或两种外语应掌握的程度；⑥相关知识，即本岗位主体专业知识以外的其他知识。

（3）能力要求。指胜任本岗位工作要求具备的主观条件，包括以下七项：①理解判断能力，即对有关方针、政策、文件指令、科学理论、目标任务的认识与领会程度，对本职工作中各种抽象或具体问题的分析、综合与判断能力；②组织协调能力，即组织本部门人员开展工作以及与有关部门人员协同工作的能力；③决策能力，即从整体出发，对方向性、全局性的重大问题进行决断的能力；④开拓能力，即对某一学科、业务或工作领域进行研究、开发、创新、变革的能力；⑤社会活动能力，即为开展工作在社会交往、人际关系方面应具有的活动能力；⑥语言文字能力，即在撰写论著、文章，起草文件、报告，编写计划、情况说明、业务记录，讲学，演说，宣传方向，应具有的文字和口头语言表达能力；⑦业务实施能力，即在具体贯彻执行计划任务的过程中，处理工作业务，解决实际问题的能力。

（4）经历要求。指胜任岗位工作所应具备的工作年限，从事低一级岗位的经历，以及过去从事与之相关岗位工作的经历。对工作经历的分析，一般采用的是定量分析法，见表4-11。

表4-11 工作经历分析表

等级	时间范围	分值
1	1年以下的学徒（见习期）	5
2	有本岗位 1~3 年的工作经历	10
3	有本岗位 3~5 年的工作经历	15
4	有本岗位 5~10 年的工作经历	20
5	有本岗位 10 年以上的工作经历	25

（三）员工岗位工作规范

员工岗位工作规范主要有以下三项内容。

（1）应知。胜任本岗位工作要求具备的专业理论知识，如掌握所使用机器设备的工作原理、性能、构造、加工材料的特点和技术操作规程等。

（2）应会。胜任本岗位工作要求具备的技术能力，如掌握使用、调整某一设备的技能和使用某种工具、仪器、仪表的能力等。

（3）工作示例。根据"应知""应会"的要求，列出本岗位的典型工作项目，以便判定工人的实际工作经验，以及应知应会的程度。

三、工作规范的构建方法

工作规范的构建方法有好多，没有统一的标准。一般有以下三种常用的方法。

（一）基于逻辑推导的工作规范构建

这种方法成本较低，具有普遍的适用性，但其准确性不高。它包括以工作为导向的推导方法和以人员为导向的推导方法。

以工作为导向的推导方法，是从工作本身的职责和任务出发，分析为了完成这样的工作职责与任务，需要任职者具备怎样的条件。然后将推导出来的任职者的特点与组织事先所构建好的素质清单进行对照，将素质要求的普通描述转化为系统化、规范化的工作规范书写，这样就形成了该职位的工作规范。这种方法依赖于准确的工作描述。

以人员为导向的推导方法，首先是从任职者获得成功的关键行为或高频率、花费大量时间的工作行为出发，分析任职者要从事这样的行为，需要具备什么样的素质特点。其次将这样的素质要求与事先构造的素质清单进行对照，将其转化为系统化、规范化的工作规范语言。这种方法依赖于详细的行为描述和关键行为识别。

（二）基于统计数据验证的工作规范构建

基于统计数据验证来构建的工作规范包括基于组织实证数据确定工作规范和基于公共数

据资源确定工作规范两种方法。

前者的目的在于通过建立工作规范中的各项要素与任职者的实际工作绩效的关系对工作规范要素进行筛选。该方法通过统计手段，保证了工作规范与工作绩效的高度相关，是一种高度精确且有效的方法。但是，进行工作规范要素与工作绩效的相关分析需要大量样本，因此该方法无法针对某职位单独应用，但却可以针对组织全体员工进行实测，用于建立组织各职位所共同需要的工作规范要素以及某职位所需要的工作规范要素。这种方法依赖于统计数据与样本容量，准确性高，但成本也较高，仅用于通用要素。

后者是借助于现有管理学、组织行为学、人力资源管理实证研究中的成熟结论来判断某职位的工作规范。这种方法依赖于公共数据以及职位本身的通用性，准确性较高，成本较低，也仅用于通用要素。

（三）基于定量化工作分析方法的工作规范构建

这是一种介于逻辑推导与严格的统计推断方法之间的一种技术。它并不对所测职位的工作绩效与素质要求的相关性进行数据分析，而是依赖于定量化问卷所测得的该职位的工作维度得分，根据已经建立的各维度与素质之间的相关性，判断该职位需要什么样的素质。

这种方法依赖于量化的职位分析问卷，准确性较高，具有普遍的适用性，但成本较高。以上三大类别的五种建立工作规范的方法各有其优缺点，具体见表 4-12。

表 4-12 构建工作规范的不同方法的比较

方法	基于逻辑推导的方法		基于统计数据验证的方法		基于定量化工作分析方法
	以工作为导向的推导方法	以人员为导向的推导方法	基于组织实证数据的方法	基于公共数据资源的方法	
依据	依赖于准确的工作描述	依赖于详细的行为描述和关键行为识别	依赖于统计数据与样本容量	依赖于公共数据以及职位本身的通用性	依赖于量化的职位分析问卷
准确性	相对较低	相对较低	高	较高	较高
成本	较低	较低	高	低	较高
适用性	普遍适用	普遍适用	仅用于通用要素	仅用于通用要素	普遍适用

四、工作规范范例

工作规范范例见表 4-13~表 4-16。

表 4-13 某公司中级文秘岗位工作规范

编号：	
岗位名称：中级文秘	职级：
相似岗位：部门主管秘书	
低一级岗位：140010 初级文秘	
高一级岗位：140030 高级文秘	

一、职责总述
　　在一般监督之下，完成文秘工作。本岗位工作较为复杂，如汇总各种资料；准备各类数据资料，并编辑、汇总、分类；草拟各种报告、请示、文件、通知、公告、工作总结；速记会议发言等。完成这些工作负有很重要的责任

二、工作时间
　　一般在规定时间内完成，无需加班加点

续表

三、工作评价	
基本训练：	工作环境：
熟练程度：	工作责任：
智力条件：	教育程度：
体力条件：	其他：
本工作岗位评估结果：	

四、资格条件
(1) 学历：至少应大专毕业，本科毕业更为理想
(2) 经历：至少担任低一级岗位 3 年以上
(3) 熟练：工作熟练程度，如打字每分钟至少 80 字，超过 120 个字最为理想

五、考核项目
(1) 核对稿件：每分钟至少 40 字（最佳为 60 字）
(2) 打字：每分钟至少 80 个字，超过 120 个字最为理想
(3) 速记：每分钟至少 100 字，120 个字为合格
(4) 专业知识：《秘书学》《速记力法》《公文写作》等
(5) 写作能力：行文的格式，语言通顺简洁，内容充实，结构严谨
(6) 心理测验：考察情绪稳定性，接受外界信息的灵敏、机警性

表 4-14 某公司招聘主管工作规范

岗位名称：招聘主管
所属部门：人力资源部
直接上级职务：人力资源部经理
职务代码：
工资等级：

一、生理要求
性别：不限
年龄：23~25 岁
身高：1.55~1.70 米（女性）
　　　1.60~1.85 米（男性）
体重：与身高成比例，在适当的范围内即可
视力：矫正视力正常
听力：正常
健康状况：无残疾、无传染病
外貌：无畸形，出众更佳
声音：普通话发音标准，语音和语速正常

二、知识和技能要求
(1) 学历要求：本科或大专学历并从事本专业工作 3 年以上
(2) 工作经验：2 年以上大型企业工作经验
(3) 专业背景要求：曾从事人事招聘工作 2 年以上
(4) 英文水平：达到国家四级水平
(5) 计算机：熟练使用 Windows 和 Office 系列办公软件

三、特殊才能要求
(1) 语言表达能力：能够准确、清晰、生动地向应聘者介绍企业情况；能准确巧妙地解答应聘者提出的各种问题
(2) 文字表达能力：能够准确、快速地将希望表达的内容用文字表达出来，对文字描述很敏感
(3) 工作认真细心，能认真保管好各类招聘材料
(4) 有较好的公关能力，能准确地把握同行业的招聘情况

四、其他要求
(1) 能够随时准备出差
(2) 不可请假一个月以上

表 4-15　某公司销售经理工作规范

职务名称：销售经理	
年龄：26~40 岁	
性别：男女不限	
学历：大学本科以上	
工作经验：从事销售工作 4 年以上	
生理要求：无严重疾病；无传染病；能胜任办公室工作，有时需要走动和站立；平时以说、听、看、写为主	
心理要求标准 A——90 分以上 B——70~89 分 C——30~69 分 D——10~29 分 E——9 分以下	
心理要求 智力：　　　　　　　A 观察能力：　　　　　B 集中能力：　　　　　B 记忆能力：　　　　　C 理解能力：　　　　　A 学习能力：　　　　　A 解决问题能力：　　　A 创造力：　　　　　　A 知识域：　　　　　　A 数学计算能力：　　　A 语言表达能力：　　　A 性格：外向 气质：多血质或胆汁质 兴趣爱好：喜欢与人交往，爱好广泛 态度：积极，乐观 事业心：很强 合作能力：优秀 领导能力：卓越	

表 4-16　某公司信息部主任工作规范

工作名称：信息部主任		直接上级：信息部经理		工资等级：	
定员：		所辖人员：		工资水平：	
分析日期：		分析人：		批准人：	
工作概要	指导控制信息处理，设备维修，保养和履行所分配的其他任务和职责				
工作职责	（一）基本活动 （1）独立上机操作 （2）培养合作精神，增强相互了解 （二）选择、培训、发展人员 （1）挑选信息处理人员 （2）保证下属得到必要的培训 （3）指导下属工作 （三）计划、指导和控制 （1）向下属分配任务 （2）检查、评估下属的工作 （3）指导和解决问题 （四）分析业务，预测发展 （五）制订部门发展计划				

续表

因素	细分因素	等级	限定资料
资格要求	知识		
	教育	5	具备电脑硬件、软件方面的知识,具有工商管理或信息管理业专本科毕业证书
	经验	6	5年以上信息处理和程序编制的实际经验
	技能	7	在信息处理的方法、系统设备方面有很高的技能,并有处理人际关系的良好能力
	解决问题的能力		
	分析	5	具备分析评估技术理论方面和人事管理方面的能力
	指导	4	根据下属业务能力状况,把复杂的任务转化为可理解的指令和程序
	沟通	6	具备广泛的交际能力,能使用简练的语言或术语交流技术和思想。维护本部门和其他部门以及硬件销售单位所建立的联系
	决策能力		
	人际关系	5	能经常运用正式或非正式的方法,指导、辅导和培养下属,紧密结合下属工作和其他管理人员的活动
	管理方面	4	接受一般监督,在复杂的环境中指导下属履行信息处理系统的技术职能
	财务方面	4	有5万元以下的财产处理权力和1.5万元以下的现金处理权力,并在此限定下参与计划和控制
责任	成功地完成所分配的任务,增加信息使用者的理解和满意,提高工作效率		

第三节 工作说明书

工作说明书在内容上包括工作描述和工作规范两部分,前面两节已经详细对二者进行了分析。在形式上,工作描述和工作规范可以分成两份文件来写,有时候则合并在一份工作说明书中。本节主要介绍工作说明书的含义、内容及其如何进行编写,并分析在编制过程中会遇到的主要问题。

一、工作说明书的含义

工作说明书,又称职位说明书、岗位说明书,是对企业各类工作岗位的工作性质、任务、责任、权限、工作内容与方法、工作应用实例、工作条件与工作环境以及人员资格条件等所做的统一要求。这些信息主要包括两部分(图 4-2):第一部分是工作描述,是围绕与工作岗位有关的信息进行的描述与说明,包括岗位的工作性质、工作职责、工作活动、工作条件等信息;第二部分是工作规范,即任职资格,是对岗位工作人员所应具备的教育经历、工作技能、个性品质以及工作背景等资格条件。它是运用有关方法与各种调查资料,对工作加以整理、分析、判断所得出的结论,最终编写成的一种规范性文件,是工作分析的重要结果。一份成功的工作说明书,可以使岗位的职责更加明确,使衡量岗位的绩效标准更容易定出;也可以使员工很清楚组织需要什么样的员工以及自己与组织期望的差距;还可以将能力最符合的人选放到适当的位置上。总之,工作说明书为组织的招聘录用、培训需求以及职业指导等现代组织管理业务提供了原始资料和科学依据。

工作说明书是工作分析最终的表现形式,具有明确的格式要求和严格的质量标准。一般来说,合格的工作说明书必须达到以下标准。

(1)准确性。这里的准确性包含两层意思:其一,工作说明书所阐述的某项工作的具体

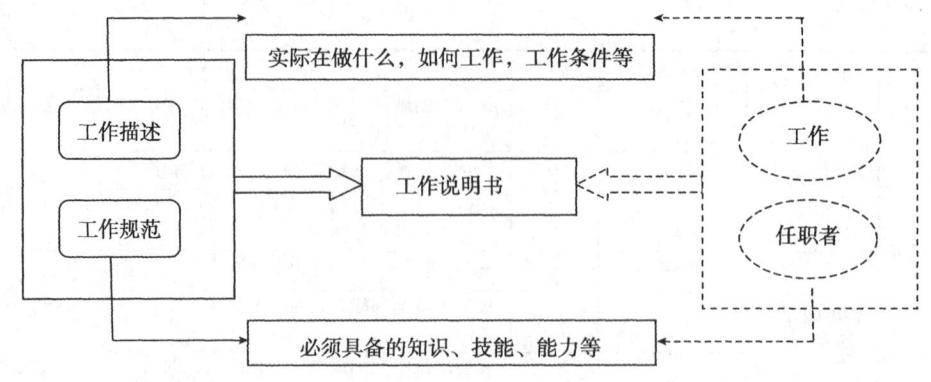

图 4-2 工作说明书的构成

要求和任职者的资格条件应该是准确的,能真实反映该工作的基本情况和主要特征;其二,工作说明书应该是明确的,即要表达清楚,不能含糊其辞。有了准确性,工作说明书才能为人力资源管理活动提供基本依据。

(2)完备性。一份好的工作说明书应对某项工作的基本概要、工作职责和任职者资格条件等必备内容做一个全面完整的描述,不能有遗漏或省略的内容。

(3)普遍性。工作说明书的每一项内容最好是被分析的各种工作所共有的,这样,不同的工作之间才可以相互参照比较,从而有利于确定各类工作的相对价值,为薪酬体系的建立、考核等提供参考依据。

(4)简约性。工作说明书的措辞应尽量使用简约的语言,其内容也应尽量表达精炼、严谨、合理。

(5)预见性。工作是在不断变化和发展的,工作说明书也应体现这一变化特点。它既要严格真实地反映工作的真实特征,又要具备一定的柔性和弹性,以便预见未来的变化趋势。

(6)可操作性。工作说明书是进行人力资源管理活动的基本依据,所以其编写在形式及内容的选择和编排上都应具有实用性,使其在实际运用时便于操作。

另外,工作说明书的格式也要统一,罗列的工作职责还要符合逻辑顺序,以便人们对工作说明书的理解和使用。

二、工作说明书的作用

工作说明书提供了关于岗位的众多基础性信息,在人力资源管理活动中具有重要作用,它是人力资源管理活动的基本依据。在招聘工作中,招聘者可以根据工作说明书向应聘者传达工作内容、工作环境、工作要求等基本信息;同时,工作说明书的内容也为招聘工作的选拔测试过程提供了客观依据。工作说明书的作用贯穿于人力资源管理的各项工作中,是开展人力资源管理工作的起点和基础。具体来说,工作说明书有以下几个方面的作用。

(一)有利于实现组织优化

在编制工作说明书之前,有一个工作分析的过程。在此过程中,需要重点思考:人员配置是否冗余?职责是否相互重叠?部门职能是否细化到每个岗位上?职责界面是否得当?这些思考都将有利于组织优化的实现。

（二）员工目标管理的依据

一方面，工作说明书对需要完成的工作职责进行了全面的描述，并指明了需要做什么、如何完成工作任务、需要达到何种绩效标准，员工根据自己的工作说明书，可以大致了解自己的工作目标，进行自我管理；另一方面，员工可以对照工作说明书，判断自己是否称职，哪些能力还需要进一步提高。一份好的工作说明书可以使员工了解组织的目标、自己在组织中的作用、相应的职责和职权，全体员工各司其职，上下目标一致。

（三）为招聘、录用、培训员工提供依据

人力资源管理部门在发布招聘启事、甄选面试、确定培训内容、设计员工的职位升迁路线时，都离不开工作说明书。根据工作说明书的具体要求，企业可以了解员工素质与要求之间的差距，对任职条件不够的员工开展有针对性的培训，对条件优秀的员工进行提升，实施培养计划。

（四）是绩效考核的基本依据

绩效考核是衡量任职者工作效率的过程。通常，工作职责描述得越清楚详尽，绩效指标就越容易制定。工作说明书通过明确工作职责从而为绩效考核提供了一个明确的绩效标准，使绩效考核有据可依、有根可查，大大减少了绩效考核的主观性和随意性。同时，客观明确的绩效标准也有利于减少考核人与被考核人之间的争议和摩擦，避免不必要的冲突。

（五）进行工作评价是确定薪酬的前提

工作评价的内容通常包括职责范围的大小、工作复杂难易程度、劳动强度、劳动条件等要素。有了工作评价才便于确定每个工作岗位的薪酬水平。而工作评价的基础是工作分析和工作说明书，如果没有工作说明书，就无法进行工作评价。因此，工作说明书是制定薪酬政策的间接依据。

总之，工作说明书是人力资源管理活动中不可缺少的基础性文件，是众多管理活动的依据。

三、工作说明书的内容

一份完整的工作说明书应该包括工作描述与工作规范两大方面的内容。但由于岗位不同，编写格式不同，使编制出的工作说明书呈现出不同的模式。工作说明书的内容主要包括以下内容。

（一）工作标志

工作标志部分的作用是便于对各种工作进行标志、登记、分类。它包含以下几类信息："工作名称"表明工作岗位所属单位的名称，给岗位确定简明的工作名称，易于让初次接触该工作岗位的人了解该工作岗位的工作内容。例如，"二分厂成本核算会计"让人一看就知道该工作岗位是在二分厂，且从事成本核算方面的工作。"所属部门"表明工作岗位在组织中所属的部门。"岗位得分"和"岗位级别"可用于薪酬管理中工资等级的标志。"文件编号""版本""页号"是为了方便查阅一份工作说明书在一个组织系统中的位置。"拟制""审核""分析日期"表明工作说明书是何时、由谁初步拟定的，可以确定由工作分析到信息整理的时间，

以便于在查阅工作说明书时清楚地知道工作说明书是何时制定的、是否过时、是否需要另行修订等。另外工作标志可能还包括"岗位的直接上级""岗位的直接下级"等方面的信息。

工作标志的确定与组织环境有关。在不同的组织范围内，同一工作标志下的工作任务种类和要求可能有较大的差别。例如，一个公司的销售部"经理助理"可能是销售经理的秘书，而在另一个公司"经理助理"可能只是一般的销售人员，只是为了方便销售人员开展业务工作而提供的一个工作岗位名称而已。

（二）工作概要

工作概要是对工作总体职责、性质的简单描述，因此可用简单的语句勾画出工作的主要职责，详细列出工作职责的任务和活动。在进行部门工作核查、分配任务时，这种简要描述尤为重要。同时，通过对工作概貌的描述，新上岗的员工能对岗位主要职责有清楚的了解；在招聘过程中也能用此信息向应聘者展示工作概况；在发布的招聘信息中，一般仅给出所招聘岗位的主要职责。例如，某公司市场部信息管理员的工作概要可表述为以下内容：①组织公司及各业务部门参加展览会；②进行市场调查和信息收集与处理；③完善公司的形象宣传和产品推介；④建设、维护、管理和推广公司的网站；⑤建立本部门的文件管理系统，规范管理部门所涉及的文件；⑥负责市场部 ISO 9001 管理的部分工作；⑦完成本部门日常工作以及其他部门临时交给的任务。

（三）工作职责与任务

工作职责与任务部分列明了任职者所从事的工作在组织中承担的职责，所需完成的活动和工作内容。一般来说，职责是任职者在组织中特定工作岗位上承担的责任，任务是为了履行职责需要做的事情。

在对职责和任务进行描述时，需要注意以下几点。

（1）以动词开头描述所从事的具体活动和工作内容。

（2）在职责和任务项目的排序中，按工作岗位的职能任务完成先后顺序或职责任务的重要性进行排序可以确保工作描述更为系统化。在某些情况下，可以用工作中相应的工作流程作为排列的顺序。

（3）在各项职责后，可注明该项工作在整体工作中所占的时间百分比和相对重要性，用以衡量、分析工作中的时间分配与职责的重要性。

（4）注明工作任务应完成的时间，应实现的工作结果，以便于任职者对工作要求的结果有清楚的认识，有利于对工作进行检查。对工作结果的要求可以从数量要求、质量要求、时间要求、成本要求等几个方面进行衡量。

（5）对于岗位工作的种类、复杂程度、技能要求程度、任职者的责任应尽可能用专业术语进行表述。通常情况下，较低岗位的工作任务较为简单，易于确定其工作任务及工作操作流程的细节；而相对高级的岗位则包含更多的不确定性，只能确定工作的大概范围框架，具体的工作需求需要在具体的环境中确定。表 4-17 为总经理工作职责的描述。

（四）工作联系

工作联系（又称工作关系）表明该岗位的任职者与组织内外岗位因工作关系所发生的联系。工作联系一方面描述任职者必须面对的各种工作关系，另一方面列举工作联系频繁的程

表 4-17　总经理工作职责描述

（1）负责制订公司的年度发展计划和中长期发展规划，向董事长提交年度经营计划；执行董事会的各项决议
（2）负责规划、指导公司的业务开展，并监控实施过程
（3）围绕企业发展战略，进行企业改革、创新
（4）掌握市场动态，了解相关行业的技术发展，引进新的技术和管理模式
（5）及时了解政策环境变化，对公司的组织架构和业务结构进行相应调整
（6）围绕公司的核心业务，优化组织公司各种资源，增强公司的市场竞争力
（7）建立公司管理制度和工作流程，完善管理体系
（8）及时了解生产经营的进展，根据需要处理突发事件，保证生产经营的顺利进行
（9）主持公司的办公会议，协调生产经营管理过程中的重要事项
（10）了解员工的思想动态和工作情况，帮助解决员工工作、生活中的实际困难
（11）向有关政府部门汇报公司的生产经营情况，争取政策支持
（12）向相关单位保持密切联系，了解客户对公司的产品、服务的满意程度
（13）向外界宣传推介公司宗旨、战略、业务，树立公司良好的外部形象，扩大公司的客户基础

度，接触的目的和重要性。

（五）工作的绩效标准

根据工作职责、任务内容的要求，在工作说明书中还可列明对每项职责、任务的绩效要求。例如，在采购员的工作中，可以根据职责中所要求的"根据上级下达的采购计划，向供应商正式下订单，跟踪供应商的供货进度"，设定相应的绩效标准为"在一个工作日内向公司核定认可的供应商，并下达明确的订单，在订货到达前一个月向供应商确认供货，并进行书面记录"，从而确保采购工作的顺利执行。

对于生产、操作类岗位和销售类岗位，比较容易确定产出的标准；对于其他各类岗位，直接得出工作的绩效标准有一定的困难。例如，在文员工作中，"负责文件的打印、排版工作"的绩效标准就不容易确定，需结合实际情况，按任职者的操作标准来衡量。

对工作说明书中各项职责、任务的绩效界定能形成具体工作岗位的业绩标准。基于工作岗位职责的具体业绩考核体系所确定的评估体系要比基于任职者工作态度所确定的评估体系更为有效，因为前者比后者更客观。

（六）工作环境条件

一般的工作环境条件包括工作场所以及工作的物理环境、安全环境和社会环境。物理环境包括温度、湿度、照明度、噪音、震动、粉尘以及工作人员与这些因素的接触时间。安全环境包括工作的危险程度及可能造成的伤害、可能发生的职业病、精神紧张程度、体力消耗大小等。社会环境包括工作所在地的生活便利程度、工作环境的孤独程度、各部门之间以及同事之间的关系。工作环境条件的信息表明了工作岗位对任职者的身体、生理条件的要求，工作过程中的危险性因素会在工作评价中作为一项补偿性因素进行考虑。

（七）工作规范

工作规范提供了成功地完成某些工作的人员应具备的条件方面的信息，如教育、培训、经验及一些特殊的要求。它展示什么样的人能被雇用从事这项工作，需要进行哪些测试证明应聘者的能力素质。一般情况下，工作规范作为工作分析的结果，与工作说明书放在一起，用于招募、选拔和培训等人力资源管理活动。工作规范是对工作说明书的补充，它需要说明

为完成工作说明书中所列明的工作任务,任职者应具备何种知识、技能、能力、工作经验、身体条件、心理素质。可以针对工作说明书中的每一项职责、任务分别制定相应的工作规范,通过对每一项工作职责、任务所对应的工作规范的综合、整理,得出工作规范的总体内容。

工作规范包括以下方面的内容:①知识背景,包括教育程度、知识结构、专业类型等;②与工作相关的工作技能,能力要求;③所需上岗资格与培训;④所需工作经验;⑤所需使用的工具、设备、仪器和辅助设备;⑥对任职者的特殊要求。

由于工作分析的目的不同,工作说明书的内容往往与上面所说的并不完全一致,应结合具体情况有选择地进行描述。例如,对于人员的招募与甄选而言,工作职责与任务、工作环境条件和工作规范是重点,不可缺少,而工作的绩效标准就不是必需的内容。

工作说明书的编制最好由工作分析小组协同工作、共同完成。随着组织规模的不断扩大,工作说明书要在一定的时间内给予修正和补充,以便与组织发展保持同步。

四、编制工作说明书的问题与策略

工作说明书具有明确的工作职责与权限、工作目标、工作特点、任职人员资格要求等作用,并能为企业进行工作评价、人员招聘、绩效管理、培训与开发、薪酬管理等提供依据。虽然很多企业已经认识到工作说明书的重要性,但其工作说明书编制完成后却发挥不了应有的作用,达不到预期的效果。究其原因,主要是在编写工作说明书过程中存在一些常见的问题与误区。

(一)常见的问题

1. 对工作说明书的内容结构认识不清

编写工作说明书的目的是为了全面反映工作岗位及其任职人员的全面信息。而一些企业由于对工作说明书的内容结构认识不清,所编写的工作说明书实际上仅是企业岗位职责制。企业的岗位职责制侧重于岗位任职人应该完成的职责,并没有反映任职者行为或工作活动的结果,不能全面反映工作岗位的信息。

2. 对工作职责界定不清

许多企业以团队来设计工作任务,即同一项工作任务需要几个部门或几个岗位共同完成,这就出现了职责交叉。准确地处理职责交叉有助于发挥协助效应,取长补短,提高工作效率。但很多企业在撰写工作说明书时对这些职责交叉的工作没有明确界定各工作岗位的职责权限以及对工作结果应承担的责任,因而导致工作职责不清,工作中出现问题时各部门间互相推诿,降低了工作效率。

3. 编写过程存在很大的随意性和盲目性

目前,不少企业已经认识到工作说明书的作用,纷纷在企业开展工作分析,但由于对工作分析缺乏正确认识,工作说明书的编写过程存在很大的随意性和盲目性,导致编写出来的工作说明书未能起到真正作用。有的企业要求各个岗位上的任职者自己编写工作说明书;有的企业由人力资源部闭门造车,使描述脱离本企业的实际,尤其是对任职者资格的界定缺乏客观的标准,结果使工作说明书无法在实际中使用,成为案头摆设,被束之高阁。

4. 工作说明书内容零乱、不成体系

工作说明书编写的过程,其实是对企业业务流程重新认识的过程。一套科学、规范的工作说明书,能对企业的各项工作及人力资源管理的其他工作提供依据。但是,不少企业的工作描述不完整，存在夸大或缩小职责，以及任职资格带有很强的主观性等问题。有的为了节约成本，甚至只对关键岗位和部门进行岗位描述，导致后续的工作评价和招聘等工作缺乏客观、统一的尺度，科学的人力资源管理工作也无从谈起。

5. 工作说明书更新不及时

随着企业经营环境的变化和企业的发展，企业的工作业务流程也在不断变化，由此部门职责和岗位工作内容与要求也会不断地发生变化。一般而言，工作说明书应不断修改，修改的频率应根据行业的发展和职责的变化情况进行灵活选择。因此，当企业发生重大组织变革和战略调整时，企业应及时修订工作说明书。然而，一些企业的工作说明书并没有随着企业的发展而变化，使得原有的工作说明书在新形势下已失去价值，工作说明书的规范和指导作用也难以发挥。

（二）常见的误区

工作说明书对于人力资源管理活动的重要作用已无须赘言，然而在现实中，多数企业对工作说明书的理解和运用仍停留在表层，难免走入工作说明书的误区，往往事倍功半。

（1）重技术，轻理念。很多企业认为，工作分析是一项技术性很强的工作，需要在工作说明书中，清晰地界定每一岗位的工作范围、工作职责以及任职资格等，因而认为只要掌握好工作分析的各种方法（如问卷调查法、面谈法、观察法等），就能把工作分析做好，因此经常陷入"重技术，轻理念"的实用主义误区。

任何的管理活动都不能缺少相应管理理念的支撑，否则再高超的管理技巧和管理方法都只能是无本之木，没有持久的生命力。

（2）重结果，轻过程。一些企业认为工作分析的重要性和工作成果只体现在最后生成的工作说明书上，只要工作说明书最后能编制出来，工作分析的过程如何进行并不重要。当然，事实并非如此。工作说明书只能代表工作分析的实体结果，工作分析过程的意义同样重要。

（3）重繁杂，轻简洁。一直以来，众多人力资源管理书籍中讲述的工作说明书都是比较繁杂的，如其内容大都包括工作识别、工作摘要、工作职责、工作关系、工作标准、关键业绩指标、工作环境条件等。一些人力资源部门在实际操作中往往全部参照这些内容，无视企业的具体特点和个性需求，认为只有繁杂的工作说明书才能最大限度地说明问题、解决问题，一味求多求全，陷入"重繁杂，轻简洁"的形式主义误区。

（4）重形式，轻应用。在实际工作中，一些企业完全把工作说明书当成曾经完成的一项工作任务，把它束之高阁，从未有效利用它进行人力资源管理工作。只把工作说明书当成一种形式，不重视其应用，这是一种资源的浪费，使其难以发挥真正的作用。

（5）重现状，轻战略。有些企业认为，工作分析就是描述出每一岗位目前实际承担的责任和任职资格等，实际情况如何只需在工作说明书中如实描述即可。事实上，工作职责、任职资格的分析依据是企业的人力资源战略，如果工作分析只注重对企业现状的描述而忽视对企业未来发展的前瞻性调整，丝毫不对现有人力资源状况提出改进意见，则会陷入"重现状、轻战略"的误区，很可能刚刚编写完的工作说明书很快就不能适应企业发展的需要。

（三）成因分析

在工作说明书的编写过程中之所以存在诸多问题和陷入种种误区，原因如下。

（1）为编写而编写。不少企业只关注工作说明书的结果或形式，使得工作说明书的编写流于形式。

（2）缺乏专业的技术和培训。不少企业缺乏工作说明书编制的专业技能或培训，所以存在描述不规范、用语不准确的现象，笼统地使用"负责""管理"等词语，导致许多工作说明书千篇一律，大同小异。

（3）沟通不到位。不少企业的各级管理者把该项工作作为"作业"来应付，并没有与员工充分交流，甚至在工作说明书形成之后，忽视了任职者的"反馈"与"确认"环节，得不到广大员工的理解和支持，所起作用不大。

（4）工作说明书的管理不到位。一些企业的工作说明书并没有随着企业的发展而变化，使得原有工作说明书在新形势已失去价值，工作说明书的规范和指导作用也难以发挥。

（四）科学编写

在了解工作说明书的编制过程中存在的常见问题和误区的基础上，更重要的是要知道如何解决问题和避免误区，也就是要学会如何科学编写工作说明书。一般来说，应注意以下几个方面。

1. 定位清晰，高层认同

工作分析小组在组织编写工作说明书时，应有明确的定位，即工作说明书是着眼于对现状的描述还是对未来应有状态的描述，也就是解决工作职责"是什么"还是"应该是什么"的问题。若编写工作说明书是为了解决工作职责"应该是什么"的问题，那么在界定工作职责时必须对现存的职责交叉、职权不明或职责划分不合理的现象进行调整。不过在调整之前，人力资源部的经理一定要和相关的高层领导进行讨论，明确工作分析的意义，准确定位工作说明书的编写工作，取得领导对工作说明书编写的理解与支持。在工作说明书的实施过程中高层领导应率先树立岗位责任意识，对各项工作实行归口管理。

2. 员工的参与和配合

企业在编写工作说明书时，各部门的主管及其员工应该积极参加人力资源部提供的编写技术培训、指导和审核。人力资源部也应做好充分的准备工作，向员工宣传制定工作说明书的意义，界定说明书中各项内容的含义。

3. 逐步分层实施

（1）开展工作分析与调查。在编制工作说明书之前，必须认真进行工作分析和调查，了解每一个岗位的工作任务、工作目标、工作条件、上下级关系、对内对外的联系、任职资格等因素。在实际操作中，可灵活选用问卷调查法、面谈法、工作日志法、实地观察法等方法以取得具体的资料。

（2）界定部门职责。界定岗位职责的第一步是界定部门职责，它是界定岗位职责的基础。岗位职责应是部门职责的分解，部门的各项职责应在岗位的职责中得以体现，即"人人有事做，事事有人做"。

（3）分解部门职责。部门职责界定以后，将部门职责分解到部门的各个岗位，明确各岗位之间的分工关系。这一过程也可作为企业定员定编的依据。

（4）分解部门工作任务。根据任务量和工作的要求，将部门的工作任务合理地分解到具体的岗位，确定部门的岗位设置和人员安排，并明确部门内各岗位的岗位职责。

4. 格式统一，用语准确，内容得当

规范工作说明书的格式、用语和内容关系到工作说明书的质量，因此这一工作不容小视。在工作说明书编写的具体格式上，应统一基本的格式，按照工作描述、工作规范两个主要部分确定适合企业实际情况的格式和模块，注意整体的协调，做到美观大方。在语言使用上，要做到简明、直接，表意精确，让员工一目了然，不能含糊其辞，更不能有歧义。在内容安排上，要注意使其具有实用性、条理性和逻辑性。

5. 及时沟通

工作说明书的编写最好是在一个固定的办公地点由小组成员统一进行，以便及时沟通。每个成员侧重编写本部门或个人最为熟悉的工作说明书，或者全组成员同时进行一个部门职位的编写，在这一过程可临时借调该部门熟悉情况，并能较客观地分析评价本部门职位的人员参加。一个部门完成后再进行下一个部门工作说明书的编写。

定期、定时进行全组成员沟通，以便及时纠正偏差，并形成统一风格。同时，每个成员在编写过程中要及时与相应部门主管及相应职位工作人员进行沟通，使工作说明书尽可能与职位的实际情况相符合，并取得工作承担者的理解和认同。

6. 建立动态管理机制

工作说明书的管理工作相当重要，行业的发展、企业的变革会给工作岗位提出不同的要求。因此企业编写出规范的工作说明书后，人力资源部应建立工作说明书的动态管理机制，由专人负责管理更新。目前，我国很多企业已开始重视这一问题，如联想集团规定每半年对工作说明书修正一次。

五、编制工作说明书的一般准则

（一）确定工作说明书的内容

工作说明书的内容要依据工作分析的目的加以调整，内容可简可繁。

表 4-18 就是一个简单的工作说明书的范例。

表 4-18 简单的工作说明书

职务：实验车间技术员	职务编号：15038
部门：技术开发部	职务等级：8
日期：	
工作范围	从事实验工作，包括零部件的设计、加工、装配和改造
责任范围	（1）根据图样或工程师的口头指示，运用各种机械工具或安装设备加工、改造产品 （2）与工程师及车间主任一起改进生产工艺 （3）操作机床，使用焊枪并从事钳工的工作 （4）阅读有关图样及说明 （5）指导车间工人操作机器
仪器、设备及工具	普通车床、六角车床、成型机、钻孔机、磨削机、电锯、冲压机、测量仪器及其他手工工具
资格条件	高中毕业或具有同等学力，具备 3~4 年操作各种机械设备的经验，有较高的理解、判断能力，会看样图，能熟练完成实验操作且身体健康

（二）选择工作说明书的格式

工作说明书可以采用叙述形式，也可采用表格形式（表 4-19 和表 4-20）。

表 4-19 叙述型的工作说明书

岗位：发货员
部门：货品收发部门
地点：仓库大楼
工作概况：在仓库经理的领导下，根据销售部门送来的发货委托单据，将货品发给客户。和其他人员一起，徒手或靠电动设备从货架搬卸货品，打包装箱，以卡车运输、火车运输、空运或邮递等运送方式运输。正确填写和递送相应的单据报表，保存有关记录文件。
教育程度：高中毕业以上
工作经历：不要求
岗位责任：
一、工作时间的 70%从事以下的工作
（1）从货架上搬卸货品，打包装箱
（2）根据运输单位在货运单上标明的要求，磅称纸箱并贴上标签
（3）协助送货人装车
二、工作时间的 15%从事以下的工作
（1）填写有关运货的各种表格（如装箱单、发货单、提货单等）
（2）凭借键控穿孔机或理货单，保存发货记录
（3）打印各种表格和标签
（4）把有关文件整理归档
三、剩余时间从事以下的工作
（1）开车送货去邮局，偶尔也使用当地的直接投递
（2）协助他人盘点存货
（3）为其他的发货员或收货员核查货品
（4）保持工作场所清洁，一切井井有条
管理状态：在仓库经理的领导下独立开展工作
工作关系：与打包工、仓库保管员等密切配合，共同工作。装车时与卡车司机联系，有时也和销售部门的人员接触
工作设备：操作提货车升降机、电动机传输带、打包机、电脑终端及打字机
工作环境：干净、明亮、有保暖设备。便于行走、攀登安全、提货方便。开门发货时需要工作人员自己动手

表 4-20 表格型的工作说明书

资料编号：A1-1
一、基本资料：

岗位名称：办公室主任	直接上级岗位：总经理	所属部门：办公室
工资等级：7	工资水平：680~840 点	分析日期：

二、工作概要：

1.工作摘要

综合管理公司人事、行政和总务，协调各部门的关系，对公司经营状况进行常规分析，主持各种计划与规章制度的编制并负责监督实施，同时负有管理、指导和培训本部门职工的责任

2.工作说明

编号	工作任务的内容	权限	工作规范号	消耗时间/%
（1）	综合处理各种文件、资料		01-101	
（2）	公共关系		01-102	
（3）	人员招聘与录用		01-201	
（4）	职工考核		01-202	
（5）	劳动合同与劳动争议管理		01-203	
（6）	职工保险与福利管理		01-204	
（7）	工资管理		01-205	
（8）	公司发展规划、年度计划的拟定		01-401	

续表

(9)	公司规章制度的制定、实施及修改	01-402	
(10)	公司经营状况的常规分析	01-403	
(11)	财务报表审核	01-404	

三、任职资格

<table>
<tr><td rowspan="7">所需最低学历</td><td>小学毕业</td><td>初中毕业</td><td colspan="2">高中毕业</td></tr>
<tr><td>职业高中</td><td rowspan="5" colspan="2">专业</td><td></td></tr>
<tr><td>中等专科</td><td></td></tr>
<tr><td>大学专科</td><td></td></tr>
<tr><td>大学本科</td><td>行政管理与企业管理专业</td></tr>
<tr><td>其他</td><td></td></tr>
</table>

所需技能培训	不需要	熟练期	月
	3个月以下		(1) 秘书学
	3~6个月		(2) 领导科学
	6~12个月	培训科目	(3) 公共关系学
	1~2年		(4) 法律及财会知识
	两年以上		

年龄与性别特征	适应年龄: 适应性别:

经验	(1) 从事秘书工作两年 (2) 从事一般法律事务工作两年 (3) 从事劳资工作两年 (4) 从事总务后勤工作两年 (5) 有3年管理工作经验

一般能力	项目	激励能力	计划能力	人际关系	协调能力	实施能力	信息管理	公共关系	冲突管理	组织人事	指导能力	领导能力
	需求程度	4	4	4	4	4	3	3	3	3	3	3

兴趣爱好	项目			
	需求程度			

个性特征	项目	责任心	情绪稳定	支配性
	需求程度	5	4	4

岗位关系	可直接升迁的岗位	副总经理
	可相互转换的岗位	总经理助理
	可升迁至此的岗位	总务管理员、办公室主任助理

四、工作执行

技术领域	(1) 人事 (2) 行政 (3) 总务 (4) 经营管理

续表

设备运用	(1) 电话 (2) 计算器 (3) 复印机 (4) 电脑		
管理领域	(1) 人事行政决策及人事制度制定实施 (2) 行政总务管理 (3) 信息管理 (4) 协助总经理行使公司管理职权		
工作结束	(1) 建立、健全规章制度，实施监督，效果良好 (2) 调配人、车以满足公司需要 (3) 随时掌握并汇报公司经营状况和发展动态 (4) 提供后勤、行政服务以保证公司业务顺利进行 (5) 无责任性失误 (6) 协调各部门关系		
五、体能需求			
工作姿势	站立 15%	走动 25%	坐 60%
视觉	范围 集中程度 说明		
精力	紧张程度 发生频率		
体力消耗			
六、工作场所			
工作场所	室内 80%	室外 20%	特殊场所
危险性	危害程度 发生频率 其他	具有危险性外出 极少	
职业机构	名称	说明	
工作时间	一般工作时间	固定 1 2 3 4 5 经常变动	
	主要工作时间	白天 晚上 不确定	备注	加班时间少
工作均衡性	均衡 1 2 3 4 5 不均衡		
环境	舒适愉快 1 2 3 4 5 极不舒适愉快		

（三）岗位界定

在界定岗位时，必须指明工作范围和性质，可使用"为部门"或"按照经理的要求"这样的词语来说明。

（四）使用专业词汇

在编制工作说明书时，选用最专业的词汇来表示，如分析、搜集、分解、监督等。

（五）使用规范文字

工作说明书中，应使用规范文字填写，字迹要清晰，地方不够可续页。

（六）使用正确的表述方式

（1）使用简明、直接的语言。

（2）每个句子应该以动词开头。

（3）每个句子必须反映出一定目的，应该使用让读者一目了然的表达方式。

（4）不必要的词语应省略。在使用那些只有唯一含义的词语，以及用来详细描述工作完成方式的词语时，要小心谨慎。

（5）对于工作任务的描述应能反映所分配工作的执行情况以及任职者的性格特征。

（七）使用统一的格式

所有的工作说明书最好都用统一的格式，注意整体的协调，做到美观大方。

（八）多层次、多角度审核把关

为了做好工作说明书的编写工作，需要企业高层领导、人力资源管理部门、典型岗位代表、部门经理及主管、员工代表、外聘工作分析专家协调工作，共同审核把关。

六、工作说明书编写范例

工作说明书编写范例见表 4-21~表 4-25。

表 4-21 人力资源部经理工作说明书

职位名称		人力资源部经理	直接上级	公司总经理	
定员		1人	所辖人员	12人	工资水平	
分析日期			分析人		批准人	
工作描述					
工作概要		制定、执行与人力资源管理活动相关的各方面政策，为填补职位空缺而进行雇员招聘、面谈、挑选等活动。计划和实施新雇员的上岗引导工作，培养对公司目标的积极态度。指导工资市场调查，确定竞争性市场工资率。制定人力资源管理经费预算。与工会及政治工作部的主管人员共同解决纠纷，在雇员离职前与其进行面谈，确定离职的真正原因，在与人力资源部有关的会议和调查中充任代表。监督、指导本部门工作人员				
工作职责		提交公司人力资源管理规划及人事改革方案，贯彻、落实各项计划				
		雇员的招聘、录用、劳动合同签订，定岗、定编、定员计划编制				
		处理职工调配、考核、晋升、奖惩和教育培训工作，对中层干部调整提出方案				
		处理劳动工资、职工福利、职称审定的工作				
		处理雇员离职、人才交流、下岗分流、再就业等人事变动事宜				
		负责雇员健康检查、献血、保险事宜				
		分析公司业务情况、预测公司发展前景、制定部门发展、参与制定公司发展战略				
		协调公司内外部人际关系，向公司高层提出处理人事危机的解决方案				
任职资格					
因素	细分因素	限定资料			
知识	教育	最低学历要求为大学本科，工作中能较频繁地综合使用其他学科的一般知识			
	经验	至少从事公司职能管理工作两年、业务工作三年；在开始工作前还应接受管理学原理、组织行为学、人事管理、财务管理等相关知识培训			

续表

责任	技能	在工作中要求高度的判断力和计划性,要求积极地适应不断变化的环境;需要经常处理一些工作中出现的问题;由于工作多样化,灵活处理问题时需要综合使用多种知识和技能;具有良好的人际关系协调能力和人事组织能力
	分析	具有较强分析公司战略发展与业务需要的能力,并预测未来的人力资源供求状况
	协调	工作时需要与上级或其他部门的负责人保持密切联系,频繁沟通。在公司内部与各部门负责人有密切的工作联系,在工作中需要保持随时联系与沟通,协调不利对整个公司有重大影响
	指导	监督、指导6~13名一般工作人员或3~4名基层管理干部
	组织人事	在工作中,完成对员工选拔、考核、工作分配、激励、晋升等职责,为中层干部调整制订计划
决策能力	人际关系	能正常运用正式或非正式的方法指导、辅导、劝说和培养下属,密切协调下属工作和其他管理人员活动,接受一般监督
	管理	工作中向直接上级领导负责,参与公司一些大事的决策,做决策时必须与其他部门负责人和上级直接领导共同协商
	财务	不能因工作失误而给公司造成显性或潜在损失;具备财务管理的一般知识,具有较强节约管理经费的意识
工作环境	时间特征	上班时间根据具体情况而定,但有一定规律,自己可以控制和安排
	舒适性	非常舒适,不会引起不良感觉
	职业病与危险性	无职业病的可能,对身体不会造成任何伤害,外地出差时可以乘坐飞机,本地外出时可以由公司派车或是乘坐出租车
	均衡性	所从事的工作不会忙闲不均
工具设备	办公用品与设备	电脑、传真机等
责任		
提高工作效率,调动公司雇员的积极性,发挥公司雇员的创造性,增强企业的凝聚力,确保公司人力资源最优配置,以保证人力资源部工作的顺利开展和正常运行		

表4-22 财务科科长工作说明书

工作名称	财务科科长		直接上级	财务部经理	
定员	1人	所辖人员	4人	工资水平	
分析日期		分析人		批准人	
工作描述					
工作概要	履行财务科科长职责,按时保质完成部门经理交给的工作任务				
	全面反映公司内部财务状况和经营成果,为公司决策服务				
	正确、及时处理和规范各种财务关系				
工作职责	全面负责财务科工作				
	负责科内工作职责分工,理顺工作机制,协调各方面关系				
	组织实施科里重大财务工作,确保质量和完成进度				
	负责总公司、子公司奖金考核、核算和分配				
	提供重大财务分析和财务信息,为决策服务				
任职资格					
因素	细分因素	限定资料			
知识	教育	最低学历要求为硕士,工作中能较频繁地综合使用较高层次的财会及其他学科的知识			

续表

知识	经验	在大型企业做财务、审计工作两年以上,在公司本科室工作满半年且具有较高水平的理论知识,在工作中需接受进出口业务流程、财务软件、外贸融资、英语等培训
责任	技能	需要进行相关知识培训且具备实践工作经验后才可以胜任工作;多数情况下需要宽知识面的技术结构;要求具备一定的商业敏感度和较高的综合能力,尤其是创新意识,独到的判断、决策能力,较好的部门关系协调、管理能力
	分析	组织分析总公司、子公司各月、季、年度财务状况和经营成果,为公司决策提供信息;布置、指导、考核子公司做好财务管理工作,提高公司整体财务管理工作水平
	协调	工作时需要与公司内部基、中、高层和外部中高层次的管理者发生较频繁的接触,所开展的工作既有属于常规性的工作,也有大量临时性的工作。若其所负责的工作出现差错,将对公司经济、形象、经营管理造成重大损害
	指导	监督、指导 4 名工作人员完成其常规性的工作
决策能力	人际关系	紧密配合上级和其他管理人员工作,接受直接领导和公司领导的指导
	管理	在上级领导指导下,履行各项工作职责,具有较强的语言和文字表达能力,为领导提供各种财务决策分析
	财务	具有较高的财会理论水平和实践工作经验,具有较强的语言和文字表达能力,为领导提供各种财务决策分析
工作环境	时间特征	经常加班加点,已成为规律
	舒适性	非常舒适,不会引起不良感觉
	危险性	外地出差时乘坐飞机或汽车,本地外出时可以乘坐公司的车或是出租车、地铁
	均衡性	所从事的工作非常繁忙,已成规律
工具设备	办公用品与设备	电脑、计算器、打印机、电话、传真机等

表 4-23 培训科科长工作说明书

岗位名称	人力资源部培训科科长	直接上级	人力资源部经理	
定员	1 人	所辖人员	1 人	工资水平	
分析日期		分析人		批准人	

	工作描述
工作概要	以人力资源开发与管理方面现有薄弱环节为重点,开展调研工作,以"人事简报"的形式作为公司各级领导的参考材料。协调公司建立专业岗位任职资格评审制度,完成各年度职称评审。有效监控职工健康状况,行使医疗管理职权。完善有关管理制度,统一指导、协调和管理公司各单位培训工作,完成全年各项工作,提高公司竞争力,在市场经济条件下为公司建立潜在人才库
工作职责	统一指导、协调和管理公司各单位培训工作
	致力于培训体系的基础建设(公司内外培训队伍的建设和计算机管理培训库)及管理咨询的其他工作
	对公司各部门开展培训工作并进行指导、监督和检查
	制订公司年度培训计划及预算计划
	归口管理"职工教育费"及"教师劳务费"
	组织实施培训项目,并对培训结果进行评估、归档,提出人员使用的建议
	对 5~6 项重点项目进行调研
	开展年度职称评审工作
	组织年度职工检查工作
	与有关培训机构、评审机构、医疗机构进行广泛的业务联系
	联系支部工作

续表

任职资格

因素	细分因素	限定资料
知识	教育	最低学历要求为大学本科，工作中能较频繁地综合使用其他学科的一般知识
	经验	从事公司管理、教育工作或其他组织工作满两年，在开始工作前还应接受心理学、管理学、外语、计算机等相关业务内容的培训
责任	技能	需要进行相关培训后才可以胜任工作，工作通常需要较宽的知识面，要掌握较多的培训技巧。工作中的问题一般属于常规性的，但有时也需要灵活处理工作中出现的突发问题。需要有创新意识和独到的判断能力及对市场变化的敏感度。工作要求能使用多种知识和技能，具有较好的人际关系协调和人力资源管理能力
	分析	具有分析评估培训技术理论与开发的能力
	协调	在正常工作中，与本公司所有员工几乎都有工作联系，与部分部门领导有工作协调的必要；需要与外界几个固定部门的一般人员发生较频繁的业务联系，所开展的业务属于常规性的
	指导	指导、监督工作人员开展日常工作
	组织人事	在正常工作中，对人员选拔、考核、工作分配、激励、晋升等提供依据和参考意见
决策能力	人际关系	紧密配合上级工作和其他管理人员活动，接受直接上级的领导
	管理	工作中向直接上级领导负责，在领导的各种指导下履行各项工作职能
	财务	具备财务管理知识，具有较强经费意识，掌管部门预算管理费用及全公司培训经费
工作环境	时间特征	上班时间根据具体情况而定，但有一定规律，自己可以适当控制和安排
	舒适性	工作偶尔会感觉不舒适，约占全部时间的15%
	职业病与危险性	无职业病的可能，对身体不可能造成任何伤害，外地出差乘坐飞机或汽车，本地外出可乘坐公司的车、出租车或地铁
	均衡性	所从事的工作不会忙闲不均
工具设备	办公用品与设备	电脑、打印机、电视机、VCD、摄像机、照相机、投影仪、工具书

表4-24 审计部经理工作说明书

工作名称	审计部经理		直接上级	公司副总经理	
定员	1人	所辖人员	4人	工资水平	
分析日期		分析人		批准人	

工作描述

工作概要	对各级子公司、投资公司的经济活动进行审计监督，促进公司建立健全有效的自我约束和监督机制，促进各经营单位遵守国家法律和公司规章制度，改进管理，降低风险，提高效益，保证其经济活动的真实性、合法性和有效性
工作职责	拟订部门年度审计项目计划，对审计项目进度进行总体协调和控制
	拟订公司内部审计规章制度和内审工作发展规划
	组织实施审计项目，对审计项目的审计计划、工作底稿和审计报告进行重点审核，控制审计质量
	组织本部门工作人员进行工作内容、程序、方法等的研究和讨论
	组织、安排审计人员招聘、培训、考核等工作
	完成各级领导交给的其他工作

续表

因素	细分因素	限定资料
知识	教育	最低学历要求为硕士研究生,工作中能较频繁地综合使用其他学科的一般知识
	经验	在公司从事财务或管理工作满3年;在开始工作前还应系统学习审计知识,接受法律、金融及相关法规、政策等内容的培训
责任	技能	需要进行相关培训后才可以胜任工作,大部分时候需要知识面宽的技术结构,独立工作,要求具有高度的倾听能力、冲突管理能力、信息管理能力和公文写作能力,工作中需要灵活处理问题,需要有较强的创造力和判断、决策能力,要求具有较高的政策水平,保守公司内部机密
	分析	工作中需要经常分析公司经营活动存在的风险与问题,为公司改进管理、降低风险、提高效益提出意见与建议
	协调	工作中需要与公司所有部门的领导及一般人员发生较频繁的接触,与公司领导、部门经理及负责人有密切工作联系,在工作中需要随时联系与沟通,工作失误对公司经营管理会造成较严重的损害,影响其他部门的工作
	指导	指导、监督4名下属完成审计项目
决策能力	人际关系	紧密配合副总经理工作,接受副总经理的直接领导和指导
	管理	合理分配工作,监督、指导下属开展工作,考核下属工作业绩
	财务	具有较强的财务管理意识,为公司降低风险、优化资产质量、提高效益提出建议
工作环境	时间特征	上班时间比较固定,大部分时间可以自己安排、控制,有时需根据人员情况进行调整
	舒适性	工作中经常感觉到不舒服,主要指审计工作中可能受到消极对待、抵制、甚至报复
	危险性	不注意可能对身体某些部分造成轻度损害,外地出差乘坐飞机或汽车,本地外出时公司派车或乘坐出租车
	均衡性	所从事的工作忙闲不均,且无明显规律
工具设备	办公用品与设备	电脑、计算器、打印机等

表4-25 劳资管理科科长工作说明书

工作名称	劳资管理科科长	直接上级	人力资源部经理	
定员	1人	所辖人员	1人	工资水平
分析日期		分析人		批准人

工作描述	
工作概要	理顺劳资关系,实现劳动用工管理制度的条理化、正常化,确保公司的工资分配与雇员的贡献挂钩,实现工资、福利、奖金等分配制度合理化,为公司领导及部门领导做好政策参谋,加强公司有效利用人力资源的力度,配合上级领导制定相应的人力资源管理政策。结合实际情况,在公司长期发展战略目标的指导下,对公司现存的人力资源管理政策提出意见,并对改进措施提出建议
工作职责	处理有关劳资关系,协调劳资关系
	制定公司劳动政策
	制订工资发展计划及分配政策
	劳动合同的日常管理
	对劳动合同、劳动政策等有关劳动关系文件的宣传、贯彻和实施
	监督、审核劳动预算的执行情况
	按国家有关规定办理社会统筹保险,进行商业性补充保险的测算,从而制定切合公司实际的补充保险

续表

任职资格		
因素	细分因素	限定资料
知识	教育	最低学历要求为大学本科，工作中能较频繁地综合使用其他学科的一般知识
	经验	在公司从事人力资源管理工作满两年或从事组织工作及财务工作满三年；在开始工作前还接受《中华人民共和国劳动法》及相关法规、政策和财务管理等科目的培训
责任	技能	需要进行相关培训后才可以胜任工作，多数情况需要知识面宽的技术结构，要求具有一定的商业敏感度；工作中一半属于常规性的工作，经常需灵活处理工作中出现的问题；需要有创新意识和独到的判断能力，具有较好的人际关系协调和人力资源管理能力
	分析	分析公司劳动分配制度的合理性，为建立雇员与公司间相互信任与需要的劳资关系、劳资制度提出可行性方案

[案例讨论]

A 公司的工作描述

一大清早市场部经理王明就急匆匆地来找人力资源部刘经理。他说："刘经理，昨天你发的那份通知要求我在两周之内修改完市场部全部 20 项工作的工作描述，是真的吗。""是的，有什么问题么？"刘经理问。王明赶忙解释说："这太浪费时间了，最近我还有其他更重要的事情要做，如市场调查项目还等我去完成呢！修改工作描述至少要花去我好几天的时间，让我放下目前手中的工作去修改工作描述，恐怕难以做到啊。我们都已经三年没有修改工作描述了，工作描述的确需要大幅度修改，这点我承认，可是工作描述修改后，我的下属会有各种意见。还记得三年前我们对工作描述进行了稍微的修改，当我把修改后的工作描述下发给员工后，立刻就在员工中引起了混乱，很多员工都不认同修改后的工作描述。"

"怎么会出现这种情况呢？"刘经理问道。王明回答说："这件事情本身就很复杂，员工的工作内容往往变化很大，很多事情通常是临时分派下去的。过于强调工作描述，可能会使一些员工认为工作描述中没规定的工作就不必做了。而且，如果我把部门里的每个人实际正在做的工作写进工作描述，无形中会强调一些临时性、迫切性的工作，忽视一些长远性的工作。这样会造成员工士气低落和工作混乱的后果。"

刘经理问："王明，你有什么建议吗？上面已经命令我两周内完成任务。""我一点也不想做这项工作，"王明回答说，"而且市场调查项目是不能停下来的。你能不能向上级反映一下，修改工作描述这件事情暂时缓一缓，等我有空闲的时间再去做。"

讨论题：

1. 工作描述修改后发给员工，为何会引起混乱？请谈谈你的看法。
2. 是刘经理需要市场部的工作描述？还是王明本人需要市场部的工作描述？还是员工自己需要？请阐明理由？
3. 修改工作描述之前，应该做好哪些准备工作？
4. 市场部的一些员工认为，工作描述中没有规定的工作就不必去做，对此应该怎么看？

HAPTER 5
第五章 工作设计

[内容提要]

本章主要介绍工作设计的原则、内容及步骤，工作设计的理论与方法，并对知识型员工的工作设计问题进行探讨。

[学习要点]

1. 明确工作设计的概念及原则；
2. 掌握工作设计的内容；
3. 明确工作设计的要求及一般步骤；
4. 掌握工作设计中应注意的问题；
5. 掌握工作设计的理论与方法；
6. 掌握知识型员工工作设计的一般思路。

工作分析:理论、方法与应用

[引导案例]

工作设计——留住人才的艺术

马克已在西海岸银行工作了三年,他不但拥有一流商学院的 MBA 学位,且还是一位出色的"股市分析高手"和一名优秀的信贷员,是该银行所公认的一位明星。可大家却不曾想到,马克正在考虑离开这里。

雇佣一名有能力的人是困难的,但所有的高级经理都知道,留住他们更为困难。确实,绝大多数的高级经理都有这样的经历:一个很有才华的专业人员兴致勃勃地来到公司,并为公司创造了许多价值,但最后却出乎意料地离开了公司。通常,这种情况没有引起足够的重视。你会听到"他无法拒绝那份工作"或者"现在没有人会在一家公司呆很长时间"这样的解释。

只有在工作与他们潜在的终生兴趣相匹配的情况下,他们才会留下。这种终生兴趣既不是像歌剧、滑雪运动等一类的爱好,也不是像对中国历史、股票市场或海洋学一类的时兴话题的热情。相反,这种潜在的终生兴趣是一种长期保持的、受情绪支配的激情。

工作设计是一种艺术,它让人与工作相匹配,从而使人们的终生兴趣得以表现。它是一种职业与个人终生兴趣融合的艺术,其目的是为了增加留住人才的机会。工作设计是具有挑战性的,绝对不能出错,它要求管理者既是侦探又是心理学家。工作设计是从管理人员认识到每一个雇员潜在的终生兴趣开始的。有时候,雇员的终生兴趣是显而易见的,他做这一类事的时候兴高采烈,做另一类事的时候却萎靡不振。但是,绝大多数时候,管理人员都必须进行观察和探求。

工作设计是极富挑战性的,但是值得公司努力去做的。在知识经济时代,一家公司最重要的资产将是高素质员工的热情和忠诚,智力资本不像无生命的机器设备和工厂,在什么情况下都能发挥它的效用。然而,现实中很多管理人员的做法在逐渐破坏员工对公司的认同感和忠诚度,因为他们不合理的工作设计让有才华的人处在虽然能完成任务但一点也不感兴趣的工作岗位上。为了更好地留住人才,必须先知道员工心里的想法,然后着手开始一项艰难而又有价值的任务——工作设计,这将给公司和员工都带来快乐和喜悦。本章主要介绍工作设计的原则、内容及步骤,工作设计的理论与方法,并对知识型员工的工作设计问题进行探讨。

第一节　工作设计概述

工作设计既是人力资源管理的一项基础性工作,也是组织不断发展壮大的核心工作之一。通过工作设计可以满足企业劳动分工与协作的需要;企业不断提高生产效率,增加产出的需要;劳动者在安全、健康、舒适的条件下从事劳动活动是生理上、心理上的需要。企业工作分析的中心任务是要为企业的人力资源管理提供依据,实现"位得其人,人尽其才,适才适所,人事相宜"。

一、工作设计的概念

工作设计是指为了有效地达到组织目标与满足个人需求而进行的工作内容、工作职能和工作关系的设计。也就是说,工作设计是一个根据组织及员工个人需要,规定某个岗位的任务、责任、权力以及在组织中工作的关系的过程。工作设计对组织绩效和员工的工作满意度有着直接影响，好的工作设计要兼顾组织效率、组织弹性、工作有效性、员工激励与职业发展的需要。现代的工作设计理念认为，不同的工作有不同的特点，因而人们对不同的工作有不同的价值观，改进工作方式和方法成为激励人们工作动机的重要途径之一。这种理念更加强调人的重要性，着力于使工作更加适合人的需要。

工作设计分为两类：一是对企业中新设置的工作岗位进行设计；二是对已经存在的缺乏激励效应的工作进行重新设计，也称工作再设计。实施工作设计，需要综合考虑各种影响因素，要对工作进行周密的、有目的计划安排。既要考虑到员工具体的素质、能力及个人需要等各方面的因素，也要考虑到本单位的管理方式、工艺技术、劳动条件、工作环境、政策机制等因素。从心理学角度看，工作设计要考虑工作者的个人特征、工作环境中的社会心理因素以及整个组织的气氛和管理方式；从工效学角度看，工作设计必须综合考虑能力与知识、时间与效能、职责与权利、设备与地点等因素；从技术学角度看，工作设计也应重视工艺流程、技术要求、生产和设备等条件影响。

二、工作设计的基本原则

工作设计是十分重要的科学管理技术，好的工作设计是做好工作的先决条件。现代工作设计十分强调工作生活质量的改进，力求做到员工与工作的完善配合，在提高工作效率的同时保证较高的工作满意度。为此，工作设计立足于工作本身内在特征的改进，增强工作本身的内在吸引力，大大改变了工作生活的性质、功能、人员关系与反馈方面的特征。为此，在工作设计中必须坚持以下原则。

（一）效率原则

工作设计应使工作活动具有更高的输出效率，以有效地改进、提高工作效率，通过良好的工作设计，使组织成员更好地明确工作职责与分工范畴，形成良好的工作协调与合作关系，提高组织的有序性、均衡性与连续性，创建符合员工个体特征的工作活动模式，促进员工能力充分发挥。工作的简单化与专业化曾被视为提高工作效率最有效的法宝。确实，工作的简单化与专业设计有助于员工较快地提高工作熟练程度，迅速掌握工作方法，积累工作经验，有助于发挥劳动特长。但如果专业化程度太高，就会导致工作的单调乏味，令人生厌，反而会造成工作效率下降。

（二）工作生活质量原则

工作设计应符合员工对工作生活质量的要求。工作生活质量体现了员工与工作中各方面之间的关系，反映了员工生理与心理需要在工作中得到满足的程度。工作生活质量的提高，可使员工对工作产生更为满意与向往的心情，增强归属感，并由此形成良好的组织气氛，提高组织的活动效能。工作生活质量要素包括：工作的挑战性和吸引力，工作的自主性与自由度，工作的多样化与丰富化，合理的工作负荷与节奏，安全舒适的工作环境，工作中个人需要与个性特点的满足，上级与下属、平级人员之间的良好工作关系等。

（三）系统化设计原则

工作设计是一项复杂的系统工程，工作设计应充分考虑工作中各个方面的影响，包括组织体系、工艺技术、管理方式、工作者、工作环境等。努力寻求各方面因素的最佳组合，使之在工作系统中构成良好的协调关系。

三、工作设计的内容

工作设计涉及工作系统的各个方面，所包含的内容包括工作任务、工作职能、工作关系、工作结果，对工作结果的反馈、人员特性、工作环境等。工作任务方面的设计包括任务的种类、难度、复杂性、完整性、自主性、多样化等。工作职能方面的设计包括工作所需要的方法和要求，如工作的责任、权力、信息交流、工作方法以及工作协调方式等。工作关系方面涉及工作中的人际关系问题，包括工作中与其他人交往的机会、程度，与哪些人交往以及工作群体成员的相互协调等。工作标准与业绩的设计包括工作任务完成的数量与质量要求、评估体系以及工作结果反馈形式等。人员特性方面的设计包括对人员的需求、兴趣、能力、个性方面的了解，以及相应工作中对人的特性要求等。工作环境方面的设计包括工作活动所处的环境特点、最佳环境条件及环境安排等。

具体来说，工作设计的主要内容包括七个方面。

第一，工作任务。要考虑工作是简单重复的，还是复杂多样的，工作要求的自主性程度怎样，以及工作的整体性如何。

第二，工作职能。工作职能指每项工作的基本要求和方法，包括工作责任、工作权限、工作方法以及协作要求。

第三，工作关系。工作关系指个人在工作中所发生的人与人之间的联系，谁是他的上级，谁是他的下级，他应与哪些人进行信息沟通等。

第四，工作结果。工作结果主要是指工作的成绩与效果，包括工作绩效和工作者的反应。工作绩效是指工作任务完成达到的数量、质量和效率等具体指标；工作者的反应是指工作者对工作的满意程度、出勤率和离职率等。

第五，对工作结果的反馈。对工作结果的反馈主要是指工作本身的直接反馈（如能否在工作中体验到自己的工作成果）和来自别人对所做工作的间接反馈（如能否及时得到同级、上级、下属人员的反馈意见）。

第六，人员特性。人员特性主要包括对人员的需要、兴趣、能力、个性方面的了解，以及相应工作对人的特性要求等。

第七，工作环境。工作环境主要包括工作活动所处的环境特点、最佳环境条件及环境安排等，一个好的工作设计可以减少单调重复性工作的不良效应，充分调动劳动者的工作积极性，也有利于建立整体性的工作系统。

四、工作设计的要求

（一）确保组织任务的顺利完成

全部岗位的集合通过工作设计应能顺利地完成组织的总任务，即组织运行所需的每一项工作都落实到具体的岗位中去。

（二）有助于发挥人的能力，提高组织效率

这就要求工作设计全面权衡，找到一个最佳的结合点，保证每一个人都能高效地工作，

并有利于工作积极性的发挥。如果工作负荷过低，会导致人、财、物的浪费；如果超负荷工作，又会影响员工的工作情绪，并给机器设备造成不必要的损害。

（三）明确岗位职责

全部岗位所构成的责任体系应能保证组织目标的实现，即组织运行所要达到的每一项工作结果，组织内每一项资产的安全及有效运行都必须明确由哪个岗位负责，不能出现责任空缺的情况。

（四）应考虑现实的可能性

每个岗位规定的任务、责任由当时的资源条件决定，不能脱离资源的约束来单独考虑组织的需要。

五、工作设计的一般步骤

为了提高工作设计的效果，在进行工作设计时应按以下几个步骤来进行。

（一）需求分析

工作设计的第一步就是对原有工作状况进行调查诊断，以决定是否应进行工作设计，应着重在哪些方面进行改进。一般来说，出现的员工工作满意度下降、积极性较低和工作情绪消沉等情况，都是需要进行工作设计的现象。

（二）可行性分析

在确认工作设计之后，还应进行可行性分析。首先应考虑该项工作是否能够通过工作设计改善工作特征；从经济效应、社会效应上看，是否值得投资。其次应该考虑员工是否具备从事新工作的心理与技能准备，如有必要，可先进行相应的培训学习。

（三）评估工作特征

在可行性分析的基础上，正式成立工作设计小组负责工作设计，小组成员应包括工作设计专家、管理人员和一线员工，由工作设计小组负责调查、诊断和评估原有工作的基本特征，分析比较，提出需要改进的方面。

（四）制订工作设计方案

根据工作调查和评估的结果，由工作设计小组提出可供选择的工作设计方案，工作设计方案中包括工作特征的改进对策以及新工作体系的工作职责、工作规程与工作方式等方面的内容。在方案确定后，可选择适当部门与人员进行试点，检验效果。

（五）评价与推广

根据试点情况及进行工作设计的效果进行评价。评价主要集中于三个方面：员工的态度和反应、员工的工作绩效、企业的投资成本和效益。如果工作设计效果良好，应及时在同类型工作中进行推广应用，在更大范围内进行工作设计。

六、工作设计中应注意的问题

工作设计意味着用新的工作体系取代旧的工作体系，其实质是一场组织变革。工作设计的改进涉及组织中的各种因素，主要包括以下内容：①任务，即工作的目标、内容和性质；②技术，包括设备、工具和工作场所的安排及新技术的使用；③结构，包括组织层次、职权结构、作业流程和信息沟通渠道；④人员，包括员工的工作态度、行为、需要、技能和愿望等。

工作设计的成败往往取决于多方面因素的综合作用。为了保证工作设计的顺利进行，在工作设计中应注意以下问题。

（一）依据具体情况，合理选择工作设计模式

工作设计改革的方法途径很多，效用不一。在进行工作设计时，应根据企业的性质、技术类型、企业文化传统、人员素质与工作态度等情况，选择合适的方法，特别要注重对现有工作状况进行准确的诊断，根据所出现的问题与诊断结果，选择具体对策，有针对性地进行工作设计，避免生搬硬套其他组织的工作设计模式。

（二）分阶段实施，逐步推进

工作设计作为一种组织变革，应有较为长远的目标与规划，分阶段逐步实施。由于工作设计使原有的工作结构和劳动组织有较大变化，因此需从系统的、全局的观点出发，对整个工作系统做出合理的安排与计划。工作设计要从小到大，先试点后推广。这样可以消除人员的顾虑，使他们有充分的心理准备；也有利于管理部门取得经验，更好地改进工作设计。

（三）上下齐心，共同合作

工作设计应由组织的高层管理者直接发起和指挥，由工作设计专家协调各项工作，注意吸收一线员工参与，上下同心，协力做好这项工作。这样有利于形成良好的工作设计的组织气氛，使企业组织内各个方面的目标趋于一致；也有利于提高工作设计本身的质量和可接受度，使新的工作体系更符合员工的需要与实际工作的要求。

（四）加强员工培训，提高工作素质

一般来说，新工作体系将对工作人员提出更多、更高的工作技能与知识要求。因此，应在工作设计过程中让有关人员及时接受培训，使他们了解、适应新的工作和环境。培训主要包括工作技能知识、工作方式、工作态度和工作关系等方面的内容。培训对象除一线员工外，还包括部门管理人员。一线员工的培训重点可放在新技能、新方法的掌握方面；管理人员的培训重点应放在新的管理思想和工作作风方面，特别是在新工作体系增强了员工工作自主性后，要防止管理人员因担心职权的削弱而产生的抵触情绪。许多时候，人们往往把注意力集中于工作的具体设计上，轻视了教育与培训工作，其结果导致员工不能顺利地从原有工作过渡到新设计的工作中来，进而造成工作设计的失败。

第二节 工作设计理论

工作设计理论随着管理科学的发展与社会进步，经历了古典工作设计理论与现代工作设计理论两大发展阶段。

一、古典工作设计理论

古典工作设计理论开始于 20 世纪初的科学管理活动。在早期管理思想的影响下，逐步形成了一整套古典工作设计理论，特点是强调工作任务的简单化、标准化和专业化，以实现工作活动的高效率。

（一）工业工程方法

工业工程方法的理论基础来源于佛里德里克·泰勒的科学管理原理。1911 年，泰勒所概括的科学管理理论强调工作是生产过程。他的研究从此以后成为现代科学管理的基础，也成为人力资源管理的基础。泰勒最早在宾夕法尼亚一家钢铁公司的经历，对他形成自己关于工作过程和工作设计的思想有很大的影响。他在很年轻的时候就被提升为该公司的总工程师。他研究的目的是要得出管理控制工作普遍适用的原则。泰勒设计岗位的方法强调以下内容：使组成岗位的任务更加简单；非常专业的岗位描述；系统的工作程序和计划；严密的监控。

从 20 世纪初至 40 年代，社会生产的重点是提高工作专业化程度。在工作专业化时期，工业工程方法是系统设计工作岗位的最主要方法。其理论基础是亚当·斯密提出的职能专业化。工业工程方法的目标是管理者以比较低的管理成本使工作人员生产出更多的产品，提高工作效率，从而可以给工人支付较高的报酬。

按照工业工程方法进行工作设计的基本途径是时间-动作研究。工程师研究和分析员工手、臂和身体其他部位的动作，研究工具、员工和原材料之间的物理机械关系，研究生产线的最佳组合，来使生产效率最大化。时间-动作研究的基本目的是实现工作的简单化和标准化，使所有员工都能达到预先确定的水平。

工业工程方法进行工作设计的核心是把每一个岗位的操作都简化为基本的动作，并在严密的监督下完成操作，这实际上是一种工作简化。工业工程方法是人类早期对工作设计进行的系统研究，但它对工作简化的追求走向了极端，致使员工对过分简单化的工作感到异化、不满，甚至产生挫败感。

（二）工业心理学方法

1912 年雨果·闵斯特伯格发表了他的工业心理学思想。闵斯特伯格是工业心理学的主要创始人，被尊称为"工业心理学之父"。他出生在德国，师从现代心理学创始人，即德国著名心理学家威廉·冯特。闵斯特伯格在德国莱比锡大学的心理学实验中受到正统的学术教育和训练，于 1885 年获得心理学博士学位，后移居美国，应美国著名心理学家威廉·詹姆斯的邀请来到哈佛大学。1982 年受聘于哈佛大学，建立了心理学实验室并担任主任。闵斯特伯格对传统的心理学研究方法研究实际的公众问题十分感兴趣，于是他的心理学实验室变成了工业心理学活动基地，他的理论成为后来的工业心理学运动的奠基石。

闵斯特伯格的工业心理学思想产生于当时特定的历史背景下，即 19 世纪末 20 世纪初的第二次工业革命时期。随着工业生产规模的不断扩大，生产效率进一步提高，为了获得更高的生产效率，人们开始注意如何有效地利用人的生理和心理资源。在"泰勒制"出现之前，心理学已经成为一门独立的科学，但将心理学直接应用到工业生产领域，研究如何适应和转变工人的心理，激发工人的干劲，以提高生产效率，是 20 世纪才开始探索的。闵斯特伯格指出，在当时的工业生产中，人们把最大注意力放在材料和设备上，也有一部分人注意到了工人的心理状态对工作效率的影响，如有关疲劳问题、工作单调问题等。对于这类问题，当时仅有一些外行人来处理，对此缺少科学的理解。

闵斯特伯格认为，心理学可以对提高工人的适应能力与工作效率做出贡献。他希望能对工业生产中人的行为做进一步的科学研究。他研究的重点是：根据个人的素质及心理特点把他们安置到最适合他们的工作岗位上；在什么样的心理条件下可以让工人发挥最大的干劲和积极性，从而能够从每个人那里得到最大、最令人满意的产量；怎样的情绪能使工人的工作产生最佳的效果。

闵斯特伯格于1912年出版了《心理学与经济生活》一书。在书中他论述了对人类进行科学研究以发现人类行为的一般模式和解释个人之间差异的重要性。概括起来主要包括三大部分内容。

第一，最适合的人。研究工作对人们的要求，识别最适合从事某种工作的人应具备什么样的心理特点，将心理学的实验方法应用在人员选拔、岗位指导和工作安排方面。

第二，最适合的工作。研究和设计适合人们工作的方法、手段与环境，以提高工作效率。闵斯特伯格发现，学习和训练是最经济的提高工作效率的方法和手段，物理的和社会的因素对工作效率有较强的影响，特别是创造工作中适宜的"心理条件"极为重要。

第三，最理想的效果。用合理的方法在工业中也同样可以达到资源的合理利用，闵斯特伯格研究了对人施加符合组织利益影响的必要性。他指出心理学家在工业中的作用应该是：帮助发现最适合从事某项工作的工人；决定在什么样的心理状态下，工人才能达到最高的产量；在人的思想中形成有利于提高管理效率的影响。

闵斯特伯格研究了大量的工业中的实际问题。他最著名的一个研究是探明安全驾驶的无轨电车司机应具备的特征。他系统地研究了这项工作的各个方面，并设计了模拟电车的实验，结果发现一个好的司机应能够在驾驶的过程中同时理解所有影响电车行驶的因素。闵斯特伯格对疲劳问题的研究，对于改善管理、提高生产效率有着非常重要的启示。他和他的继承者研究了许多工厂每天和每周的工作曲线，典型的日产量记录显示，每天上午9~10点产量有轻度的增加，午饭前产量下降，午饭后产量又有所上升，下班前产量急速下降。一周的产量也表现出类似的情形，周一的产量平常，周二和周三的产量是最好的，然后逐渐下降，直到周六。这些研究为工业心理学开辟了新的研究领域。

闵斯特伯格开创工业心理学的目的就是追求个人在工业生产中的最高效率和最适宜的环境条件。归根结底，个人在工业环境中的最高效率，只有确保他在工作环境中获得最满意的适应才能实现。闵斯特伯格的研究成果被广泛地应用于职业选择、劳动合理化、改进工作方法、建立最佳工作条件等方面。选择符合工人体力、心理特征的工作条件，在当时不仅是生产力增长的重要因素，也是减少工人同企业主矛盾冲突的重要条件。闵斯特伯格指出，通过心理适应和改善心理条件来提高工作效率，不仅符合企业主的利益，更符合工人的利益，他们的劳动时间缩短，工资增加，生活水平可以提高。

闵斯特伯格作为工业心理学的先驱，他的研究和思想对后来工作和工业心理学理论的研究有着深远的影响。早期的工业与组织研究工作主要着重于应用心理学的思想和方法，增加企业的经济收益。这样，企业主从增加自己的经济利益出发，开始在企业中雇佣心理学家，心理学家也得以进入企业，开展应用性的研究。心理学家对研究人的因素无疑处于最有贡献的地位。20世纪许多重要的工业与组织心理学的理论和研究都可以追溯到闵斯特伯格的思想和研究工作。在闵斯特伯格的理论之后,大量的社会心理学和工业心理学著作相继问世,这些著作注重研究人的心理因素,试图通过对人的各种需要的满足来调动人的积极性。在这种"人际关系学说"的基础上又发展出行为科学理论。

闵斯特伯格的研究方向和路径及所采取的方法对后人有很大的启示,在企业管理中有诸多应用。他开创了工业心理学领域对工作中的个人进行科学研究,以使其生产率和心理适应最大化的先河。他认为应该用心理测试来选拔员工,用学习理论来评价培训方法的开发,要对人类行业进行研究,以便搞清什么方法对于激励工人是最有效的。他还指出科学管理与工业心理学二者都是通过科学的工作分析,通过使个人技能和能力更好地适合各种工作的要求,来提高生产率,他的研究对于我们今天的甄选技术、员工培训、工作设计和激励仍有重要的影响。

但是,闵斯特伯格所考虑的问题比较狭窄,仅限于个体心理的研究,缺乏社会心理和人类学的观点和论据。所以,他的工业心理学在当时未能引起更为广泛的注意和重视。

二、现代工作设计理论

大规模生产方式在 20 世纪上半叶成功证明了古典工作设计理论,特别是工业工程方法对提高生产效率起了重要作用。然而,也有大量研究表明,工业工程方法带来了许多负面后果。例如,工作专业化和简单化使工作变得重复单调,造成员工厌恶工作、工作满意度下降;高度分工割断了工作任务之间的联系,破坏了工作的完整性,致使员工对自己所承担的工作与企业生产过程整体之间的联系乃至工作的意义缺乏了解,从而工作主动性和积极性不高;标准化和程序化的工作设计要求人服从于技术系统,使员工像机器零件一样,无法体会人的价值。古典工作设计理论存在的问题,促使人们对工作设计理论重新进行审视,由此产生了本能和心理需求,提出工作设计在提高生产效率的同时,不应超越人固有本能所承受的范围,并要满足人的心理需求。换句话说,就是工作设计既要满足技术和经济方面的需求,也要满足员工的本能和心理需求,要做到技术系统与社会系统的综合优化。

(一)双因素理论

双因素理论是美国的行为科学家弗雷里克·赫兹伯格提出来的。赫兹伯格曾获得纽约市立学院的学士学位和匹兹堡大学的博士学位,此后在美国和其他 30 多个国家从事管理教育和管理咨询工作,是犹他州立大学的特级管理教授。他的主要著作有:《工作的激励因素》(1959年,与伯纳德·莫斯纳、巴巴拉·其奈德曼合著)、《工作与人性》(1966 年)、《管理的选择:更有效还是更有人性》(1976 年)。

20 世纪 50 年代末期,赫茨伯格和他的助手们在美国匹兹堡地区对 200 名工程师、会计师进行了调查访问。访问主要围绕两个问题:在工作中,哪些事项是让他们感到满意的,并估计这种积极情绪持续多长时间;又有哪些事项是让他们感到不满意的,并估计这种消极情绪持续多长时间。赫茨伯格以对这些问题的回答为材料进行研究,他发现,使职工感到满意的都是属于工作本身或工作内容方面的事情;使职工感到不满的,都是属于工作环境或工作关系方面的事情。他把前者叫做激励因素,把后者叫做保健因素。

保健因素的满足程度对员工产生的效果类似于卫生保健对身体健康所起的作用。保健是从人的环境中消除有害健康的事物,它不能直接提高健康水平,但有预防疾病的效果;它不是治疗性的，而是预防性的。保健因素包括公司政策、管理措施、监督、人际关系、物质工作条件、工资、福利等。当这些因素恶化到人们认为可以接受的水平以下时，就会产生对工作的不满意感。但是，当人们认为这些因素很好时，它只是消除了不满意，并不会导致积极的态度，这就形成了某种既不是满意又不是不满意的中性状态。

那些能为员工带来积极态度、满意和激励作用的因素就叫做"激励因素"。这些因素是能满足个人自我实现需要的因素，包括成就、赏识、具有挑战性、增加的工作责任以及成长和发展的机会，如果这些因素具备了，就能对人们产生更大的激励。从这个意义出发，赫茨伯格认为传统的激励假设，如工资刺激、人际关系的改善、提供良好的工作条件等，都不会产生更大的激励；它们能消除不满意，防止产生问题，但这些传统的"激励因素"即使达到最佳程度，也不会产生积极的激励。按照赫茨伯格的意见，管理当局应该认识到保健因素是必需的，但只能起到保健作用。只有"激励因素"才能使人们有更好的工作成绩。

赫兹伯格认为满足员工心理成长需求，既可以使员工有成就感，又可以激励员工提高劳动生产率。于是，他提出了工作丰富化的建议。所谓工作丰富化是指通过增加工作深度来使员工对工作拥有更多的自主权、独立性和责任感。例如，让员工做一些通常由管理人员完成的设计、考核、检测任务。赫兹伯格认为，工作任务的横向多样性意味着工作项目的增加，能够减少工作单调循环的频率，但不一定能够满足员工追求成长的心理需求。而工作丰富化则可以让员工感到成就、赞赏、责任和进步，因此改革工作设计，最重要的是使其丰富起来。赫兹伯格提倡的工作设计要满足员工追求成长的心理需求，这在当时是一个很大的理论进步。可以说赫兹伯格是使工作丰富化方法获得了清晰的理论指导的第一人。

赫茨伯格的双因素激励理论同马斯洛的需要层次理论有相似之处。他提出的保健因素相当于马斯洛提出的生理需要、安全需要、感情需要等较低级的需要；激励因素则相当于受人尊敬的需要、自我实现的需要等较高级的需要。当然，他们的具体分析和解释是不同的。但是，这两种理论都没有把"个人需要的满足"同"组织目标的达到"这两点联系起来。

有些西方行为科学家对赫茨伯格的双因素激励理论的正确性表示怀疑。有人做了许多试验，也未能证实这个理论。赫茨怕格及其同事所做的试验，被有的行为科学家批评为是他们所采用方法本身的产物：人们总是把好的结果归结于自己的努力而把不好的结果归罪于客观条件或他人身上，问卷没有考虑这种一般的心理状态。另外，被调查对象的代表性也不够，事实上，不同职业和不同阶层的人，对激励因素和保健因素的反应是各不相同的。实践还证明，高度的工作满足不一定就产生高度的激励。许多行为科学家认为，不论是有关工作环境的因素或工作内容的因素，都可能产生激励作用。赫兹伯格本人也注意到，激励因素和保健因素有重叠的现象，如工资是保健因素，但有时也能产生使员工满意的结果。

在工作设计方面，赫兹伯格的观点也存在两方面的缺陷：第一，赫兹伯格所提出的工作丰富化仅涉及员工个人的工作，而没有涉及员工所属部门和企业整体的工作体系。也就是说，他并未把员工的工作与员工所属部门、企业整体的业务结合起来进行考虑。然而，在现代化生产中，员工完全独立工作的情况已经不多，在更多的情况下，员工需要与其他员工协同工作。这就使得工作之间有着密切的联系，而每一项工作都不可能独立于部门、企业整体的工作体系而存在。因此，我们在进行工作设计时，就必须把每一项工作作为部门、企业整体工作体系的一个部分，把它们结合起来作为一个完整的体系进行考察。第二，赫兹伯格在进行工作设计时，没有考虑技术系统的因素。然而，在现实中，工作内容、工作步骤以及工作组织都是在技术系统规划的基础上设计的。工作设计方式的选择在很大程度上要受技术系统的制约。因此，撇开技术系统去谈工作设计是不现实的。

不过，双因素理论促使企业管理人员注意到工作内容方面诸因素的重要性，特别是它们同工作丰富化和工作满足的关系，还是有积极意义的。物质需求的满足是必要的，缺少物质需求的满足会导致不满，但是即使获得满足，它的作用往往也是有限的，不能持久的。要调动人的积极性，不仅要注意物质利益和工作条件等外部因素，更重要的是要注意工作的安排，量才录用，各得其所，注意对人进行精神鼓励，给予表扬和认可，给人以成长、发展、晋升的机会。

（二）社会技术系统理论

针对赫兹伯格缺乏系统思考的理论缺陷，特里斯特、埃默里等于20世纪六七十年代提出了社会技术系统理论。社会技术系统理论把组织看成一个开放的社会技术系统，这个系统由几个主要的子系统构成。其中，社会子系统由相互作用的个人和群体组成，即有关人的组合，是组织的"人性方面"。它包括人力资源、个人的态度、价值观和动机、群体动力、领导关系、信息交流和人际关系等。社会子系统不仅受外部环境的影响，也受组织目标与价值观的影响，还受组织内部任务、技术和结构的影响。这些影响共同作用于社会子系统，形成组织气氛。

技术子系统是指完成任务所需的知识、所运用的技术、所使用的设施与机器设备等。技术子系统与社会子系统的相互作用，体现在三个方面，即任务的不确定性、工作流程的不确定性和任务的相互依赖性。任务的不确定性决定员工对什么时候能获得投入（原材料、资金、信息等）和怎样进行处理的把握程度。工作流程的不确定性是指在工作流程安排上要综合考虑技术子系统和社会子系统对工作效率的影响程度。任务的相互依赖性是指为完成工作任务，两名以上的员工进行联合决策和合作的必要性。三个方面因素决定着社会子系统和技术子系统的结合方式，从而决定员工的工作方式。

社会技术系统方法用于指导工作设计，其主要目标是通过组建自然的工作群体来完成的一定工作任务，以达到社会子系统、技术子系统和组织目标之间的最佳匹配。因此，社会技术系统方法，一方面是由个人的核心工作特征来构造群体的工作任务，另一方面就是要培养群体的气氛和整个组织的气氛。这正是社会技术系统方法的两大目标，即组建工作群体和培养组织气氛。

工作职责是把组织的社会子系统和技术子系统连接起来的首要因素，它为员工制定了一定的行为规范，规定了工作中人与人之间的协作关系。它是连接两个子系统的纽带，使社会技术系统成为一个整体，工作目标的协调作用表现在为了实现目标，员工之间可以根据任务的内容进行相应的结合，选择自主的工作方式。技巧和能力直接影响着两个子系统结合的效果和匹配程度。

作为使技术子系统与社会子系统得到综合优化的工作设计，社会技术系统理论提倡实施以下内容。

（1）在设计厂房、工艺和安装设备时，要考虑到把技术子系统和社会子系统、工作任务、人的需求结合起来，把技术系统设计得有利于人的身心健康，以及有助于发挥人的创造性。例如，在设计厂房和安装设备时，既要考虑省力、省时，又要考虑消除工人的乏味感和孤独感。在引进自动设备时做到适度的人机分离，为工人提供更多的自由以发挥创造性。

(2)重新设计工作内容,使之能与技术子系统、社会子系统、工作任务、人的需求结合起来。例如,把工作任务设计成具有完整性、复杂性、变化性和反馈性的方案,使工作任务激发起员工工作的主动性,从而实现工作任务与人的要求的有机结合。

(3)选择工作组织,使之既利于提高工作效率,又有利于满足人的心理需求。例如,把工作组织设计成自律性工作团队。让自律性工作团队承担相关的一组工作任务,对整个工作小组的产量、质量实行集体负责,并有权自主决定工作分派、工作间休息、工作计划、质量检验方法、人员增减等。

(三)工作特征理论

为了弄清楚工作本身是怎样产生激励效应和促进工作满意感的,组织学家哈克曼、奥德海姆和他们的同事通过大量的问卷调查,在前人研究的基础上提出了一套更为完整的工作特征模型,该模型的内容见图 5-1。

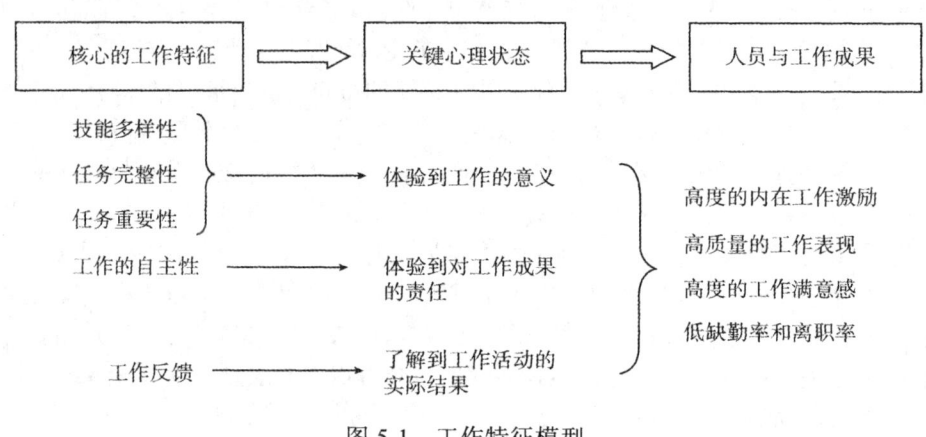

图 5-1　工作特征模型

1. 心理状态的含义

工作特征模型是针对有着高层次需要的工作者,其中的三个关键心理状态的含义包括以下内容。

(1)体验到工作的意义。体验到工作是有意义的、值得干的或很重要的,这样,员工就会有很高的工作动机。

(2)体验到对工作成果的责任。体验到个人对工作结果所负的责任,这样他就会对经过自己努力而产生的工作绩效和产品负责,从而提高工作绩效和产品质量。

(3)了解到工作活动的实际结果。工作人员必须通过可靠的渠道了解自己的努力究竟产生了什么结果,达到了什么状态,这样的结果是否令人满意。

2. 核心工作特征

三个关键的心理状态来源于核心的工作特征。这些核心的工作特征包括以下内容。

(1)技能多样性,即完成工作所需要具备的能力和技巧。

(2)任务完整性,即工作者本人所感知的完成某项任务的完整程度。

(3)任务重要性,即所做工作对组织内外其他人的工作和生活产生的影响程度,前面三项特征结合在一起就形成了工作者所体验到的工作意义。

（4）工作的自主性，即个人能够自主地安排自己工作进度的程度，这个工作特征决定着工作者对自己工作的责任感。

（5）工作反馈，指工作者得到有关工作效率和绩效信息的及时、直接和准确程度，这一特征决定着工作者对工作实际结果的把握程度。

3. 个性差异表现

个人差异影响着个人对工作特征的知觉，因此也影响到个人和工作的结果，主要的个性差异从三个方面表现出来。

（1）知识技能。它们是构成个人自信心的重要因素。

（2）成长需要的强度。它决定着个人对挑战性工作的接受程度，成长需要强度低的人只做一些常规性工作就满足了。

（3）对相关因素的满意感。它也是影响工作积极性的一个方面，就像赫兹伯格分析的那样，只有激励因素才能带来满意感。

哈克曼和奥德海姆的工作特征所描述的工作特征理论，可以从三个方面用于实践：一是对企业中新设置的岗位按照该理论进行设计；二是对已经存在的缺乏激励效应的工作按照该理论进行重新设计；三是工作特征理论也可以用于企业再造。企业再造，就企业全面业务活动来说，是重新整合业务流程；对员工来说，就是要重新设计工作方式，企业业务流程的运行是靠员工的工作来实现的，在重整业务流程的同时，需要重新设计员工的工作方式。

企业在进行工作设计时，首先要进行工作诊断。工作诊断的常用方法是结构线索法。它是通过对组织中导致工作效率低下的相关因素的定性分析来诊断原工作设计中的问题，主要分析以下五个方面的因素。

第一，工作检查是专职人员还是员工自己。若是专职人员，将削弱员工工作的自主性和得到反馈信息的直接性。

第二，修理员是员工自己还是专职人员。专职修理员的存在，将减少很多令员工兴奋和具有挑战性的工作，这将会降低任务的完整性、工作自主性和反馈信息的直接性。

第三，客户关系部是否存在。若有专门的客户关系部，它将员工和客户的直接联系割断了，这将降低任务的完整性和反馈信息的直接性、及时性和准确性。

第四，员工互助组是否存在。若存在员工互助组，由于它内部存在一些分工，如文字录入、计算机编程等，将会破坏个人任务的完整性和个人对任务的拥有感。

第五，控制幅度的大小。若控制幅度小（如 5~7 人），主管就会过问下属日常工作的细节，不利于员工发挥工作自主性。

通过工作诊断以后，组织者要对工作设计进行规划和管理，应用一些具体的设计策略，重新设计员工的工作方式，工作设计的策略是多种多样的，常被采用的有以下几种。

第一，把多项工作加以合并。把被分割的工作岗位和环节合并在一起，组合为一种工作任务。

第二，形成自然的工作单元。可以按地理位置、工作类型、顾客群体特征等构成自然的工作单元，使工作的安排具有内在的逻辑关系，增强任务的完整性。

第三，与客户建立直接联系。这样可以改善员工对所做工作的认识。

第四，沿纵向扩展工作职责。也就是工作内容的丰富化。

第五，开辟通畅的反馈渠道。这样可以让员工及时了解其工作进展情况，也有利于他们

及时调整自己的行为。

（四）跨学科理论

跨学科理论是由坎平恩等发展的工作设计理论。跨学科理论将现有的工作设计方法归纳为四种：机械方法（工业工程方法）、激励方法（双因素理论、工作特征理论）、生物方法和认知－运动方法。机械方法和激励方法我们在前面已经做过介绍，这里重点介绍一下生物方法和认知－运动方法。

生物方法从人类工程学角度出发，主张通过工作设计最大限度地减少人的体力消耗、疲劳、疾病。认知－运动方法从实验心理学的角度出发，主张工作设计不能超出人所固有的认知－运动能力范围。机械方法和激励方法关注工作内容的设计，生物方法和认知－运动方法更关注工作设备与工作环境的设计。例如，生物方法关注与力量、耐力、空间、噪声、气候、休戚相关的问题，提倡设备与环节生物设计要使人在体力上感到舒适。认知－运动方法关注与记忆、注意力、紧张、精神负担相关的问题，提倡工作内容，特别是工作设备与环境的设计要降低人的精神负担、紧张和疲劳程度。

跨学科理论在比较了解上述四种工作设计方法的优缺点之后认为，没有一种工作设计方法可以全面解决现实中员工所遇到的问题，也没有一种方法能够成为工作设计的唯一方法，每一种工作设计方法既有优点又有缺点。例如，机械方法和认知－运动方法可以减少培训时间，降低员工的精神紧张程度和出错率，提高劳动动力的利用率，但员工工作满意度低，劳动积极性不高。相反，激励方法带来较高的工作满意度、工作积极性和工作效率，但增加员工的培训时间、精神紧张程度和出错率。因此，对于每一种工作设计方法，管理者都应有一个清楚的认识，根据具体情况综合选择工作设计方法。

（五）HP工作设计理论

HP工作设计理论也称优秀业绩工作体系法，这是将科学管理理念与人际关系方法结合起来的一个工作设计方法。这一模型的特点是：同时强调工作社会学和最优技术安排的重要性，认为工作社会学和最优技术安排是相互联系、相互影响的，必须把它们有效地结合起来。

优秀业绩工作体系非常重视工作小组的运用。工作小组是由两个或两个以上员工组成的一个工作群体，小组中的各个员工以独立的身份相互配合，以实现特定的工作目标。工作小组可以是暂时的，也可以是长期的；可以是半自治的，也可以是自我管理的；小组可以由具有相同技能的员工组成，也可以由不同技能的员工组成；可以包括管理者，也可以没有管理者。但在小组中，通常还需要有一个领导来处理纪律问题和工作中的困难。

在优秀业绩工作体系中，每位员工都具有多方面的技能，这些员工组成工作小组，由小组去决定谁在什么时候从事什么任务。工作小组有权在既定的技术约定和预算约束下，自行决定工作任务的分配方式，他们只需要对最终产品负责。工作小组管理者的责任不是去设计具有内在激励作用的工作岗位，而是建立工作小组，确保小组成员拥有完成工作需要的资格。同时，小组的目标与整个组织的目标一致。

这意味着工作的管理者是一个教练和激励者，当然，他们也必须使小组在组织中拥有足够的权利，并对小组实施领导。这种工作设计方法特别适合扁平化和网络化的组织结构。

（六）柔性工作设计理论

1. 柔性工作设计理论的主要特征

柔性工作设计理论是对传统僵化工作设计方法的一种扬弃。它的主要特征包括以下内容。

（1）所有岗位由管理岗位和员工岗位组成。

（2）管理岗位由两部分组成：一部分是传统工作设计中的以部门为管理对象的管理岗位，即行政管理岗位，其岗位是有限的；另一部分是在传统设计中的管理岗位基础上增加的，主要是以项目、业务为管理对象的管理岗位，不是部门领导也不是组织领导。这种新增的管理岗位，其岗位在理论上是无限的，只要符合考核要求即可设岗定编。

（3）行政管理岗位主要分为正（副）部门经理，正（副）总经理等；以项目、业务为管理对象的管理岗位也分为多个层次（如项目经理、高级项目经理、专家、高级专家等），并与行政管理岗位的层次划分相对应。

（4）在薪酬分配制度上，两种管理岗位坚持同层次、同待遇的原则。

（5）行政管理岗位员工可以横向流动到项目、业务管理岗位，项目、业务管理岗位也横向流动到行政管理岗位；员工岗位可晋升到行政管理岗位，也可晋升到项目、业务管理岗位。

从柔性工作设计的主要特征可以看出，其与传统工作设计的最大区别与创新，在于通过增设项目、业务管理岗位克服传统工作设计中管理岗位和员工岗位发展和变化的刚性，增添了发展和变化空间的柔性。

2. 柔性工作设计的优越性

（1）在遵循一定规则的前提下，各岗位可纵横有序地快速流动，这不仅能使整个企业组织充满活力与生机，而且也能增加组织对外界的适应力、应变力，从而提高组织的市场竞争力。各岗位的流动驱动力一方面来自于内部竞争，另一方面来自于外部竞争。内部竞争促使组织体内循环、流动，表现为引进适应外部竞争需要的人才，促使组织内新陈代谢，从而增加整个组织对外界的适应力、应变力，提高市场竞争力。

（2）管理岗位流动空间增大，从而能保证领导层进行必要而及时的新陈代谢，又能兼顾管理人员的个人发展偏好。设计项目、业务管理岗位，使行政管理岗位上的管理者能上能下、横向流动，这为员工进入管理岗位提供了上升空间，保证了领导层旺盛的生命力。同时，处于行政管理岗位的管理人员可能会依据自己的偏好与发展方向自愿进入项目、业务管理岗位，从事适合自己的专业技术或专业业务工作。

（3）员工岗位向上晋升空间无限扩大，提高了员工的工作积极性与主动性，同时也主动建立起一个企业内部的竞争机制。激励力的大小决定动力的大小，决定员工的积极性与主动性提高的程度。期望理论揭示：激励力=期望值×效价。期望值就是员工通过努力得到晋升的预期值；效价就是员工通过努力得到的对自己有用的价值。由于员工岗位（包括业务岗和技术岗）可以晋升到行政管理岗位，也可以晋升到项目、业务管理岗位，且项目、业务管理岗位提供的岗位空间在理论上是无限的，所以在柔性工作设计下，员工岗位的员工上升期望值是很大的；由于两种管理岗位遵循同层次、同待遇的原则，所以获得提升的效价也是很高的。这样，在柔性工作设计下，员工所获得的激励远大于刚性工作设计下所获得的激励力，员工的工作积极性和主动性远高于刚性工作设计下员工的工作积极性和主动性。同时，由于员工所付出的努力都能得到企业的承认，从而在企业内部能自动形成良性的竞争机制。

(4)有利于引进优秀人才,留住优秀人才。在柔性工作设计下,一方面,人才的努力能得到应有的承认与回报;另一方面,人才也能在企业内部很灵活地找到适合自己或自己喜爱的岗位。这种机制保证了企业所需要人才的及时引进,同时也减少了人才的外流。

第三节 工作设计的方法

组织是由成千上万的任务构成的,这些任务可以组合为工作,组织中人们所承担的工作并不是随机确定的。管理者应对岗位进行有意识的设计与安排,以反映组织技术的要求以及工作人员的技巧、能力和偏好,使员工充分地发挥其生产潜力。在组织中,工作是多种多样的,有些是常规性的,其任务是标准化和经常重复的;一些工作是非常规性的,要求多变化、多技能;一些工作范围狭窄但要求给予充分的自由;一些工作以一组员工按团队的方式进行可取得更好的效果;一些工作让个人单独做可以做得更好。因此,工作因任务组合的方式不同而各不相同。这就要求我们要根据具体情况,灵活选用工作设计方法。最常见的工作设计方法主要有以下几种。

一、工作专业化

在20世纪上半叶,工作设计与劳动分工或工作专业化是同一含义。循着亚当·斯密和弗雷德里克·泰勒等指出的指导思想,管理者都设法将其组织的工作设计得尽可能简单。这意味着将工作划分为:施工监工、木工、混凝土搅拌工、电工、焊工、装修工等。然而,这可能使工作变得过于专业化,使员工们感到厌烦。他们可以用多种方式表示其沮丧,造成工作效率下降。

如今,工作专业化原则继续指导着许多的工作设计,如生产工人仍然在装配线上从事简单、重复的工作;办公室职员坐在计算机前执行标准化的任务;甚至护士、会计及其他职业人员也发现,他们的许多任务都只要求从事狭窄的专业化活动。

二、工作轮换

避免工作专业化及其缺陷的一种早期努力是进行工作轮换,这一工作设计方法使员工的活动得以多样化,从而避免产生厌倦。

实际中有两种类型的工作轮换:纵向和横向的工作轮换。纵向轮换指的是升职或降职。但我们一般谈及工作轮换,都意味着水平方向上的轮换,即横向轮换。

横向工作轮换可以有计划地予以实施,即制订培训规划,让员工在一个岗位上从事两三个月时间的活动,然后再换到另一岗位,以此作为培训手段。例如,华尔街大型的律师事务所就采用这一方法,让新手们在选定某一专业化领域之前,同多个不同的伙伴合作。横向轮换也可以依具体情况来进行,如当以前的工作不再具有挑战性时,可以让员工转到另一项活动;或者当工作进度安排需要这样做时也可以轮换。换句话说,员工可以处于不断变换的状态中。许多大型组织在实施开发管理的规划中也使用了工作轮换方法,这可能包括直线岗位与参谋岗位人员之间的轮换,通常也允许没有充分发挥潜力的员工去向经验丰富的员工学习。

1. 工作轮换的优点

（1）它拓宽了员工的工作领域，给予他们更多的工作体验。一个人在取得有效地完成其任务所需的技能以后，通常容易产生厌倦和单调感，如果时常进行工作轮换，这种厌倦和单调感会减少。

（2）更广泛的工作体验也使得人们对组织中的其他活动有了更多的了解，从而为进一步担当更大责任的工作，尤其是最高层领导工作做好准备。因为随着一个人在组织中地位的提高，他需要全面了解错综复杂的相关活动，而这些技能通过组织内的工作轮换可以更为迅速地取得。

2. 工作轮换的缺点

（1）将一名员工从先前的岗位转入一个新的岗位，这需要增加培训成本，还会导致绩效下降。因为工人在先前岗位上有着较高的效率，范围广泛的轮换规划，可能会造成大量的员工被安置在他们经验有限的工作岗位上。让大量缺乏经验的员工去完成新的任务，或者让轮换后的经理人员对新任务做出决策，都会带来严重的后果，影响企业的绩效。

（2）工作轮换还可能使那些聪明而富有进取心的员工的积极性受到影响。因为这些人喜欢在他们所选定的专业中寻找更大的、更具体的责任。

（3）会导致旷工和事故增加。有一些证据表明，对员工进行非自愿的工作轮换，可能导致旷工和事故的增加。

三、工作扩大化

增加员工工作任务的横向多样性的另一种早期努力是工作扩大化。这一方案使工作范围增大，也就是增加了一个岗位所完成的任务数目，减少了工作循环重复的频率。工作扩大化通过增加一个员工所执行任务的数目，在一定程度上实现了工作的多样性。

工作扩大化努力取得的结果远不尽如人意。以为经历过这样一种工作设计的员工评论说："以前，我只有一份烦人的工作。现在，因为工作扩大化我有三份烦人的工作！"工作扩大化试图避免过度专业化造成的缺乏多样性，但它并没有给工人的活动提供多少挑战性，对工人来说也没什么意义。

四、工作丰富化

工作丰富化是增加工作的深度，这意味着，工作丰富化允许员工对他们的工作施加更大的控制。他们被获准做一些通常由他们的主管人员完成的任务——尤其是计划和评价他们自身的工作。工作丰富化后应当允许工人们以更大的自主权、独立性和责任感从事一项完整的活动。而且还应该能提供反馈，以便使工作者可以评价和改进自己的工作绩效。

在蒙哥马利-沃德公司的几家商店里，7000多名营业员承担有批准开支和处理退货问题的责任，传统上这些责任是保留在商店经理人员手中的，这意味着该公司的员工们已将他们的工作丰富化了。事实证明，对于解决工作扩大化中的一些缺陷，工作丰富化具有较好的效果。

美国花旗银行在工作丰富化方面也有一些成效。花旗银行发现，在后方办公室中负责处理公司的所有金融交易的员工，正出现严重的工作延误和难以接受的高失误率，问题的根源被认定为该领域的工作设计不合理。为使每个人能一再重复地完成一项单一的、常规的任务，工作被分割得很细。花旗银行的管理当局对这些工作按照所服务的客户类型，进行了工作丰富化设计，任务被组合起来，给予每个员工一项完整地对待特定产品领域的一小组顾客进行文件处理和顾客服务的任务。在新设计的工作中，员工直接与顾客接触了解有关情况，并负责采取措施予以解决。结果这一工作丰富化方案不仅改善了工作质量，提高了工作效率，也使员工的积极性和满足感得到提高。

花旗银行的例子并不能作为证明工作丰富化具有各方面优点的证据。该证据只是一般地说明，工作丰富化有助于减少旷工，降低离职流动成本。但在工作效率这一关键问题上，其证据并不具有说服力。在有些场合，工作丰富化提高了生产率，而在另一些场合，工作丰富化却使生产率下降了。

五、工作团队

当工作是围绕小组而不是个人来进行设计时，就形成了工作团队。工作团队现已成为一种日益盛行的工作设计方案。工作团队大体上有两种类型：综合性团队和自我管理团队。在综合性团队中，一系列的任务被分派给一个小组。小组决定给每一个成员分派什么具体的任务，并在任务需要时负责在成员之间轮换工作。综合性工作团队经常在楼房建造和维修这类活动中采用。例如，在一幢办公大楼的清洁中，领班确定要完成的任务，然后让清洁工人作为一个团队，决定这些任务如何进行分配。同样，公路修筑队也是经常以小组的形式决定其各项任务应该如何完成。

相对而言，自我管理工作团队具有更强的纵向扩大化特征。与综合性工作团队相比，它拥有更大的自主权。给自我管理工作团队确定了要完成的目标以后，它就有权自主地决定工作分派、工间休息和质量检验方法等。这些团队甚至常常可以挑选自己的成员，并让成员相互评价工作成绩。其结果是，团队主管的岗位就变得很不重要，有时可能被取消。

西方许多企业已经将其员工的工作任务重新设计为自我管理工作团队的形式。汽车工业也许就是最典型的例子，最早采用自我管理工作团队来制造汽车的是沃尔沃汽车公司。克莱斯勒公司采用工作团队成功地开发出新型高档"蝰蛇"牌赛车和"LH"中型轿车系列，通用汽车公司以工作团队方式开发了其"土星"牌轿车。在汽车制造业以外，自我管理工作团队也得到广泛应用。例如，美国电话电报公司从1990年开始，在其新泽西的潜水艇系统制造厂中就使用了这种工作团队方式，仅两年时间就成功地将成本降低了30%，扭转了该厂濒临倒闭的命运。

六、压缩工作周

所谓压缩工作周指的是每周40个小时的工作量由原来的5天完成压缩为4天完成，即在总工作量40小时不变的情况下，每周工作4天，每天工作10个小时，简称4-40方案。

一些专家认为4-40方案对员工的缺勤率、工作满意感和生产率都会产生有益的作用，并且4日工作制能给员工提供更多的闲暇时间，减少上下班往返时间的消耗、减少员工请假的要求，使组织更容易雇佣到员工，并减少完成任务中调整、清理设备等时间的浪费。但是，也有人注意到了这一方案的潜在不利方面。其中包括工人的生产率在一个长工作日临近结束时会降低，对客户的服务水平会下降，以及会导致设备利用率降低等。

有些企业也试行了4-40方案，刚开始推行压缩工作周的办法时，取得了其赞成者所宣传的许多有利结果，如更高的士气、更少的不满意、更低的缺勤和离职流动率等。但是大约1年以后，这些优点就逐渐消失，员工接着开始抱怨工作太疲劳，很难将工作与他们的个人生活协调好（对职业女性来说尤其成为问题）等。管理者也发现了此办法的许多弊病，如在工作进度安排、工作协调方面经常存在一定的困难。可见，压缩工作周并不是解决标准化工作中存在问题的灵丹妙药。

七、弹性工作制

弹性工作制是要求员工每周一定的时数，但在限定范围内可以自由地变更工作时间的一种时间安排方案。通常的做法是，将一天的工作时间划分为共同工作时间（通常 5~6 小时）和环绕其两头的弹性工作时间。例如，不算 1 小时的午餐休息时间，核心的共同工作时间可能从上午 9 点到下午 3 点，而办公室开放时间实际为上午 6 点到下午 6 点。在共同工作时间内，所有的员工都要在自己的工作岗位上，但在共同工作时间之外的剩余时间里，员工可以做灵活的安排。有些弹性工作制方案还允许积累额外的工作时间，从而每个月内可以腾出整个自由日。

弹性工作制已得到一些公司的普遍使用，早在 20 世纪 70 年代初期，一些公司就实施了这种时间安排方案，到 90 年代初，大约 40%的大公司采用了弹性工作制，其中包括埃特纳生命与灾害保险公司、埃冯产品公司、杜邦公司和惠普公司等。

弹性工作制的优点在于：减少缺勤率、提高士气、增进工人的生产率等。例如，有一项研究发现，在所调查的公司中弹性工作制使工作拖拉现象降低了 42%，士气提高 39%，生产率增加 33%。对这种结果的解释是，弹性工作制可以使员工更好地根据个人的需要安排他们的工作时间，并使员工在工作时间的安排上行使一定的自主权。其结果是员工更可能将他们的工作活动调整到最具有生产率的时间内进行，同时能更好地将工作时间同他们工作以外的活动安排协调起来。

弹性工作制的缺点在于，管理者无法对在共同时间以外工作的下属人员进行指导；容易导致工作轮班混乱；当某些具有特殊技能或知识的人不在现场时，会导致一些工作无法正常开展；使管理人员的计划和控制工作更为麻烦，花费也更大。

弹性工作制的实施也是有限制的，有许多工作并不适宜采用弹性工作制。例如，百货商店的营业员、办公室接待员、装配线上的操作工人，这些人的工作都与组织内外的其他人有关联。只要这种相互依赖关系存在，弹性工作制就不是一种可行的方案。

八、工作分享制

工作分享制是在工作时间安排上的一大创新，它允许两个或更多的员工分担一份一周 40 小时的工作。例如，一个人可能从上午 8 点工作到中午 12 点，另一个人从下午 1 点到下午 5 点接着干这份工作。

虽然工作分享是比弹性工作制更晚出现的一种设计方案，但此方案的使用者是日益增多。据统计大约有 16%的美国工商企业准许实行工作分享方案；11%的企业已经实际制订了工作分享计划。

工作分享制使组织可以在一个既定岗位上吸引更多人才，并招聘到不可能提供全日制服务的熟练人员。例如，退休人员对于全日制的岗位要求可能不太适应，但却可以与其他人一起分担一项工作。此外，工作分享还能促进生产率的提高，因为工作分享员工通常比正常的全日制员工有更高的工作效率。一些高级经理认为，全日制员工极少整天都能全力以赴地工作，而两个工作分享者却常常能提供各自 4 小时的"满负荷工作"。

九、应急工制度

　　面临动态环境的组织需要灵活地配备员工。为了解决这个问题，越来越多的组织使用应急工、临时工和零工来补充组织的固定员工队伍。例如，德尔塔航空公司 8%的员工队伍是由临时性的员工所组成的。在苹果计算机公司，这一比例大致为 17%。通过使用应急工，公司得以在业务繁忙时期增加生产，并在业务淡季时避免裁员这一棘手的问题，以及由此产生的不好的公众影响，同时又保持了其核心固定员工队伍的稳定和精干。应急工的使用可以给管理当局带来应变能力的大幅度提高。另外，应急工制度也大大减少了企业的工人成本，从平均水平来看，应急工的收入要比固定员工少 40%，零工中有 70%的人享有企业提供的退休金计划，42%的人没有得到医疗保险。

　　从雇员的角度来看，应急工制度也满足了一部分人对自由和工作多样性的需要。从不利的方面看，对于要求稳定的固定工作的人来说，应急工的地位可能对他们的士气不利，甚至可能被视为劳动力队伍的二等员工。

　　应急工目前在美国劳动力队伍中占据 25%的比例，其数字正以每年 20%的速度增加。应急工可以是非熟练的零散工人和办公室临时工，也可以包括计算机人员、会计师和律师这些专业人员，而且后者的人数正在不断增加。只要管理者需要设法提高其组织的灵活性，那么我们就有希望看到更多的组织建立起"双轨制"的就业系统：一个小的核心固定员工队伍，同时辅之以一个不断胀缩变化的应急工备用队伍。

十、远程工作

　　计算机与网络技术的普及为工作设计又开辟了一个可行的选择——远程工作。远程工作方案意味着员工可以通过计算机网络在家里或者其他方便的地方工作。现在有许多白领员工可以在家里进行工作，至少从技术上说可以这样，因为借助电脑网络，一个员工可以将家庭电脑与其工作伙伴及管理者的电脑连接在一起。

　　在美国，越来越多的个人和组织利用计算机网络开展经济活动，如通过网络接收订单，填写报表及其他表格，以及进行信息分析处理等。目前一些大公司，包括莱维·施特劳斯公司、太平洋贝尔公司、美国电话电报公司、国际商用机器公司、强生公司、美国捷运公司等都在尝试远程工作方案。

　　从员工的角度来看，远程工作有两大益处：一是减少了在繁华市区内花在交通上的时间耗费及心理压力；二是提高了处理家庭问题的灵活性。但这一工作设计方案也可能给员工带来新的问题。例如，他们是否会为失去在正规办公室工作所提供的日常社交而感到遗憾，他们是否会在提薪和晋升这类问题上受到不公平待遇，对这些问题的回答是决定远程工作能否在将来进一步得到推广应用的关键。

第四节　知识型员工的工作设计

一、知识型员工的概念

　　"知识型员工"这一概念是美国学者彼得·德鲁克首先提出的，具体指"那些掌握和运用符号和概念，利用知识或信息工作的人"。当时主要指某个经理或执行经理。但在今天，知识型员工的概念已经涵盖了大多数的白领。一般指从事生产、创造、扩展和应用知识的活动，为单位（或组织）带来知识资本增值，并以此为职业的人员。知识型员工不同于普通员工的本质特征是拥有知识资本这一生产资料，也就是说知识型员工是知识所有者。

二、知识型员工的特点

（一）知识型员工的个性特点

1. 自主意识强

知识型员工有独立自主的要求，能力越强自主意识也越强。高新技术企业的知识型员工拥有某种生产手段意义上的技能，劳动比较特殊，不愿意接受上司严格的、程序化的指示和控制，希望得到充分信任，实行自我管理、自我控制。

2. 注重自我价值的实现

知识型员工有展示自己才能的强烈欲望，从事创造性的脑力劳动不仅是为了工资报酬，也是为了发挥自己专长、成就事业、实现自我价值。因此，他们热衷于有一定挑战性的工作，把创造发明、攻克难关看成乐趣。

3. 藐视行政权力

专业技术的发展和信息技术的发展改变了高新技术企业的组织结构。职位并不是决定权利和影响力的重要因素。技能的特殊化和重要性，可以决定员工在企业中的权威和影响力，使知识型员工容易产生清高的特性，藐视行政权力。对这样的工作群体来说，单纯依靠权力控制来进行管理收效不大。

4. 流动性大

高新技术企业中最稀缺、最重要、最有价值的资源已不是资金，而是员工头脑中的知识、技能和不断创新的能力，这种无形资源是天然归属于员工本身的，企业无法控制。技术的不断创新和企业之间的人才争夺，使专用性和稀缺性很强的人力资源呈现很大的流动性。

（二）知识型员工的工作特点

1. 工作具有创造性

知识型员工从事的不是简单的重复性的工作，而是在易变和不确定的环境中充分发挥个人的智慧和灵感，应对各种技术和管理上的多变因素，推动技术进步和产品开发的创新。

2. 工作过程难以监控

知识型员工的工作过程是复杂的脑力活动过程，不受时间和空间的限制，也不具备确定的步骤和流程，其自主性很强，局外人很难监控。

3. 工作成果很难衡量

高新技术企业的知识型员工的劳动成果都是智力成果，它的成本和价值有时难以用货币手段进行准确合理的衡量。同时，智力成果又大都是知识型员工集体智慧的结晶，要准确衡量每一个员工的贡献，也是十分困难的。

三、知识型员工工作设计的一般思路

基于知识型员工及其工作的特点，知识型员工的工作设计应该以激励理论为指导。知识管理专家玛汉·坦姆仆经过大量研究后认为，激励知识型员工的四个因素分别是：个体成长

（约占34%）、工作自主程度（约占31%）、业务成就（约占28%）、薪酬福利（约占7%）。除薪酬福利外，知识型员工的其他需求都与工作有关。与其他类员工相比，知识型员工更重视能够促进他们发展、有挑战性的工作，他们对知识、事业发展有着持续不断的追求，并要求给予自主权，能够以自己认为有效的方式进行工作，自主完成企业交给的任务。

结合工作特征理论研究成果，可以认为：工作内容本身及个体在工作中的自我价值的实现程度等因素，对知识型员工能起到最大的激励效果，针对知识型员工的工作设计应遵循"以能为本"的理念。"以能为本"就是要以人的能力为中心，把最大限度地发挥人的能力、实现能力价值的最大化，作为企业发展的推动力量。随着知识经济、信息经济的快速发展和社会的进步，企业在"以人为本"的管理过程中，已逐步转向对人的知识、智力、技能和实践创新能力的管理，这是企业发展的需要，也是时代的要求。应该看到，知识型员工最突出的特征是创造性，最首要的本质是对知识的需求和对自我成长的渴望。他们要依靠能力（知识）来改变生存环境；依靠能力立足于社会，并实现个人价值；依靠能力为社会工作，得到他人的尊重，证明自己存在的价值。因此，企业只有"以能为本"，才能真正做到"以人为本"。当今，企业之间的人才竞争是人才创新能力的竞争，而我国目前最需要有最缺乏的，就是人才能力的充分发挥和创新能力的培养。实践证明，能岗有效匹配是保证员工各尽其用，各尽其才的最有效方法，而作为能岗匹配的基础，工作设计应将提高人的能力作为出发点，从而为实现人的巨大潜在能力的释放提供最有力的基本保证。

在工业社会中，最常用的工作设计方法是机械型工作设计方法。泰勒所倡导的科学管理就是一种出现最早同时也是最有名的机械型工作设计方法。科学管理通过时间-动作研究，把工作分解成较小的、标准化的任务，员工在严密的监督下，反复地进行同一操作。机械型工作设计法，随着福特流水生产线的发明而得到普及和推广。目前，在中国还有很多企业仍然推崇这种工作设计方法。一些知识型企业在进行工作设计时也使用了这种方法，造成工作单调乏味、令人厌烦，员工缺乏工作的自由度，无法从事有挑战性的工作，没有展示自己才能和自我实现的机会，体验不到成就感，致使大量员工外流。很显然，采用机械型工作设计法对知识型员工的工作进行设计，不能满足知识型员工的激励需要，不能使企业组织充分利用员工的聪明才智。对知识型员工的工作进行设计时，必须向员工授权，重视工作任务的特征，并围绕着工作团队来进行工作设计。

（一）授权

授权是指将职责和权力委派给下属。在西方发达国家的企业中，高层管理者独揽大权的现象已不多见，扩散和共享权力已成共识，权力从管理者手中转向知识型员工手中已成为一种不可逆转的发展趋势，给知识型员工授权主要基于以下考虑。

1. 实现决策权与知识的匹配

海克观察到，一个组织的效率取决于决策权力和知识之间的配置关系。杰逊和麦克林进一步研究后认为，当知识与决策权不匹配时，有两种基本方式可完成知识和决策权的结合：一种是把知识传递给那些具有决策权的人；另一种是把决策权传递给拥有相关知识的人。他们根据知识在转移过程中付出代价的大小将知识分为专业知识和通用知识。专业知识在组织间进行转移要付出高昂的代价，而通用知识无需很大代价即可传播。有关特定时空、环境的知识和科学知识都属于专业知识，专业知识的转移要求决策者具有洞察专业知识有价值部分的能力，否则，必须转移包括有价值的知识在内的更大的知识群，而此知识群的大部分知识将永远不会被利用。不了解专业知识的哪一具体部分对决策有价值，会使知识的转移成本增加。此外，专业知识的转移意味着人们接受知识并能很好地理解信息，而这需要花费时间。开发利用知识资源时间很重要，行动迟缓则要付出代价，甚至坐失良机。知识转移成本的上升，表明组织管理的有效性下降。对于企业组织而言，要在决策中使用专业知识，就应该将决策权分散化。把决策权传递给拥有相关知识的知识型员工，实现知识与决策权的匹配，以解决知识转移成本的问题，从而提高决策的效率。

2. 增强知识型员工的工作动力

给知识型员工授权，正好满足了其工作的自主性和被组织委以重任的成就感等的需要。要想使知识型员工的工作表现变得比预料中的更好，比理想中的更具有创造力，超额完成组织交给他们的任务，不是靠管理者的监督和惩罚，而是靠组织在语言和行为等方面表现出的对他们的信任。正如美国通用电气公司的前首席执行官杰克·韦尔奇所说，没有高度信任，管理者不可能发掘出员工头脑中的最大潜力。工作中知识型员工自己控制的部分越多，工作的自主性越强，他们就越能感觉到组织对他们的信任和他们所负担的责任，他们就越认可组织的目标，越有可能积极主动地贡献自己的知识资本。工作自主权增大，各种限制减少，这种宽松的工作环境有利于知识型员工的创新，有利于其创造性潜能的释放。授权也有助于满足知识型员工的发展需要。工作自主权增大，需要知识型员工进一步提高知识与技能水平，提高本领，以自如地驾驭权力。在使用权力的过程中，知识型员工自身也能得到锻炼，感受到进步与成长、丰富与充实。通过对知识型员工的授权，组织才有可能成为有朝气、有挑战性、令知识型员工向往的企业。

（二）重视工作任务特征

组织行为学的研究者们创立了一系列工作任务特征理论，试图鉴别出工作内容的特征，确定这些特征是如何组合在一起形成各种岗位，并剖析这些任务特征与员工激励、员工满意度、员工绩效之间是怎样的一种关系。赫兹伯格的激励-保健理论和麦克莱兰的激励需求理论，实际上就是某种意义上的任务特征理论。赫兹伯格认为，那些能够提供成就机会、认可以及责任的工作，会提高员工的满意度。麦克莱兰论证说，让高成就感的人做那种能增加个人责任感、反馈及时、风险适度的工作，绩效最高。特纳和劳伦斯等提出的必备任务特征理论认为，那些复杂和富有挑战性的工作能够增强员工的满意度并降低其缺勤率。哈克曼与奥德海提出的工作特征模型把内在激励、工作满意度、工作参与、员工缺勤率、员工流动率、工作绩效等这些态度与行为变量看成是工作设计的最重要结果。这些任务特征理论对知识型员工工作的设计具有重要指导意义。

越是复杂的工作，对员工的知识与技能的要求就越高，美国学者凯姆皮恩通过对 213 种不同工作进行研究发现，工作的激励特征与这些工作对工作承担者的智力要求是正相关的，知识型员工偏爱有趣的、富有挑战性的工作，以使他们的创新能力、判断直觉、分析能力等得到充分发挥，那些对知识型员工没有任何脑力挑战的单调性、重复性工作所带来的烦闷和压制会导致知识型员工感到沮丧和不满。

对知识型员工的工作进行设计，应重视工作目标、绩效反馈、工作自主性等工作任务特征。目标设置理论任务，指向一个目标的工作意向是工作激励的主要源泉，也就是说，目标告诉员工需要做什么以及需要付出多大努力。知识型员工一旦接受了具有适度挑战性的目标，他们就会投入更多的努力。因此困难的目标会比容易实现的目标带来更高的绩效，具体的、清晰的目标会比笼统的目标效果更好，目标的具体性本身就是一种内在激励。当知识型员工获得实现目标的过程中做得如何的反馈时，他们会做得更好，因为反馈能帮助他们认清已做的和要做的之间的差距，即目标引导行为。但并不是所有的反馈都同样有效，事实证明，内在的工作反馈是比外在工作反馈更有力的激励因素。

在对知识型员工的工作进行设计时，应考虑以下11种工作任务特征。

（1）工作自主性。岗位工作允许任职者在工作时间、工作方法、工作程序、质量控制以及其他方面拥有更大的自由性、独立性或者相机行事的决策权。

（2）内在工作反馈。员工在完成任务的过程中，在更大程度上可以从工作活动本身获得自己工作绩效直接而明确的信息。

（3）外在工作反馈。企业组织中的其他人、直接上司和同事能够在更大程度上提供有关工作绩效的信息。

（4）社会互动。工作本身能够提供积极的社会互动，如团队工作或者同事之间的协助程度。

（5）任务与目标的清晰度。工作的责任、要求和目标尽可能清晰。

（6）任务多样性。工作的责任、任务和活动应尽可能具有多样性。

（7）任务同一性。岗位对完成一套条块分明的工作的需求程度。

（8）知识与技能水平要求。岗位工作要求任职者具备较高水平的知识、技能和能力的程度。

（9）知识与技能多样性。表示岗位工作对不同类型活动的需求程度，以及由此决定的对员工所应具备的知识、能力和技能要求的多样性程度。

（10）任务重要性。指工作对他人的生活或工作的影响程度。

（11）学习与成长。工作能够在更大程度上为任职者提供学习以及在各方面成长的机会。

在以上11种工作特征上总得分越高的工作，往往越复杂，对知识型员工来讲越具有挑战性，工作的内在激励作用越大，从而有利于提高知识型员工的工作绩效和工作满意度。

（三）围绕工作团队进行工作设计

在工业社会的工作设计中，企业往往把团队看成是个体作用的补充，主要围绕着个体进行工作设计。在以知识型员工为主的企业中，管理人员应该放弃以个体为组织单位的观念，而应把团队作为组织的基本构成单位，围绕团队进行工作设计。以团队为基础进行工作设计与以个体为基础的工作设计的区别主要表现在以下两个方面。

第一，工作任务完成方式与工作责任不同。在以个体为基础进行工作设计的组织中，员工独立完成工作任务并承担相应的责任。而在以团队为基础进行工作设计的组织中，工作任务是由团队成员相互协作，共同完成的，团队作为一个整体对工作结果承担责任。在团队中没有发布命令的管理者，取而代之的是团队成员的共同决策。团队中的成员之间地位是平等的，尽管可能会有一位任命的领导者，他所起的作用可能是对外发言人的角色，领导者与其他团队成员一样，有很多实际的工作要做。所有的团队成员都被授权开展创造性工作，但在行动之前，会与其他成员逐项核实有关的工作任务与目标。团队甚至可以挑战自己的成员，并让成员相互进行绩效评估。

　　第二，知识与技能要求不同。传统的以个体为基础的工作设计，往往只要求员工掌握单一性的技能就能胜任工作。在以团队为基础的工作设计中，只掌握了少量工作技能的员工是难以胜任工作的。团队具备必须完成整个工作任务的各种必要技能，团队成员需要具备与特定工作相关的知识以及较强的学习能力，只有这样才能适应技术的不断发展。团队工作以顾客为导向，为了使产品和服务能够满足内部或外部顾客的特定需要，成员还必须具有倾听和与顾客进行沟通的能力。以个体为基础的工作设计比较强调体力、动作的协调性以及精确性等能力，以团队为基础的工作设计则比较强调人际关系处理能力、分析问题与解决问题能力、决策能力和沟通能力。团队的顺利运转，要求不同成员的技能要能相互弥补，在建立团队时，将技能进行正确的组合是十分重要的。

　　围绕团队进行工作设计会对知识型员工产生强烈的激励作用，主要表现在以下三个方面。

　　（1）提供参与式激励。团队能够促进知识型员工参与决策过程，工作的有关决策由团队成员共同做出。有参与和实施决策的机会，并看到自己所做决策的作用，有助于满足知识型员工责任、成就、认可和自尊的需要。根据激励-保健理论，参与本身就可以为知识型员工提供内在激励，会使他们的工作更有趣、更有意义。参与还可以增加对决策的承诺，如果知识型员工参与了决策过程，在实施决策时他们就不可能会反对这项决策。此外，参与决策能给知识型员工更大的发展空间，这种方式不仅显示了他们所拥有的智力资本，而且使他们的工作更具有挑战性。

　　（2）满足工作自主性要求。工作团队尤其是自我管理型工作团队的工作组织形式，彻底改变了传统上依靠管理、监控、指令、命令等刻板的管理形式，使知识型员工的个性和创造性得到了极大发挥，在顺应人性、尊重人格等方面起到了积极的作用，能激励知识型员工自由地、积极地将他们拥有的智力资本贡献给组织。也有助于管理人员增强组织的民主气氛，满足知识型员工工作自主性需要，从而提高个人工作的积极性。

　　（3）共享信息、分享知识、满足发展需要。要顺利实现团队目标，就需要团队成员之间的相互信任，随着成员间彼此的了解，信任会逐渐增加，并随着团队目标的实现会进一步加强。信任和相互依赖关系的增强，会促使成员间的交流与沟通，有利于实现信息的共享。成功的团队内部，成员愿意与他人分享知识，愿意向他人学习。置身于这种相互分享和学习知识的气氛中，员工的技术、决策、人际关系技能等会得到极大的提高，从而有助于满足知识型员工的发展需要。

[案例讨论]

工作丰富化的效果

　　根据瑞典沃尔沃汽车公司凯尔玛（Kalmar）工厂报道，该厂因为采用高度自动化流水作业线生产，工人对工作厌倦，导致缺勤和流动率很高。而按照瑞典的惯例，对缺勤工人也照付工资，使工厂支出巨大。为了解决这一问题，该厂把传统的汽车装配线组织改为 15~27 人的装配小组，分工负责一种零配件或一道工序，所有物资供应、产量、质量均由有关小组负责。结果该厂工人流动率降低，质量提高，不合格零配件减少。

又如美国德克萨斯仪器公司，他们把70%以上的生产工人、50%的非生产工人按工作丰富化原则编成小组。据报道，让雷达装配女工自己安排和组织她们的工作后，每单位产品工时由138小时减为86小时，后来又接受了她们要求取消监督人员的建议，装配时间进一步减为36小时。

但是也有不同的报道，如美国通用食品公司托彼卡（Topeka）厂，他们根据工作丰富化的要求建立了基层小组。小组可以布置工作，规定工间休息，甚至决定成员的工资调整（该厂工资不分等级，视工人能掌握工种的多少，决定工资率高低）。1973年开始建立这一制度时，工人情绪高涨，比同类厂可减少35%的劳动力，产量上升，浪费减少，缺勤和流动率都下降。可是从1977年起，情况开始逆转。据分析，人们对这种制度的反应各不相同，唯有成就愿望强烈的人，才能做出积极的反应，而成就需要很低的人，反应则不积极。

讨论题：
1. 工作丰富化为什么大多会取得比较好的效果？
2. 为什么要进行工作再设计？工作再设计是如何对工作效果产生影响的？
3. 工作再设计时应注意什么问题？

HAPTER 6
第六章 工作评价

[内容提要]

本章主要介绍工作评价的特点、作用与功能,工作评价指标体系的建议,工作评价标准的编制,工作评价的方法,并对工作评价的实施与应用进行说明。

[学习要点]

1. 明确工作评价的概念、特点与功能;
2. 了解工作评价应掌握的信息;
3. 掌握工作评价的步骤;
4. 明确选择评价因素的基本原则;
5. 掌握评价指标的构成;
6. 理解制定评价标准的基本方法;
7. 掌握各种工作评价的方法;
8. 掌握工作评价的实施过程。

[引导案例]

R 企业的薪酬制度

R 企业是一家典型的民营钢铁企业，2001 年 8 月正式成立。随着生产机械化程度的提高，企业对生产现场管理日趋重视，许多岗位的工作内容发生了变化，工作环境也改善了，岗位价值也相应发生了变化。在这种情况下，对企业的岗位重新进行设置及评价，在此基础上设置一套符合本企业岗位特性的薪酬体系就显得尤为重要。伴随着 2008 年金融危机，R 企业度过了艰辛的一年，组织膨胀，人心涣散，许多生产管理和技术方面的核心员工纷纷跳槽，企业面临着急需整顿的困境，改革成为了必然。

通过对 R 企业员工访谈得知，很多员工对公司的薪酬不满，尤其是中下级岗位的普通员工觉得薪酬既缺少外部公平性，也缺乏内部公平性。一些岗位的岗位工资设置不合理，未能反映其市场价格；一些员工岗位相似，工作内容大致相同，但工资相差悬殊；有些员工工作业绩相差很大，但工资水平相同，甚至出现业绩与工资成反比的情况。这种现象，导致员工产生严重的不公平感，大大挫伤了员工的工作积极性和主动性。

R 企业通过对问卷调查收集的数据进行因子分析，进一步筛选并确定了工作评价指标。科学合理地确定了指标的权重配分，成功地实施了工作评价，为制定科学、合理的薪酬制度打下了坚实的基础。这则案例揭示了工作评价的重要性。本章将对这个问题展开讨论，主要介绍工作评价的特点、作用与功能，工作评价的方法，工作评价指标体系的建立，工作评价标准的编制，并对工作评价的实施与应用进行说明。

第一节 工作评价概述

一、工作评价的概念

工作评价也称岗位评价。工作评价简单地说就是评定工作的相对价值，即在工作说明书的基础上，综合运用多种科学的理论和方法，按照一定的客观标准，从工作岗位的工作环境、劳动强度、承担责任、所需资格条件等因素出发，对工作岗位进行系统地衡量、评价的过程。

二、工作评价的特点

工作评价具有以下特点。

（1）工作岗位评价是对企事业单位各类岗位的相对价值进行衡量的过程。在工作岗位评价的过程中，根据预先规定的衡量标准，对岗位的主要影响因素逐一进行评价，由此得出各个岗位的价值量。这样，各个岗位之间也就有了比较的基础。

（2）工作岗位评价是对同类不同层级岗位的相对价值衡量评比的过程。工作岗位评价的最后结果，不但为岗位的分类分级提供了前提，也为企事业单位构建具有公平公正性的薪酬制度奠定了基础。由于不同性质岗位之间的影响因素各不相同，不具有可比性，所以，工作评价是对性质相同或相近岗位的评价。

（3）工作岗位评价的中心是客观存在的"事"和"物"，而不是现有的人员。以"员工"为对象的衡量、评比，属于人事考核或员工素质测评的范畴，而工作岗位评价虽然也会涉及岗位员工，但它是以岗位员工的工作活动为对象进行的评价。岗位的"事"和"物"是客观存在的，是企事业单位生产或工作的重要组成部分。

三、工作评价的基本功能

工作评价具有以下基本功能。

（1）以量值表现岗位的特征。工作评价对岗位工作的繁简难易程度、责任大小、工作环境、所需要的资格条件等因素，在定性分析的基础上进行定量测评，通过工作评价把指标从定性化变成定量化，表现出岗位的量化价值。

（2）比较岗位价值的大小。对性质相同相近的岗位，制定了统一的测量、评定标准，从而使单位内各个岗位之间，能够在客观衡量自身价值量的基础上进行横向、纵向比较，并具体说明其在企业单位中所处的地位和作用。

（3）为实现薪酬管理的内部公平、公正提供依据。在企事业单位中，员工的劳动报酬是否能够体现效率优先、兼顾公平原则，实现"多劳多得、少劳少得、不劳不得"，是影响员工士气及生产积极性、主动性的一个很重要的因素。当员工按时、按质、按量地完成本岗位的工作任务以后，获得了相应的劳动报酬，他们可能会得到一定程度的满足。在企事业单位中，要使员工的薪酬能够更好地体现内部公平、公正的原则，就应当实现"以事定岗，以岗定人，以职定责，以职责定权限，以岗位定基薪，以绩效定报酬"。工作评价将员工在企业里的作用和贡献量化，这样就使企业将岗位量值转化为货币值，为建立公平合理的薪酬制度提供了客观依据。

四、工作评价应掌握的信息

（一）信息的来源

工作岗位评价所需要的岗位信息可通过两个渠道获得。

（1）直接的信息来源，即直接通过组织现场岗位调查，采集有关数据资料。这种方法所获得的岗位信息，真实可靠、详细全面，但需要投入大量人力、物力和时间。

（2）间接的信息来源，即通过现有的人力资源管理文件，如工作说明书、岗位规范、规章制度等，对岗位进行评价。采取间接的岗位信息，虽有节省时间、节约费用的优点，但所获取的信息过于笼统、简单，有可能影响工作岗位评价的质量。

工作岗位评价所依据的各种相关的信息绝大部分可以通过岗位调查、岗位分析和岗位设计等环节获得，特别是岗位分析的各种结果如工作说明书、岗位规范等是工作岗位评价所需要信息的主要来源。

（二）信息的内容

工作评价的大部分信息是由工作分析提供的，这些信息主要包括以下内容：①岗位名称、编码；②岗位所在的部门、科室、车间、工段及工作地，以及这些组织所具有的职能、所执行的任务；③担任本岗位人员的职务，担任相同岗位的员工人数；④该岗位过去若干年内的使用人数、出勤率、加班加点、辞职、升迁、调动的情况及其产生的原因；⑤本岗位的工作任务、任务的主要项目和内容、使用的设备和工具、所提供的产品和服务；⑥本岗位的上级岗位，下级岗位，与上级、下属、平级人员的岗位关系；⑦本岗位工作必备的条件；⑧本岗位的工作时间和能量代谢，以及相关的生理测定指标；⑨本岗位定员定额的执行情况；⑩本岗位的工作环境和工作条件，包括粉尘、噪声、热辐射、有毒有害气体及在恶劣的环境下工作的时间等；⑪执行本岗位工作的危险性，如本岗位事故的发生率、产生的原因和后果、对人会造成的危害等；⑫本岗位的符合程度； ⑬本岗位需要的专业训练、科目和时间等； ⑭本岗位对其他岗位的监督责任，有何困难及困难程度如何； ⑮本岗位对员工的身体条件有何特殊要求。

五、工作评价的步骤

工作岗位评价的主要步骤如下。

（1）按岗位的工作性质，先将企事业单位的全部岗位划分为若干个大类。例如，某高等学校将教师的岗位分成了教学岗、教学科研岗、科研教学岗和科研岗四大类；某公司将本企业的岗位区分为技术岗、管理岗、营销岗和生产岗四大类。岗位类别的多少，应根据企事业单位的生产规模或工作范围、产品或服务繁杂程度等具体情况来决定。

（2）收集有关岗位的各种信息，既包括岗位过去的，也要包括现今的各种相关数据资料；既应当有各种文字性资料，也应当有其他种类的信息，如通过现场调查获得的第一手的访谈记录、音像资料。

（3）建立由岗位分析评价专家组成的工作岗位评价小组，培训有关的评价人员，使他们系统地掌握工作岗位评价的基本理论和方法，能够独立地完成对各个层级工作岗位的综合评价。

（4）制订出工作岗位评价的总体计划，并提出具体的行动方案或实施细则。

（5）在广泛收集资料的基础上，找出与岗位有直接联系、密切相关的各种主要因素及其指标，列出细目清单，并对有关指标做出说明。

（6）通过评价专家小组的集体讨论，构建工作岗位评价的指标体系，规定统一的衡量评比标准，设计有关调查问卷和测量评比的量表。

（7）先抓几个重要岗位进行试点，以便总结经验，发现问题，采取对策，及时纠正。

（8）全面落实工作岗位评价计划，按照预定方案，逐步组织实施。包括岗位测量评定，资料整理汇总，数据处理储存，信息集成分析等具体工作的开展。

（9）最后撰写出企事业单位各个层级岗位的评价报告书，提供给各有关部门。

（10）对工作岗位评价工作进行全面总结，以便汲取工作岗位评价工作的经验和教训，为以后岗位分类分级等各项工作的顺利开展奠定基础。

第二节　工作评价指标体系的建立

一、选择评价因素的基本原则

工作评价不但要明确工作状况和工作量的差异，还要满足企业人力资源管理基础工作的需要，促进人力资源管理工作的发展。因此，必须在决定工作岗位工作状况和工作量的众多因素中，选择合适的因素，进行全面、科学的评价。

（一）少而精的原则

工作岗位评价要素及其指标的设计和选择应当尽量简化。结构精简的评价指标体系，便于测定人员掌握和运用，可以缩短测量、比较、汇总、整理等项工作的周期，减少数据采集、处理、存储、传输的费用，节省人力、物力和时间，提高工作岗位评价的效率。

（二）界限清晰便于测量的原则

对每个要素以及所包含的具体的评价指标都要给出明确的定义，使其内涵明确，外延清晰，范围合理。各要素及其具体指标的名称，要简洁概括，名副其实，防止含糊不清、界限不明，避免产生错觉，影响测评的质量。

（三）综合性原则

要素及其所属评价指标的设计，一定要符合"用尽量少的指标反映尽可能多的内容"的要求，将若干相近、相似的项目归结为同一个具有代表性的项目指标。有时，为了便于测量，对一个综合性很强的要素，也可以分解成2~3个子要素，并分别做出界定。

（四）可比性原则

在工作岗位评价指标体系的总体设计上，一定要坚持可比性原则，所谓"可比性"应当体现在：不同岗位之间可以在时间上或空间上进行对比，各个不同岗位的任务可以在数量或质量上进行对比，各个不同岗位的评价指标可以从绝对数或相对数上进行对比等。

二、评价指标体系的建立

（一）工作岗位评价要素的分类

影响岗位工作的要素很多，但就相关程度来看，大致可以区分为以下四大类：①主要因素；②一般因素；③次要因素；④极次要因素。

在确定工作岗位评价要素时，首先应当明确各个要素的重要程度，然后，再决定要素的取舍。

（二）评价指标的构成

从目前企业管理的现状和需要出发，通过岗位工作的具体分析，将主要影响因素分解成若干个评价指标。这些指标既能全面体现企业岗位的工作情况和工作量，又能应用目前的技术和知识进行评定和测量，使岗位的具体工作抽象化、定量化，从而具有可比性。在工作评价中，一般将工作责任、工作技能、劳动强度、工作环境和社会心理因素分成22个指标。

(1) 工作责任要素：①质量责任，是指评价岗位对质量指标的责任大小；②产量责任，是指评价岗位工作对产量指标的责任大小；③看管责任，是指评价岗位所看管的设备仪器对整个生产过程的影响程度；④安全责任，是指评价岗位对整个生产过程安全的影响程度；⑤消耗责任，是指评价岗位物资消耗对成本的影响程度；⑥管理责任，是指评价岗位在指导、协调、分配、考核等管理工作上的责任大小。

（2）工作技能要素：①技术知识要求，是指评价岗位知识文化水平和技术等级的要求；②操作复杂程度，是指评价岗位作业复杂程度和掌握操作所需的时间长短；③看管设备复杂程度，是指评价岗位操作使用设备的难易程度及看管设备所需要的经验和水平；④品种质量难易程度，是指评价岗位提供的产品品种规格的多少和质量要求水平；⑤处理预防事故复杂程度，是指评价岗位能迅速处理或预防可能发生事故所应具备的能力水平。

（3）劳动强度要素。劳动强度是指岗位在生产过程中对劳动者身体的影响，反映岗位劳动者的体力消耗和生理、心理紧张程度，主要包括：① 体力劳动强度，是指评价岗位任职者体力消耗的程度；② 工时利用率，是指评价岗位净劳动时间的长短，它等于净劳动时间与工作日总时间之比；③ 劳动姿势，是指评价岗位任职者主要劳动姿势对身体疲劳的影响程度；④ 劳动紧张程度，是指评价岗位任职者生理机能的紧张程度；⑤ 工作班制，是指根据企业的生产工艺特点、生产任务、人员情况、经济效果和其他有关的生产条件而定的组织工作轮班的制度。

（4）工作环境要素。工作环境反映岗位劳动环境中的有害因素对劳动者健康的影响程度，主要包括：①粉尘危害程度；②高温危害程度；③ 毒物危害程度；④ 噪声危害程度；⑤ 其他有害因素危害程度。

（5）社会心理要素。社会心理因素是指社会对某类岗位的各种舆论，对该类岗位人员在心理上所产生的影响，主要采用人员流向指标。人员流向属于心理因素，它是岗位的工作性质和地位对员工在社会心理方面产生的影响而形成人员流动的趋势。

虽然说，岗位评价的指标共有 22 个，但并不是对每个岗位的评价都必须要用这 22 个指标。每个企业应根据自己的具体情况而定。特别是工作环境要素的 5 项指标，更应根据企业岗位的实际情况来确定。因为对工作环境的评价，实际上是对岗位任职者接触有害因素的危害程度的评价。只有在评价岗位工作环境中存在着有害因素，而且只有当岗位任职者接触有害因素的量达到了可能产生危害的水平时，才应该作为评价指标。因此，对工作环境因素的确定，应满足以下两个原则：①有害因素在岗位工作环境中确实存在；②岗位任职者接触该有害因素的量达到了可能产生危害的水平。

上述工作评价的 22 个指标主要是针对传统企业生产工人岗位制定的。对于非传统企业的管理岗位及知识型企业的岗位评价，我们建议使用以下指标：①受教育程度；②工作经验；③工作复杂程度；④工作责任；⑤管理能力；⑥工作条件；⑦业务能力；⑧业务发展能力；⑨工作的挑战性；⑩工作的创造性；⑪对企业运营的责任； ⑫资金安全责任；⑬保密责任。

另外，瑞士国际资源管理集团提出的工作评价指标体系也有一定的参考价值。该集团提出的工作评价指标体系包含 7 个要素，15 个指标，具体内容如下。

（1）组织影响力：①在企业所起的作用；②对企业影响的大小；③规模大小。

（2）监督管理：①管理部门的数量；②管理的人数；③管理的岗位。

（3）责任范围：①独立性；②责任的宽度和广度。

（4）沟通技巧：①交往频度；②沟通技巧难度。
（5）工作复杂性：①学历要求；②经验要求。
（6）解决问题的能力：工作的创造性。
（7）环境条件：①工作环境；②工作条件。

三、评价指标选择实例

（1）某棉花厂选用 16 个指标对工人岗位进行评价。这些指标是：①技术知识要求；②操作复杂程度；③看管设备复杂程度；④品种质量难易程度；⑤处理停台及预防次品复杂程度；⑥劳动紧张程度；⑦工作负荷；⑧工作利用率；⑨劳动姿势；⑩工作班制；⑪噪声；⑫温湿度；⑬粉尘；⑭质量责任；⑮产量责任；⑯其他因素。

（2）某钢铁公司选用 18 个指标对其工人岗位进行评价。这些指标是：①技术知识要求；②操作复杂程度；③看管设备复杂程度；④品种质量难易程度；⑤经验；⑥劳动紧张程度；⑦工作负荷；⑧工作利用率；⑨劳动姿势；⑩工作班制；⑪噪声；⑫温湿度；⑬粉尘；⑭工作场地差异；⑮危险性；⑯监督责任；⑰指标责任；⑱安全责任。

（3）某通信设备公司选用 12 个指标对其岗位进行评价。这些指标是：①受教育程度；②工作经验；③业务技能；④管理能力；⑤业务发展能力；⑥工作的难度；⑦工作的挑战性；⑧工作的创造性；⑨工作条件；⑩经营管理责任；⑪资金安全责任；⑫保密责任。

第三节　工作评价标准的编制

一、工作评价标准编制的原则

（1）凡属国家标准或部颁标准的，均以国家标准或部颁标准作为评价的分级标准。在工作评价中，直接运用的国家分级标准有：《体力劳动强度分级》（GB3869-1997）、《生产性粉尘作业危害程度分级》（GB3817-1986）、《高温作业分级》（GB/T4200-1997）。

（2）对没有国家或部颁标准的指标的分级，则根据制定国家标准的基本思路、要求及有关规定，制定统一的工作评价标准，如《高处作业分级》标准（GB/T3680-1993）。

二、制定评价标准的基本方法

（1）对工作责任的六项指标、工作技能五项指标、劳动强度的四项指标（除体力劳动强度），在岗位评价中，常采用功能评定法，即根据这些标准的内容和评价要求，按专业集中讨论制定一套合乎实际的、具体的评价标准。例如，某水泥厂在制定指标的评价标准时，从职能处室和车间抽调 30 多名多年从事人事、管理、技术和安全工作的具有丰富知识和经验的专家，组成了一支专门的工作队，分成 4 个专业组，分别负责有关指标评价标准的制度。

制定这种标准的一般原则如下：①紧密联系实际，注重专业性、合理性和实用性；②尽量避开模糊概念，注重可评性；③以本单位为出发点，注重通用性；④各个指标等级配套，注重可比性；⑤评价标准用词要委婉，不能挫伤职工的积极性和自尊心，注重灵活性。

例如，某水泥厂在制定"处理预防事故复杂程度"这个指标的评价标准时，原定第 7 级评价依据为"无规律，概率大……"这样的描述是一种模糊概念，不便评定。经过专家讨论后改为"事故发生率大，难预防……"这样给评价工作带来很大方便。又如，在制定"技术知识"要求这个指标的评价标准时，原定第 1 级岗位评价依据是"基本上不需要什么知识"。后来有人提出这个提法不太妥当，容易使人误解，经专家们再次讨论后改为"具备一般知识即可胜任岗位的知识"，使职工容易接受。

（2）对于体力劳动强度、粉尘、高温和噪声这四个标准的分级，则直接利用国家标准或部颁标准，并根据实际测定情况，进行适当地补充，以便更好地体现岗位劳动差别。例如，对于国家标准（体力劳动强度分级）（GB3869—83），在实际工作中我们发现，许多企业岗位的体力劳动强度主要集中在 1 级和 2 级上。极轻体力劳动强度的岗位与轻体力劳动强度的岗位在评价级别上没有区别，较轻体力劳动强度的岗位和中等岗位在评价级别上也没区分，这不合乎企业的实际情况。因此，在岗位评价中，我们可以在原国家分级标准上增加 0.5 级和 1.5 级，以便于更好地进行岗位分级。

（3）对于化学性、物理性有害因素，其危害程度既与岗位工人接触到的有害物浓度或强度的大小有关，又与岗位工人接触时间有关。因此，在岗位评价中我们以有害物的浓度或强度的超标倍数和岗位工人的劳动时间率作为分级依据来制定化学性、物理性有害因素程度分级标准。

（4）有些行业标准是根据该行业所属专业的不同特点制定的通用性标准，只是一个原则性的、粗略的标准。各专业厂家在制定岗位评价标准时，应结合自身的特点，将原则性的标准具体化、明朗化。

三、工作评价标准范例

（一）传统企业生产工人岗位工作评价标准范例

传统企业生产工人岗位工作评价标准范例见表 6-1~表 6-24，其中，表 6-18 适用于当地夏季室外通风设计计算温度<30℃的企业，表 6-19 适用于当地夏季室外通风设计计算温度>30℃的企业。

表 6-1　质量责任评价标准

等级	内容说明
1	一般的服务性岗位
2	辅助生产的一般岗位
3	较重要的服务性岗位
	辅助生产的重要岗位
	重要的服务性岗位
4	主要产品生产中跟班辅助工种的重要岗位
	原材料生产的主要工序中有质量指标的岗位
5	主要产品生产的主要工序中有质量指标的岗位
	原材料生产的主要工序中有较重要质量指标的岗位
6	主要产品生产的主要工序中有较重要的质量指标的岗位
	原材料生产的主要工序中有重要质量指标的岗位
7	主要产品生产的主要工序中有重要质量指标的岗位

表 6-2 产量责任评价标准

等级	内容说明
1	一般的服务性岗位
2	辅助生产的一般岗位
	重要的服务性岗位
3	辅助生产的主要岗位
4	主要产品生产的辅助岗位
	原材料生产主要工序中的一般岗位
5	主要产品生产的主要工序中有质量指标的岗位
	原材料生产的主要工序中有较重要质量指标的岗位
6	主要生产工序中维修的重要岗位
7	主要产品生产工序中的主要岗位

表 6-3 看管责任评价标准

等级	内容说明
1	使用简单工具的岗位，不影响生产
2	只影响单机成本岗位生产的设备，价值较少
3	只影响单机成本岗位生产的设备，价值较大，比较重要的看守岗位
4	辅助设备，影响局部生产
5	主要设备，影响局部生产
	对生产影响很大的辅助生产设备
6	主要设备，影响整个生产
7	主要生产线上的主要设备，价值较大，影响整个生产

表 6-4 安全责任评价标准

等级	内容说明
1	不应该发生事故的岗位
2	事故发生率小，造成的伤害和损失都较小的岗位
3	事故发生率小，造成的伤害轻、损失大的岗位
4	事故发生率大，造成的伤害轻、损失小的岗位
5	事故发生率大，但造成严重伤害和重大损失的岗位
6	事故发生率大，造成的伤害轻、损失大的岗位
7	事故发生率大，易造成伤害和重大损失的岗位

表 6-5 消耗责任评价标准

等级	内容说明
1	不使用原材料
2	使用原材料少，价值小
3	使用原材料较多，但消耗不受人为因素影响
4	不使用原料或使用较少，其工作对原材料、能源消耗有一定影响
5	不使用或使用原料少，其工作对原材料、能源消耗影响很大
6	使用原料较多，价值较大，作业人员对原材料、能源消耗有一定影响
7	使用原材料多，价值大，作业人员对原材料、能源消耗影响很大

表 6-6　管理责任评价标准

等级	内容说明
1	只对自己负责的岗位
2	只对自己负责，有自主完成本岗位工作的权利
3	只对助手负责指导的岗位
4	对助手有指导、分配、检查作用的岗位
5	指导几个岗位工作的岗位
6	指导、协调、分配几个岗位工作的岗位
7	指导、协调、分配、检查几个岗位工作，有自行决定的岗位

表 6-7　技术知识要求评价标准

等级	内容说明
1	具备一般知识即可胜任的岗位
2	需初中文化程度，初级工水平，并有一定经验的岗位
3	需初中文化程度，中级工水平的岗位
4	需初中文化程度，中级工水平，并有一定经验的岗位
5	需初中文化程度，高级工水平才能胜任的岗位
6	需高中文化程度，高级工水平并有一定经验的岗位
7	需高中以上文化程度，高级工水平，并受过技术培训的岗位

表 6-8　操作复杂程度评价标准

等级	内容说明
1	只需简单训练即可上岗的岗位
2	比较简单的手工操作，需 1~3 个月实践即可胜任的岗位
3	较复杂的手工操作，或机手并动操作，需 6 个月至 1 年经验的岗位
4	较复杂的手工操作，或机手并动操作，需 1~2 年经验的岗位
5	较复杂的或较多的手工操作，需 2~3 年经验的岗位
6	较精细、复杂的作业，或较多的手工操作，需 3~5 年经验的岗位
7	精细、复杂的作业，需 5 年以上经验才能胜任的岗位

表 6-9　看管设备复杂程度评价标准

等级	内容说明
1	不使用工具
2	使用简单的工具
3	使用简单的设备
4	使用较复杂的工具
5	使用较复杂的设备
6	使用比较精密的设备，需要一定的技术和经验
7	使用精密、复杂的设备，需较多的技术和丰富的经验

表 6-10　产品质量难易程度评价标准

等级	内容说明
1	无产品
2	单一产品，质量有一定要求；无产品，工作质量要求严格
3	产品品种多、规格多，质量控制难度一般，质量要求一般
4	产品品种少、规格小，质量控制难度一般，质量要求严格
5	产品品种多、规格多，质量控制难度一般，质量要求严格
6	产品品种少、规格小，质量控制难度大，质量要求严格
7	产品品种多、规格多，质量控制难度大，质量要求严格

表 6-11　处理预防事故复杂程度评价标准

等级	内容说明
1	基本无事故出现
2	掌握一些基本知识即可预防，处理难度较小
3	可以预防，事故发生率小，需一定的实践经验，处理难度大
4	可以预防，事故发生率大，需一定的实践经验，处理难度大
5	难预防，事故发生率大，需较多的经验和多方面的知识，处理难度大
6	难预防，事故发生率大，需一定的经验知识，处理难度大
7	难预防，事故发生率大，需较丰富的经验和知识，处理难度大

表 6-12　体力劳动强度评价标准

体力劳动强度分级指数	0~10	10~15	15~17.5	17.5~20	20~25	25 以上
级别	0.5	1	1.5	2	3	4

表 6-13　工时利用率评价标准

工时利用率/%	0~40	40~60	60~80	80 以上
级别	1	2	3	4

表 6-14　劳动姿势评价标准

劳动姿势	姿势随便不受限制	以坐姿为主活动受限制	以站立为主活动受限制	采用半蹲、弯腰、硬卧、前俯等难以适应的姿势
级别	1	2	3	4

表 6-15　劳动紧张程度评价标准

生理器官（眼、耳、手、足）紧张情况	一种生理器官处于紧张状况	两种生理器官处于紧张状况	三种生理器官处于紧张状况	四种生理器官处于紧张状况
级别	1	2	3	4

表 6-16 工作班制评价标准

工作班制	长白班	两班制	四班三运转	常夜班或三班
级别	1	2	3	4

表 6-17 粉尘危害程度分级标准

分级指数	0	0~7.5	7.5~22.5	22.5~90	90 以上
级别	0	1	2	3	4

表 6-18 高温危害程度分级标准表（一）

级别＼温差/℃ 劳动时间率	2~3	3~4	4~5	5~6	6~7	7~8	8 以上
0~25%	1	1	1	2	2	3	3
25%~50%	1	1	2	2	3	3	4
50%~75%	1	2	2	3	3	4	4
75%以上	1	2	3	3	4	4	4

表 6-19 高温危害程度分级标准表（二）

级别＼温差/℃ 劳动时间率	2~3	3~4	4~5	5~6	6~7	7~8	8~9
0~25%	1	1	2	2	3	3	4
25%~50%	1	2	2	3	3	3	4
50%~75%	2	2	3	3	3	4	4
75%以上	2	3	3	4	4	4	4

表 6-20 噪声危害程度分级标准

工作日等效连续 A 声级	80~85	85~95	95~105	105~115	115 以上
级别	0	1	2	3	4

表 6-21 辐射热危害程度评价标准

级别＼有害物超标倍数 劳动时间率	2	10	20	40
0~25%	1	1	2	2
25%~50%	1	2	2	3
50%~75%	2	2	3	3
75%以上	2	3	3	4

表 6-22 其他有害因素危害程度评价标准

级别 有害物超标倍数 劳动时间率	1~5	5~10	10~20	20 以上
0~25%	1	1	2	2
25%~50%	1	2	2	3
50%~75%	2	2	3	3
75%以上	2	3	3	4

表 6-23 高处作业分级标准

级别 平均作业高度/m 劳动时间率	4~15	15~25	25~60	60 以上	一般高处作业
	2~5	5~15	15~30	30 以上	特殊高处作业
0~25%	1	1	2	2	
25%~50%	1	2	2	3	
50%~75%	2	2	3	3	
75%以上	2	3	3	4	

注：高处作业分级以工作日平均作业高度和工作时间率为依据，制定评价标准

表 6-24 井下、露天作业分级标准

井下或露天作业时间率	0~25%	25%~50%	50%~75%	75%以上
级别	0	1	2	4

（二）知识型企业工作评价标准范例

知识型企业工作评价标准范例见表 6-25~表 6-36。

表 6-25 教育程度评价标准

等级	内容说明
1	具有高中或中专专科学历
2	具有大学专科学历
3	具有大学本科学历，学士学位
4	具有硕士研究生学历，硕士学位
5	具有博士研究生学历，博士学位

表 6-26 工作经验评价标准

等级	内容说明
1	具有 1 年以下工作经验
2	具有 2~4 年以下工作经验
3	具有 5~9 年以下工作经验
4	具有 10~15 年以下工作经验
5	具有 15 年以下工作经验

表 6-27　专业技能评价标准

等级	内容说明
1	基本掌握岗位工作内容、原理和基本技能
2	熟练掌握本专业的业务知识和技能,并能加以灵活运用
3	对本领域工作原理有较深刻的理解,能进行创造性的工作,并能对其他人的专业工作予以指导
4	对本领域工作原理有极为深刻的理解,能够领导和组织本领域的知识创新活动,并能在本领域范围内提供广泛的专业指导

表 6-28　管理能力评价标准

等级	内容说明
1	能按计划开展简单而复杂的日常工作
2	能运用既定的工作方法、计划、组织、协调本岗位的业务工作
3	能计划、组织、指导、控制一个部门或机构的中长期复杂工作
4	能计划、组织、指导、控制多个部门或机构的高度复杂的长期工作

表 6-29　业务发展能力评价标准

等级	内容说明
1	对业务发展能力不做要求
2	能清楚解释自身业务或产品的特性
3	能制订业务发展规划,传达和演示业务信息,影响客户的近期行为
4	能对市场进行细分,制定公司长期业务发展规划,影响客户的长期发展计划

表 6-30　工作复杂性评价标准

等级	内容说明
1	从事标准而重复的工作
2	从事非标准化而且内容不同的工作
3	从事复杂而且内容不同的工作
4	从事高度复杂而且内容多样的工作

表 6-31　工作的挑战性评价标准

等级	内容说明
1	工作很少变化,面临的是根据既定程序便可解决的问题
2	面临类似但持续变化的问题,需要对问题做出一定的判断
3	面临不同种类复杂多变的问题,需要较强的逻辑分析和抽象思维能力
4	面临影响因素众多,复杂多变,甚至相互冲突的问题,需通过系统性战略思考,综合运用各种能力和经验,创造性地解决问题的能力

表 6-32　工作的创造性评价标准

等级	内容说明
1	不需要或较少需要做出判断和创新
2	在深入调研和思考的基础上,对涉及复杂概念的问题,做出有效的判断和必要的创新
3	在系统分析和思考的基础上,对涉及大量复杂概念和相关因素的问题,做出正确的判断与较大的创新
4	在深入研究和探索的基础上,对涉及企业核心竞争力的重大实际问题,做出有价值的判断和重大创新

表 6-33　工作条件评价标准

等级	内容说明
1	没有或较少有不适应因素
2	有一些不适应因素,如高温、光照、通风不足、噪声等,或有一些出差要求
3	经常暴露在不佳的环境中,过度的粉尘、高温、不通风、光照不足及噪声等,或出差比较频繁
4	持续暴露在极度恶劣的环境中,如实验室电磁波辐射等

表 6-34　企业运营责任评价标准

等级	内容说明
1	只对本团队的业绩产生影响
2	影响整个部门的业绩
3	影响数个部门以及整个公司的经营状况
4	对公司的最终经营结果和长远发展战略产生直接而重大的影响

表 6-35　资产安全责任评价标准

等级	内容说明
1	很少涉及对资金、资产或设备的责任
2	涉及资金或资产的日常操作,可能发生的损失及影响较小
3	涉及大额资金或资产的操作,其决策能对公司的实际资金运作产生较大的影响
4	直接负责公司大量资金或重要资产的管理,其决策能对实际资金运作产生重大影响

表 6-36　保密责任评价标准

等级	内容说明
1	一般不会涉及公司记录、报告及机密信息的处理
2	只涉及常规表格、记录或报告,极少涉及机密信息
3	涉及一般程度的机密信息,该信息可能会对某个部门造成极大影响
4	涉及高度信息,该信息能对整个公司造成极大影响

第四节 工作评价方法

工作岗位评价的方法主要有四种：排列法、分类法、因素比较法和评分法。这四种方法已经使用了半个多世纪，尤其前三种方法在很多国家被广泛使用。人们不断地以各种方式，改进和完善这些方法，以增强其准确性和功效性，但是其逻辑结构则基本没有多大变化。

一、排列法

排列法是根据各种工作的相对价值大小或对组织贡献的大小由高到低对其进行排列的一种工作评价方法。由于这种方法只是根据工作岗位的相对价值按高低次序进行排列，不需将工作内容进行分解，所以它也是诸多工作评价方法中最简单、最易操作的一种。

（一）排列法的种类

1. 定限排列法

定限排列法是将一个组织中相对价值最高与最低的工作选择出来，作为高低界限的标准，然后在此限度内，将所有的工作，按其性质与难易程度逐一排列，显示工作与工作的高低差异。

2. 交替排列法

交替排列法是指首先从待评价岗位中找出价值最高的一个岗位，然后再找出价值最低的一个岗位，然后再接着从剩余的岗位中找出价值较高的岗位和价值较低的岗位，如此循环，直到所有的岗位都被排列起来（表6-37）。

表 6-37 交替排列法范例

排列顺序	岗位价值高低程度	岗位名称
1	最高	市场部部长
2	高	人力资源部部长
……	……	……
2	低	行政采购主管
1	最低	总经理办公室行政秘书

3. 委员会排列法

委员会排列法是指在组织内部成立一个评估委员会，由这个委员会对所有工作的等级进行评估。委员会可由企业高层管理员、人力资源管理人员、部门经理及业务主管、工程技术人员、质检及安全管理人员等组成。在评价工作开始前，首先要进行有关培训，明确评价的原则、目的及方法，统一评价标准；其次在充分收集岗位资料、数据的基础上由各委员分别对企业同类岗位的重要性逐一做出评判，最重要的排在第1位，序号为1，次要序号为2，这样顺序往下排列；最后将各个委员的评定结果汇总，得到每个岗位的序号和，将序号和除以参与评定的人数，得到每一个岗位的平均序数，并按平均序数的大小，将岗位依次排列。

4. 成对比较法

成对比较法就是将所有要进行的岗位列在一起，成对进行比较，其价值较高者得 1 分，价值较低者得 0 分，最后将各岗位所得分数相加，其中分数最高者即等级最高者，按分数高低顺序将岗位进行排列，即可划定岗位等级（表 6-38、表 6-39）。

表 6-38 成对比较法操作示意图

被比岗位＼比较岗位	A	B	C	D	E	F	G	得分合计
A		1	1	0	1	1	1	5
B	0		0	0	1	0	1	2
C	0	1		0	1	1	1	4
D	1	1	1		1	1	1	6
E	0	0	0	0		0	0	0
F	0	1	0	0	1		1	3
G	0	0	0	0	1	0		1

表 6-39 岗位分数表

岗位	分数	序列顺序
D	6	1
A	5	2
C	4	3
F	3	4
B	2	5
G	1	6
E	0	7

5. 组织排列法

组织排列法即按工作在组织中的重要位置予以排列。这种方法比较简单，如果组织结构紧密合理，各个组织层次的工作搭配又恰到好处，那么，采用这种方法所排出的工作等级高低也是正确的。不过，由于科学技术的专业化发展趋势，机构中不同专业工作之间有着天壤之别，即使同一专业的不同工作之间也存在很大差异，所以这种按组织位置排列的方法不适合于规模较大的现代化组织。

6. 间距排列法

间距排列法是将所要评价的工作岗位，用一条有刻度的线来比较，比较的结果记于刻度上，整个刻度上的记录就是全部工作的高低顺序排列。该间距刻度分成 100 分或 100 度。例如，X 工作是某单位中最高级的工作，处于 100 度的位置；然后将接近 X 工作的 Y 工作与之比较，其位置在 90 度，将 Y 记于 90 度的刻度上；再将 M 工作与 Y 工作比较，其位置约为 82 度，将 M 记到 82 度的刻度上。如此进行将各工作的位置记于适当的刻度上。这样，全部工作位置的比较记录，就构成了一条高低顺序的排列线，从这条线可以看出工作与工作的间距。这种排列的结果可用于制定工资率。

（二）排列法的操作步骤

1. 成立评价工作小组

一般来说，需要建立一个由专业人士和企业管理人员共同组成的评价工作小组来担任评价工作，并由他们来确定需要评价的岗位。

2. 获取岗位信息

可通过工作分析来充分了解岗位的具体职责和岗位承担者所应当具备的能力、技术水平、经验等任职资格条件。如果企业有规范的工作说明书等人事文件，评价工作会进展得比较顺利。在没有书面的、规范的说明书的情况下，就要求参加评价的人必须对被评价岗位的具体情况非常清楚，刚刚入职的员工不适合参加排列法的评价工作。

3. 进行岗位分类

从理论上说，企业可以根据一定的标准来对企业中的所有岗位进行排列，但是在实际操作过程中，企业通常很难对一个组织中的全部岗位都按单一标准进行排列。因此，在很多时候，排列法更适合对同一个部门或者工作族（如生产工作、行政后勤工作、职能管理工作、技术研发工作等）内部的工作岗位进行评价，这也有利于将所造成的误差减小到最低程度。

4. 统一评价标准

在排列法中，通常是根据"岗位的总体状况"来对岗位的价值进行排列的，在评价过程中，为了减少主观偏见及误差，最好是确定明确、统一的评价标准，并向工作评价人员仔细解释这些评价标准的具体含义，以确保评价工作的一致性。

5. 对岗位进行排列

对岗位进行排列的最简单做法是给每一个岗位建立一张索引卡片，每张卡片都要对岗位进行简短的说明，然后把这些卡片按其代表的岗位价值从高到低进行排列。在具体操作中，企业可根据具体情况，选择比较适宜的排列方法对有关岗位进行排列。

6. 确定最终的排列结构

在对岗位进行排列时，为了避免个人的主观偏见和误差，可将每个人的排列结果汇总，最后取一个平均值，从而完成对岗位的最终评价。

（三）排列法的优缺点

1. 排列法的优点

（1）简单易行，费用比较低。

（2）将每个岗位作为一个整体来进行评价，避免了工作要素的分解引起的矛盾和争论。

2. 排列法的缺点

（1）这种方法完全是凭借评定人员的知识和经验主观进行评价，缺乏严格的、科学的评价标准，使评价结果弹性大，容易受到其他因素的干扰。

（2）要做出正确的排列，需要评价人员有丰富的知识和经验，对每个被评价岗位的工作细节了如指掌。

（3）虽然可以将不同岗位之间的价值高低判断出来，但无法确定不同岗位之间价值的具体差异。

（4）由于没有对工作岗位进行因素比较，此方法显得相对简单、粗糙。

由于排列法简单、易行，但缺乏精确性，所以它适用于结构稳定、规模较小的企业。

二、分类法

分类法是排列法的改进。它是在工作分析的基础上，采用一定的科学方法，按岗位的工作性质、特征、难易程度、工作责任大小和人员必备的资格条件，对企业全部（或规定范围内）岗位所进行的多层次划分，即先确定等级结构，然后再根据工作内容对工作岗位进行归类。分类法最初是由美国联邦政府开始使用的，其主要特征是能够快速地对大量的岗位进行评价。目前，分类法在公共部门以及企业中仍然被广泛运用，尤其是在技术类工作的组织中。

分类法是一种将各种岗位放入事先确定好的不同工作等级之中的一种工作评价方法。用分类法进行工作评价，类似于先造好一个书架，即企业整体岗位的分类框架，然后将各种书籍，即工作岗位，分别放入相应的横排，即工作等级中。应用分类法进行工作评价的实质，就是将工作说明书与等级说明书相对照，将各种岗位分别划入不同的等级。这个方法涉及两个问题：第一个是要有规范的工作说明书。每一个工作都需要有一份通过工作分析所形成的工作说明书，对岗位的工作性质、特征、难易程度、工作责任大小和人员必备的资格条件进行明确的界定。第二个是要确定等级标准，制定等级说明书。等级说明书应能明确反映出各等级的工作在技能、责任、任职资格等诸多要素上存在的不同水平。等级说明书的作用是将各种性质不同的工作分别归入不同的等级，并在此基础上形成统一的薪酬制度。因此，等级说明书的编写就显得十分重要。

（一）等级说明书的编写

一般来说，等级说明书的编写，可采用以下两种方法。

1. 间距排列法

间距排列法即将所有工作的高低间距用图解的方法表示出来，根据间距的分布情况决定工作的分组。通过间距排列法，可以把间距分布相邻的工作分为一个组，并参考组内不同岗位的工作说明书，制定该组的等级说明书。如果间距排列工作的数量足够多，被排列的工作又有足够的代表性，等级说明书就较容易制定。

2. 委员会法

委员会法即成立一个由各级管理人员及有经验的专家组成的委员会来编写。编写的程序为：先编写最高与最低等级的等级说明书，然后再分别编写介于这两者之间的等级说明书。在所有的等级说明书编写完成以后，需将现有的主要工作分别与等级说明书进行核对，以便对等级说明书进行必要的修正。委员会法的优点是可集中多数人的意见与判断，相对比较正确。

（二）分类法的操作步骤

（1）由企事业单位内专门人员组成评定小组，收集各种有关的资料。

（2）按照生产经营过程中各类岗位的作用和特征，将企事业单位的全部岗位分成几个大的系统。每个系统按其内部的结构、特点再划分为若干子系统。

（3）再将各个系统中的各岗位分成若干层次，最少分为5~7档，最多的可分为11~17档。例如，某公司将生产管理系统的岗位分为1~8档，设计技术应用系统的岗位可分为1~12档。

（4）明确规定各档次岗位的工作内容、责任和权限。

（5）明确各系统、各档次(等级)岗位的资格要求。例如，技术设计应用系统第6级岗位要求：大学毕业5~8年以上，担任过6级以下的岗位，经过考查工作成绩良好；掌握两门以上的外国语，能够独立指导或完成重要部件的设计等。

（6）评定出不同系统、不同岗位之间的相对价值和关系。例如，技术设计应用系统的第12级相当于生产系统的第4级。分类法可用于多种岗位的评价，但对不同系统(类型)的岗位评比存在相当的主观性，准确度较差。例如，某电信公司将经理岗位根据岗位职责、能力要求等多个维度，将本公司中层岗位划分为：资深经理、专业经理、项目经理、主管经理、经理、经理助理等6个档次。

（三）分类法的优缺点

1. 分类法的优点

（1）比较简单，所需经费、人员和时间也相对较少。这种方法在工作内容不太复杂的部门，能在较短的时间内取得满意的结果。

（2）由于等级标准都是参照有关影响因素制定的，所以其结果比排列法更准确、客观。当出现新的工作或工作变动时，按照等级标准很容易确定其等级。

（3）由于等级与组织结构之间的相应关系及等级的数量在工作评价之前就已经确定下来，所以采用分类法得出的等级结构能如实反映组织结构的情况。

（4）分类法在实际应用中有较强的灵活性和适应性。

2. 分类法的缺点

（1）等级说明过于一般化，对不同系统的岗位评价存在着相当大的主观性，也容易导致许多争议与分歧。

（2）等级标准常在知道分级结果之后才能被确定下来，从而影响了评定结果，使其准确度较差。

（3）与排列法一样，分类法也很难说明不同等级岗位之间的价值差距到底有多大。

分类法应用范例见表6-40。

三、评分法

评分法也称为点数法，是在选定岗位主要影响因素的基础上，采用一定的分值（点数）表示每一因素，并按预先规定的衡量标准，对现有岗位的各个因素逐一评比、估价，求得分值，然后将岗位每项因素的分值加总，最后得到各个岗位的总分值，并作为判定不同工作相对价值大小的依据。评分法的要点是：在确定评价要素后，根据公司的业务内容和对不同要素的重视程度，确定这些要素在工作评价过程中所应占的比重。然后将各个要素划分为重要程度和难易程度不一的几个等级，并给各等级赋予不同的点数，形成要素评价标准表，然后进行工作评价。

表 6-40　分类法应用范例

工作等级	各工作等级中的工作岗位	备注
10 级	首席执行官	等级标准举例 1 级：办公室的一般支持性岗位 　一般情况下，办公室一般支持岗位向一线主管人员或者部门管理人员汇报工作。这些岗位通过完成以下任务对其他岗位提供综合性支持服务：操作办公室中的一些常规设备（如传真机、复印机、装订机等），文件存档以及邮件的归类和传递。这些岗位通常要遵守标准的办事程序，同时处理一些日常事务。一些非常规性的事件以及问题往往交给主管人员或者相关人员来处理。要求从事这些工作的人具备基本的办公设备知识，并且了解一般性的办事程序。这些工作包括邮件处理职员以及传真操作员
9 级	副总裁	
8 级	高级经理	
7 级	中层经理	
6 级	专业 3 级	
5 级	专业 2 级 主管级岗位	
4 级	专业 1 级 技术 3 级 职员、行政事务 3 级	
3 级	技术 2 级 职员 2 级	
2 级	技术 1 级 职员 1 级	
1 级	办公室的一般支持性岗位	

一般来说，英、美等西方国家多采用 500 点计点法，也有采用 800 点、1000 点计点法的。关于各评价因素所占的点数比例，美国较为广泛的做法是：知识技能占 50%左右；责任占 20%左右；体能和工作环境各占 15%。

（一）评分法的具体步骤

（1）确定工作岗位评价的主要影响因素。归纳起来大致有四个方面：①岗位的复杂难易程度；②岗位的责任；③劳动强度与环境条件；④岗位作业紧张、困难程度。

（2）根据岗位的性质和特征，确定各类工作岗位评价的具体项目。各生产岗位的评价项目，一般包括：①体力劳动的熟练程度；②脑力劳动的熟练程度；③体力和脑力劳动的劳动强度，紧张程度；④劳动环境、条件对劳动者的影响程度；⑤工作危险性；⑥对物、财、人，以及上级下级的责任等。对职能科室各管理岗位的评价项目，一般包括：①受教育的程度；②工作经验、阅历；③工作复杂程度；④工作责任；⑤组织、协调、创造能力；⑥工作条件；⑦监督职责等。确定评价因素时，无论何种性质的岗位，比较普遍采用的评价项目，一般包括：①劳动负荷量；②工作危险性；③劳动环境；④脑力劳动紧张疲劳程度；⑤工作复杂繁简程度；⑥知识水平；⑦业务知识；⑧熟练程度；⑨工作责任；⑩监督责任。

工作评价要素表见表 6-41。

（3）对各评价因素区分出不同级别，并赋予一定的点数(分值)，以提高评价的准确程度（工作评价点数表见表 6-42、评价要素标准表见表 6-43）。

表 6-41　工作评价要素表

评价要素	评价项目
个人条件	专业知识
	工作熟练期
	技术
	主动性和灵活性
工作类别	脑力强度
	体力强度
工作环境	工作场所
	危险性
工作责任	材料消耗和产品生产
	设备使用、保养
	他人安全
	他人工作

表 6-42　工作评价点数表

评价要素	评价项目	合计
个人条件	专业知识	50
	工作熟练期	50
	技术	50
	主动性和灵活性	50
	合计	200
工作类别	脑力强度	25
	体力强度	50
	合计	75
工作环境	工作场所	50
	危险性	25
	合计	75
工作责任	材料消耗和产品生产	50
	设备使用、保养	50
	他人安全	25
	他人工作	25
	合计	150

（4）进行工作评价。根据评价要素标准表对各个岗位每一项要素打分，然后将各要素的得分加总，得到各个岗位的总点数。

（5）划分岗级。根据各岗位的得分分布的离散程度，将岗位划分为若干个岗级，作为制定工资等级的依据。

表 6-43 评价要素标准表

评价要素	评价项目	5 级	4 级	3 级	2 级	1 级
个人条件	专业知识	50	40	30	20	10
	工作熟练期	50	40	30	20	10
	技术	50	40	30	20	10
	主动性和灵活性	50	40	30	20	10
工作类别	脑力强度	25	20	15	10	5
	体力强度	50	40	30	20	10
工作环境	工作场所	50	40	30	20	10
	危险性	25	20	25	10	5
工作责任	材料消耗和产品生产	50	40	30	20	10
	设备使用、保养	50	40	30	20	10
	他人安全	25	20	15	10	5
	他人工作	25	20	15	10	5

（二）评分法的优缺点

评分法的最大优点就是其科学性、客观性、准确性及由此所带来的相对公平性。另外，一旦评价系统设计完成，使用起来也十分方便。其缺点是工作评价系统的设计比较困难，专业性强，工作量大，较为费时费力。

评分法是目前国内外企业普遍使用的一种工作评价法，一般的组织都可以使用此方法进行工作评价，但因其复杂性和高成本，一些组织结构简单、实力单薄的小企业不愿意使用此方法。

四、因素比较法

因素比较法是 1926 年由高速交通股份公司的 E.J.本奇和他的助手们提出的，他们在试图完善评分法时创立了因素比较法的最初形式。它和评分法的主要区别在于，各要素的权重不是事先确定的。首先选定岗位的主要影响因素；其次将工资额合理分解，使之与各个影响因素相匹配；最后再根据工资数额的多寡决定岗位的高低。

（一）因素比较法的具体步骤

（1）先从全部岗位中选出 15~20 个主要岗位，其所得到的劳动报酬(薪酬总额)应是公平合理的(必须是大多数人公认的)。

（2）选定各岗位共有的影响因素，作为工作岗位评价的基础。一般包括以下五项：①智力条件；②技能；③责任；④身体条件；⑤劳动环境条件。

（3）将每一个主要岗位的每个影响因素分别加以比较，按程度的高低进行排序。其排序方法与前面的"排列法"完全一致。表 6-44 是对 A、B、C、D、E 5 个岗位在智力条件方面的排序。

表 6-44 不同岗位智力条件方面的排序

智力条件平均序数	1	2	3	4	5
岗位	A	B	C	D	E

（4）岗位评定小组应对每一岗位的工资总额，经过认真协调，按上述五种影响因素进行分解，找出对应的工资份额(表 6-45)。

表 6-45　岗位工资分解表

岗位工资/元	智力条件		技能		责任		身体条件		工作环境	
	序号	工资额/元	序号	工资额/元	序号	工资额/元	序号	工资额/元	序号	工资额/元
A（1250）	1	320	1	260	2	360	4	160	3	150
B（1100）	2	210	4	200	1	400	5	150	4	140
C（1000）	3	180	3	220	4	260	3	170	2	170
D（1050）	4	90	2	230	3	280	2	190	1	260
E（650）	5	50	5	50	5	90	1	200	1	260

（5）找企事业单位中尚未进行评定的其他岗位，与现有的已评定完毕的重要岗位对比，某岗位的某要素与哪一主要岗位的某要素相近，就按相近条件的岗位工资分配计算工资，累计后就是本岗位的工资。

（二）因素比较法的优缺点

1. 因素比较法的优点

（1）评定结果较为公平。因素比较法把各种不同工作中的相同因素相互比较，然后再将各因素的工资累计，减少了主观性。

（2）耗费时间少。进行评定时，所选定的影响因素较少，从而避免了重复，简化了评价工作的内容，缩短了评价时间。

（3）减少了工作量。因素比较法事先确定标准岗位的系列等级，然后以此为基础，分别对其他各类岗位进行评定，大大减少了工作量。

2. 因素比较法的缺点

（1）各影响因素在岗位价值中所占的百分比，完全是评价人员的主观判断，这必然影响评定的准确性、客观性。

（2）操作起来相对比较复杂，而且很难对员工们做出解释，尤其是对各因素的工资分配有时候很难说明其理由。

五、海氏工作评价系统

海氏工作评价系统是由美国工资设计专家艾德华·海于 1951 年研究开发出来的。它有效地解决了不同职能部门的不同职务之间相对价值的相互比较和量化的难题，在世界各国上万家大型企业推广应用并获得成功，被企业界广泛接受。

海氏工作评价系统认为，任何工作岗位都存在某种具有普遍适用性的因素。海氏工作评价系统实质上是一种评分法，是将付酬因素进一步抽象为具有普遍适用性的三大因素，即技能水平、解决问题能力和风险责任，相应设计了三套标尺性评价量表，最后将所得分值加以综合，算出各个工作岗位的相对价值。

（一）技能水平

技能水平是指使绩效达到可接受程度所必须具备的专门业务知识及其相应的实际操作技能。具体包含三个层面。

（1）有关科学知识、专门技术及操作方法。分为基本的、初等业务的、中等业务的、高等业务的、基本专门技术的、熟练专门技术的、精通专门技术的和权威专门技术的八个等级。

（2）有关计划、组织、执行、控制及评价等管理诀窍。分为起码的、有关的、多样的、广博的和全面的五个等级。

（3）有关激励、沟通、协调、培养等人际关系技巧。分为基本的、重要的和关键的三个等级。

这三个成分的每一种组合分值见表 6-46 所示。

表 6-46 技能水平

		管理诀窍														
		起码的			相关的			多样的			广博的			全面的		
人际技能		基本的	重要的	关键的	基本的	重要的	关键的	基本的	重要的	关键的	基本的	重要的	关键的	基本的	重要的	关键的
专业理论知识	基本的	50 57 66	57 66 76	66 76 87	66 76 87	76 87 100	87 100 115	87 100 115	100 115 132	115 132 152	115 132 152	132 152 175	152 175 200	152 175 200	175 200 230	200 230 264
	初等业务的	66 76 87	76 87 100	87 100 115	87 100 115	100 115 132	115 132 152	115 132 152	132 152 175	152 175 200	152 175 200	175 200 230	200 230 264	200 230 264	230 264 304	264 304 350
	中等业务的	87 100 115	100 115 132	115 132 152	115 132 152	132 152 175	152 175 200	152 175 200	175 200 230	200 230 264	200 230 264	230 264 304	264 304 350	264 304 350	304 350 400	350 400 460
	高级业务的	115 132 152	132 152 175	152 175 200	152 175 200	175 200 230	200 230 264	200 230 264	230 264 304	264 304 350	264 304 350	304 350 400	350 400 460	350 400 460	400 460 528	460 528 608
	基本专门技巧	152 175 200	175 200 230	200 230 264	200 230 264	230 264 304	264 304 350	264 304 350	304 350 400	350 400 460	350 400 460	400 460 528	460 528 608	460 528 608	528 608 700	608 700 800
	熟练专门技巧	200 230 264	230 264 304	264 304 350	264 304 350	304 350 400	350 400 460	350 400 460	400 460 528	460 528 608	460 528 608	528 608 700	608 700 800	608 700 800	700 800 920	800 920 1056
	精通专门技巧	264 304 350	304 350 400	350 400 460	350 400 460	400 460 528	460 528 608	460 528 608	528 608 700	608 700 800	608 700 800	700 800 920	800 920 1056	800 920 1056	920 1056 1216	1056 1216 1400
	权威专门技巧	350 400 460	400 460 528	460 528 608	460 528 608	528 608 700	608 700 800	608 700 800	700 800 920	800 920 1056	800 920 1056	920 1056 1216	1056 1216 1400	1056 1216 1400	1216 1400 1600	1400 1600 1840

（二）解决问题的能力

解决问题能力是与工作岗位要求承担者对环境的应变能力和要处理问题的复杂度有关，海氏评价法将之看成是"技能水平"的具体运用，因此以技能水平利用率来测量。进一步可分为以下两个层面。

(1) 环境因素。按环境对工作岗位承担者紧松程度或应变能力，分为高度常规的、常规性的、半常规性的、标准化的、明确规定的、广泛规定的、一般规定的和抽象规定的八个等级。

(2) 问题难度。按解决问题所需创造性由低到高分为重复性的、模式化的、中间型的、适应性的和无先例的五个等级。

解决问题的能力见表6-47。

表6-47 解决问题的能力

思维难度或思维环境	重复性的	模式化的	中间型的	适用性的	无先例的
高常规性的	10~12	14~16	19~22	25~29	33~38
常规性的	12~14	16~19	22~25	29~33	38~43
半常规性的	14~16	19~22	25~29	33~38	43~50
标准化的	16~19	22~25	29~33	38~43	50~57
明确规定的	19~22	25~29	33~38	43~50	57~66
广泛规定的	22~25	29~33	38~43	50~57	66~76
一般规定的	25~29	33~38	43~50	57~66	76~87
抽象规定的	29~33	38~43	50~57	66~76	87~100

（三）风险责任

风险责任主要表现为：工作岗位承担者的行动自由度、行为后果影响及岗位责任大小。应负责任的范围是很广的，这里所讲的应负责任是指主要应负责任。主要应负责任将重点放在结果上，而非放在职责或活动上。它传递的是"什么"而不是"如何"，它无时间限制，永久存在，除非岗位本身发生变化。同时，每一种责任均是相对独立的，有明确的范围。

应负责任按其重要程度排列，可以分解为：采取行为的自由度、影响的性质、影响的范围三个子要素。

1. 采取行为的自由度

行为的自由度是指对个人及程序的控制及指导程度。一般来说，行为受到的影响和限制因素越多，其自由度也就越小；参与程度越大，职权范围越接近经营层或领导层，需接受的监督、审查或指导越少，行为的自由度越大。

行为的自由度可分为七个等级：①受限制的。有详细的操作指南，产生直接后果。②受控制的。有具体指南，可允许对工作进行某些常规性的重新安排，在几个小时内产生明显的后果。③标准化的。已有先例，具有一定的灵活性或首创新，在几天内产生明显的后果。④受调节的。

已有先例，具有在以确定的政策范围内的思考自由，在几天到几周内产生明显的后果。⑤受指导的。具有决定如何实现最终结果的自由，有做出重要决策的权利。⑥受一般指挥的。制定重大的职能性政策，产生一般性结果。⑦受引导的。建立全面的业务政策与指导。

2. 影响的性质

影响的性质是指工作任务对最终结果的影响。影响的性质可分为四个等级：①轻微影响。对他人行动提供资料性、例行性服务。②略具影响。对他人行动提供咨询性或推动性服务。③部分影响。有部门内、外的其他人参与行动。④主要影响。对最终结果有决定性作用。

3. 影响的范围

影响的范围是指在公司内相应的组织层级或控制财务的范围。影响的范围可分为四个等级：①名义的。附带性或辅助性的。②中等的。信息性的或记录性的。③主要的。促进性的或解释性的，也可能是跨部门的。④关键的。咨询性的或诊断性的。

（四）工作评价过程

（1）介绍评估表。首先要对评估者进行培训，使他们准确理解每一评估要素的内涵及评分标准。

（2）了解工作内容。通过工作说明书或实地工作岗位调查，准确掌握需要评估岗位的实际情况。

（3）确定级别差异的调整方法。在对各要素评估时，对于处于两个级别之间的状况，可以用"+"或"-"的差异来区别。

（4）对专业技能水平进行评价。在知识技能要素评估表中，对评估岗位所应掌握的专业、技术水平级别进行评估。

（5）对管理诀窍进行评价。在知识技能要素评估表中，对评估岗位的管理诀窍级别进行评估。

（6）对人际技能进行评价。在知识技能要素评价表中，对评估岗位的人际技能级别进行评估。

（7）对思考的环境进行评价。根据该岗位所遇到问题的不确定性程度进行等级评估。

（8）对思考的挑战性进行评价。根据岗位所遇问题的复杂程度进行等级评估。

（9）对行为的自由度进行评价。根据该岗位所负责的内容的不同性质进行等级评估。

（10）对影响的性质进行评价。根据岗位工作任务对最终结果的影响进行等级评估。

（11）对影响的范围进行评价。可以从组织层面和财务影响程度来进行等级评估。

（12）计算岗位评估得分。将岗位在每个要素上的评估值相加，即为该岗位的评估得分。岗位评估得分=知识技能得分+解决问题能力得分+应负责任得分。

第五节　工作评价的实施

一、工作评价的实施要求

（1）要运用科学的技术方法对评价指标进行测定。工作评价的科学性、技术性要求高，要运用多种技术和方法对多种指标进行测定。测定的数据要符合有关标准和工作评价的要求。

（2）要运用系统论的思想，对测定工作进行全面考虑。应充分注意各项测定工作之间、测定与数据处理之间的联系和制约关系，正确运用测定技术和方法。

（3）各个部门、各个方面的专业人员要协同合作。各部门、各方面的专业人员既要运用本部门的条件、本专业的知识和技术，完成相应部门的测定工作，又要密切配合、相互协作，保证整个评价工作圆满完成。

（4）评价人员要有认真负责的科学精神。所有评价人员都要有认真负责的科学精神，对待每一项测定、每一个数据。保证测定和评价的质量。

（5）工作评价必须是动态的。工作评价必须是动态的，当工作的劳动组织、生产工艺、生产设备、劳动强度、工作环境等条件发生了较大的改变时，应再进行测定和重新评价。

（6）工作评价应该公开化。工作评价是应该公开化、群众化的评价。必须使企业领导、部门管理人员和工作任职者都了解工作评价，支持工作评价，参与工作评价。这样，才能取得良好的效果。

二、工作评价的组织和准备

工作评价的准备阶段，要为工作评价做好思想、人员、技术和物质准备，并进行有关的试测或试点。

（一）工作评价的宣传和动员

工作评价是一项管理技术工作，要做好这项工作，既要求企业领导重视，又要求广大群众积极参与；既要企业管理部门参加，也要技术部门参加。因此必须做好宣传动员工作。

宣传动员工作的对象是企业领导干部、参加评价的人员和被评价单位的干部、管理人员和员工。

宣传动员工作的内容是：工作评价的概念、意义和作用，工作评价的目的和基本方法。宣传动员工作要针对企业干部和员工的思想实际，使领导干部认识工作评价对企业管理现代化的作用，对企业劳动生产率和经济效益的促进作用。使广大员工认识到工作评价是对员工的劳动价值的明确和承认，是与任职者的长远利益及个人利益相符合的。通过工作评价的动员，要达到领导支持、群众拥护、各部门齐心合作的目的。

在做好宣传的同时，还必须采取一定的行政手段，保证工作评价的顺利实施。

（二）工作评价队伍的组织

评价工作的科学性、技术性要求比较高，需要劳动组织管理、劳动卫生、环境监测等方面的专业技术，并且要较长时间在生产现场测定和评定工作。因此需要组织有多方面专业人员参加的专门评价队伍。企业人力资源管理、劳动卫生或环境监测部门都应参加，组成统一的评价队伍。

1. 评价队伍的人员组成

评价队伍应由以下几方面组成：①人力资源管理人员；②劳动卫生、环境监测专业人员；

③各部门的管理人员和员工代表。

2. 评价人员的要求

对参加评价工作的人员应有如下要求：①熟悉本部门、本专业的工作和专业技术，有较高的专业技术水平；②工作认真负责，有良好的工作态度和责任心；③应有较高的文化水平；④能较长期地参加评价工作；⑤评价队伍的人员应稳定。评价工作的骨干应固定。工作第一线的员工可以采用轮换参加的办法。

3. 评价人员的数量、配置和职责

企业展开评价工作，可根据企业的大小，组成一个或若干个评价小组。评价小组的人员数量和评价进度决定，一般为 30~50 人。若需要评价的岗位多，要求进度快，评价人员应多一些。

评价小组人员的配置，应根据各项评价工作的工作量来决定。以下是一个 30 人的评价小组的人员配置及各种人员的工作职责范围的实例，可供参考。

评价小组人员总数约为 30 人，分别包括以下内容：①组长 2 人，由人力资源管理人员和劳动卫生专业人员各 1 人担任。负责组织安排，制订工作计划，管理指导整个评价工作；②现场监督及资料初审人员 2~3 人，负责现场测定工作的督促检查和各项评价资料的初步审查工作；③工作日写实人员 20 人左右，主要由人力资源管理人员和生产管理人员担任；负责跟班工作日写实；④能量代谢及有害因素测定人员 6~8 人，主要由劳动卫生、环境监测人员担任，负责能量代谢的测定和有害因素浓度或强度的测定。

（三）评价人员的培训

参加工作评价的人员，必须经过技术培训。技术培训的内容有：工作评价的概念、意义、目的和作用，评价的指标、标准、技术和方法，评价数据的计算和计算机处理，评价人员的工作内容和职责等。通过培训，要达到提高认识、统一方法、明确工作职责的目的。

（四）评价的物质准备

评价工作开始前必须做好评价前的物质准备。准备好评价工作所需的各种仪器设备、记录表格、数据处理用的计算机。除利用已有设备外，不足部分应有相应的经费购买。

1. 仪器设备的准备

工作评价所需的仪器比较多，主要有以下内容。

（1）肺通气量仪。主要用于体力劳动强度测定中，测量肺通气量；用于粉尘危害程度测定中，测定接尘肺通气量。每个评价小组中这种仪器应有 4 台左右。

（2）粉尘测定仪器和设备。主要包括粉尘采样仪、天平（精度不低于 0.0001g 的分析天平）、粉尘游离 SiO_2 含量测定设备（用于测定粉尘的浓度和粉尘中游离 SiO_2 的含量）。

粉尘采样仪的种类很多，凡符合国家标准 GB 5748—1985 的采样仪，均可使用；工作评价需要测定工作日接尘时间粉尘的平均浓度，因此使用冶金部安全仪器厂生产的长周期粉尘采样仪效果较好；流动性作业岗位也可以使用个体粉尘采样仪。每个评价小组可配置 3~5 台。

（3）气象条件测定仪器。气温、湿度、气压、辐射热等属于工作环境的气象条件，需使用的测定仪器有以下几种：①通风温湿度计，用于测定温度和空气湿度。每个评价小组需 4~10 台，根据测定点的多少而定。②单项辐射热计，用于测定辐射热的强度。每个评价小组可配备 2 台。③气压计，用于测定大气压。每个评价小组 1 台。

（4）噪声测量仪器。噪声测量仪比较多，一般使用 ND_2 精密声级计，也可用 ND_{10} 声级计。这两种声级计只能测瞬时声级。脉冲噪声用 ND_6 脉冲声级计；个体测量可使用噪声测量仪。

（5）大气采样仪及其他有害因素的测定仪器、设备。大气中有害物质和其他有害因素种类比较多，各企业可根据实际存在的有害因素，配备相应的测定仪器和设备。测定仪器设备按劳动卫生环境监测的要求和条件选用。

（6）计时工具。秒表或手表，前者用于采气和有害因素测定，后者用于工作日写实。

（7）身高体重测量计。用于测量身高、体重，每个评价小组 1 台。

工作评价使用的各种仪器设备，使用前都应经计量部门检定校准。使用过程中可配备 1 名人员，负责仪器的维护和检修，以保证正常使用。

2. 计算机的准备

工作评价数据处理使用的计算机 1 台。

3. 各种表格的准备

工作评价需要的表格比较多，可分为以下几类。

（1）测定记录表。主要有工作日写实记录表（首页、续页）、能量代谢测定记录表、粉尘测定记录表、毒物测定记录表、高温及辐射热测定记录表、噪声测定记录表、局部振动测定记录表、抽查写实汇总表，共八种。

（2）测定计划表。有工作评价技术测点总表、写实计划、有害因素采气监测计划，共三种。

（3）动作分类表。也就是写实动作分类表。

（4）评价数据表。有工作责任、工作技能评定表和劳动强度、工作环境评价等级表。

其中，第 1 类表格的用量最大，特别是工作日写实记录续页；其次是各种有害因素测定记录表和采气记录表。其他类表格的用量较少。

（五）试测或试点

在正式开展工作评价之前，应该组织试测或试点，以取得经验，进一步做好技术准备。试测的主要内容是工作日写实及部分有害因素的测定。试测时间为 1~3 天。完成后应进行总结，以纠正错误，统一方法。

试点可在一个企业全面开展工作评价之前进行，以取得经验，培训人员。试点时应完成一个单位（若干岗位）的全部评价工作。

三、技术测定的实施

现场技术测定是在工作现场，对体力劳动强度和工作环境的各种有害因素，进行全面综合测定。

实施技术测定，必须在工作处于正常状态下进行。通过对受测岗位的调查，制订好各项测定计划，同步开展各项测定工作，以取得准确的测定数据。

（一）现场技术测定的前提条件

工作评价是对岗位的正常工作状态的评价，因此进行技术测定的前提条件是工作处于正常状态。工作处于正常状态的判断依据如下：①工作设备、能源、原材料供应处于正常状态；②工作任务处于正常状态；③被评价岗位工作人数为该岗位正常工作人数；④作业人员的各项工作操作处于正常状态。

为了某种特殊目的，也可对某一特定工作状态进行测定，但不能代表岗位正常情况。

（二）调查受测单位的基本情况

评价小组全体人员都应对受测单位的基本情况有全面的了解，掌握组织机构、人员安排、生产设备及工艺、工作中的有害因素、需评价的岗位数量、每个岗位的人数、各个岗位的职责范围及主要作业动作、接触有害因素的情况、工作班制等。

熟悉受测单位基本情况一般以部门为单位，由部门管理人员向评价小组全体人员介绍基本情况。在一般情况下，由部门领导或人力资源管理人员介绍部门的组织机构、人员及需评价的岗位情况；由部门技术设备管理人员介绍生产工艺、设备及工作中的有害因素；由部门行政管理人员介绍各岗位的工作职责范围及主要工作。

评价小组人员还应到工作现场，实地考察、熟悉被评价岗位的作业场地和作业内容、有害因素接触情况，并且对评价小组成员进行安全教育，避免测定中发生安全事故。

（三）制订工作计划

制订周密的工作计划，是使工作评价现场技术测定工作顺利进行的重要条件。制订工作计划需要在对受测单位的基本情况全面了解，对需测定的内容全面掌握的条件下进行。先由评价小组负责人和部门有关人员协商讨论，确定需要测定的岗位，决定岗位的编码，确定受测岗位应测定的指标，然后制订工作计划。工作计划有如下三种：①工作评价技术测定总表；②工作评价写实计划；③工作评价采气、有害因素测定计划。

这三种计划是安排和进行技术测定工作的依据，应根据评价工作的实际情况，在相应的技术测定工作实施之前，按工作周制定。写实计划和采气、有害因素监测计划，一般 1~2 个工作周期制订一次。这三种计划应提前发给评价工作人员，每人一份，以指导测定工作。

制订计划时，应注意这三种计划之间的联系，使各项计划协调一致，互相配合。在实际测定中，可能出现计划与实际情况不符合的情况，应及时予以修订。

（四）技术测定的现场实施

技术测定工作是在岗位工作现场进行的，工作较复杂、工作量大、时间长、参加人员多。在实施技术测定工作时，必须注意以下几个问题。

1. 分工合作，同步进行

工作评价的技术测定工作，因涉及的专业不同，可分为两个方面：一是时间测定工作；二是能量代谢和有害因素测定工作。这两方面的工作一般应分工进行。前者主要由人力资源管理方面的专业人员负责，也可抽调部分一线工作人员参加；后者主要由劳动和环境监测人员担当。

但这两方面的工作有密切联系，不能断然分开，而且必须同步进行。也就是在时间测定的同时，进行能量代谢和有害因素的测定。因此必须把这两方面的工作人员组成统一的测定小组，共同制订工作计划，统一安排测定工作。尤其需要两方面的人员共同协商，进行写实动作分类、环境测定数据的分类和审查工作，使这两个方面的工作既能分工进行，又能同步协调配合，已取得准确可靠的数据。

2. 加强监督审查，保证工作质量

技术测定的各项工作都应有专人负责，对测定过程要监督，对测定结果要审查，每个工作周期或阶段要总结。严格控制工作质量，对不符合要求的测定数据应予以取消并进行重测。

3. 注意测定工作之间的联系，提高工作效率

工作评价各项测定工作之间有密切联系，很多数据有共用性。例如，时间测定数据用于劳动强度和工作环境多项指标的评价，采气数据既可用于体力劳动强度分级，也可用于粉尘危害程度分级中接尘肺通气量的计算。同一岗位之间的同类动作的采气数据可以共用。气温的测定数据用于高温作业分级，也可用于同时测定的采气数据的计算。了解这种关系可减少协定的工作量，提高工作效率。

4. 工作任务完成情况的记录

工作岗位任职者的工作量，是与工作任务和当班人数的多少直接联系在一起的。对岗位工作量的测定，还必须同时准确记录被评价岗位的工作任务完成情况和当班人数。这对于评价数据使用，尤其是对于制定定员定额标准有重要作用。

因此，在工作日写实的同时，必须同时专门记录工作日写实期间内，受测岗位每个工作日的工作任务的完成情况：产品种类、规格、数量，或完成标准定额工时，或用其他方式计算的工作任务量；记录每个工作日的当班人数，计算该岗位工作日平均作业人数、工作日平均工作量，填写在工作日写实动作分类表中。

记录当班人数以该岗位每个工作日的实际作业人数为准。记录工作任务完成量，以正式的报表统计数字为准。

5. 注意安全，防止发生事故

技术测定工作参加人员多，工作现场往往存在一些不安全因素，测定人员不一定了解，因此对其应加强安全教育，在测定中要注意安全，防止发生事故。

四、工作评价数据的处理

通过工作评价的测定和评定工作，会得到大量的原始数据。对这些数据必须经过处理和计算，才能得到评价结果。评价数据的处理和计算也是工作评价的重要组成部分。正确地进行数据处理和计算，是取得科学评价结果的重要保证。

（一）数据处理计算的要求

（1）各项测定和评定的数据，必须经过审查、分类和汇总，才能进行计算和处理。对经技术测定和功能评定得到的各项数据，必须在数据计算处理前再严格审查、统一分类，使同一岗位的各项数据的编码一致。

（2）工作日写实数据的处理是工作评价数据处理的基础。工作日写实数据是工作评价的基础数据，用于体力劳动强度和各种有害因素数据处理计算过程。因此必须在写实数据已计算处理的基础上，形成数据的横向联系。各类动作时间和有害因素接触时间构成各项数据的纵向联系，形成一个数据网络系统。在数据计算处理时必须注意这种关系。先计算处理写实数据，然后根据写实动作分类及各类别的时间数据，计算能量代谢数据和各种有害因素测定数据，并完成相应的分级处理，最后进行评定数据的处理和综合评价。

（3）工作评价的数据处理，是对一个岗位的全部评价数据的处理，即对同一编码的各种数据进行计算处理。得到的评价结果，是一个岗位任职者每人每日工作的平均量及其评价。

（4）工作评价数据之间有密切的联系，很多数据有共用性。例如，写实数据用于体力劳动强度和各种有害因素的评价和计算。采气数据既用于体力劳动强度能量代谢的计算，也可用于高温温差的计算。了解这种关系不但可以减少测定的工作量，也提高了计算效率。

（5）评价数据的计算处理具有规范性。必须按照工作评价的要求，用统一的方法进行计算；必须符合国家标准或部颁标准的规定；必须符合其他有关标准。

（二）工作评价数据的计算方法

工作评价数据的计算，包括劳动强度和工作环境各因素测定数据分级的计算，工作责任、工作技能各因素评定等级的计算，以及岗位综合评价的计算。若评价岗位很少，可以采用人工计算。若分级岗位过多，应使用计算机进行数据处理和计算。

（三）工作评价数据计算机处理程序的特点和要求

工作评价的指标多、数据量大、涉及标准多、计算复杂，并且一般需要对多个岗位反复计算处理，人工计算的工作量很大，甚至难以胜任。因此工作评价的数据，最好使用计算机处理，才能提高工作评价的工作效率，保证评价的规范性和可靠性，获得科学的评价资料，也有利于评价数据的进一步使用。

工作评价数据的计算、分级、评价，都应编制计算机处理程序，构成数据处理程序系统。由计算机完成复杂、繁重的数据处理工作，使工作评价的数据处理工作大大提高效率，而且准确可靠，容易完成。

工作评价的计算机数据处理程序系统，是工作评价系统的一个子系统，是与评价方法密切相关的组成部分。它能按国家标准和工作评价的要求，对各项测定数据进行统计、计算、分级；对评定数据进行处理；对各个因素进行综合评价；能储存各项原始数据和处理结果；可进行查询、删改、统计、汇总、打印所需要的各种表格；有利于对评价数据的进一步分析应用，如定员定额的计算等。

1. 工作评价数据处理程序系统的特点

（1）程序设计特点：①从工作评价的评价指标多、数据量大、计算公式多、数据关系复杂、要反复使用等特点出发，运用系统设计的思想，采用模块化的方式编制程序。各模块互相联系、相对独立；使用灵活方便，录入过程清晰，便于维护扩充。②在设计上采用编码建立数据之间的联系，设置多重循环和校验检错，并采用虚拟盘技术等方法，加快数据录入量和减少录入错误，加快程序执行速度，提高处理效率。

（2）数据处理特点：①以编码为数据识别标记，以写实数据为先导，以动作类别为数据加权计算的纲目，对体力劳动强度和各种有害因素的测定数据进行计算、分级。以各指标的评价级别进行综合评价。②输入所测定或评定的原始数据，处理过程为程序化控制。原始数据一旦输入，系统会自动调用有关数据，完成全部处理过程，处理率高、减少差错。③输入输出汉字化，输入过程用菜单显示；显示数据序号，跟踪录入情况；还可以设定录入数据条数，自动终止录入。易学习掌握，便于非专业人员使用。④在写实数据处理完成的基础上，可单独处理某一项分级，也可处理几项或一个岗位的全部分级及综合评价，便于实际应用。

2. 使用数据处理程序的基本要求

（1）输入计算机的数据必须经过审查、分类、汇总，完全符合计算机的要求。

（2）输入计算机的数据必须准确、可靠。使用计算机处理数据，只能保证数据处理的准确性和可靠性，并不能提高数据本身的准确性和可靠性。只有输入准确、可靠的数据，才能得到科学的评价结果。

（3）录入数据要仔细，避免录入错误，虽然在程序中设有校验，但工作评价的多项数据是无法校验的，必须靠正确录入。

（4）数据录入不一定要专业人员，但最好有高中以上文化水平，工作仔细、认真负责，并且必须是参加过工作评价测定的人员。

（5）经计算处理得到的结果，必须有专人进行检查和核对。防止因录入有错产生错误的结果影响评价工作。

（四）数据处理程序的结构和功能

1. 设计思想

全部功能由主控菜单控制，各种数据处理由功能模块程序执行。录入、处理、打印、查询等全部过程由岗位编码识别。各功能处理的录入数据、处理数据分别建立原始数据文件夹和结果数据文件。建立常用数据词典，减少重复录入，便于修改。软件适合于非计算机专业人员使用。录入、修改、调整，力求灵活、方便、直观。软件应便于扩充、修改。

2. 程序结构

全部程序采用汉字数据库语言编写。主控菜单1个，功能菜单15个，主要命令文件130余个，主要数据文件60余个。

3. 数据流程

数据流程分为两部分：一部分是写实数据、体力劳动强度、各种有害因素、岗位工作综合评价数据；另一部分是体力劳动及有害作业、定员定额处理数据等。

4. 编码

编码长度为8位。其中，第1位和第2位代表专业编码，第3位和第4位代表工种编码，第5位和第6位代表岗位编码，第7位代表评价编码，第8位代表设备编码。取值范围为0~9，A~Z。

第六节 评分法应用实例

一、百分比评分法

百分比评分法就是以各因素评价标准的等级数值和为相应的得分,根据因素重要性计算各因素分值,继而求得要素分值,再将其百分化,得到各要素的百分比分值,最后加权计算,求得评价总分。

百分比评分法的具体步骤如下。

(一)因素分值的计算

1. 确定等级得分

即把等级数转换为得分分数。一般情况下转换方法是以评价标准等级数作为该等级的得分数,表6-48以质量责任评价标准为例说明各级得分的确定。

表6-48 质量责任评级标准表

等级	评级标准	得分
1	一般性的服务性岗位	1
2	辅助生产的一般岗位;较重要的服务性岗位	2
3	较重要的辅助生产岗位;重要的服务性岗位	3
4	主要产品生产的主要工序中有质量指标的岗位	4
5	生产维修工种的重要岗位	5
6	主要产品生产的主要工序中有较重要质量指标的岗位	6
7	主要产品生产的主要工序中有重要质量指标的岗位	7

2. 确定各因素的重要性系数

工作评价的各因素对岗位的影响程度和重要性是不同的,在评价时应区别对待。百分比评分中,用重要性系数来表示这种影响程度和重要性的差别。确定重要性系数的方法很多,这里介绍等级法。等级法是将各项因素按很重要的、重要的、较重要的、一般的四个等级分类排队,对四类重要性不同的因素取不同的重要性系数,如以4、3、2、1这四个数值作为重要性系数。例如,经过讨论研究,认为某岗位的质量责任、粉尘、噪声三个因素很重要,故这三个因素的重要性系数为4;看管责任、产量责任、技术知识要求、工时利用率是重要因素,则重要性系数为3;其他因素同样根据其重要性分别确定其系数。各因素的重要性系数见表6-49~表6-51。

表6-49 工作责任、工作技能各因素重要性系数表

因素	工作责任						工作技能				
	1	2	3	4	5	6	7	8	9	10	11
重要性系数(W_1)	4	3	3	2	1	1	3	2	2	1	1

表 6-50　劳动强度、工作环境各因素重要性系数表

因素	劳动强度					工作环境				
	12	13	14	15	16	17	18	19	20	21
重要性系数（W_1）	2	3	1	1	1	4	2	1	4	1~4

表 6-51　其他有害因素的重要性系数表

有害因素种类	GB 5044-1985 规定的Ⅳ级毒物、露天作业等	GB 5044-1985 规定的Ⅲ级毒物、高空作业等	GB 5044-1985 规定的Ⅱ级毒物、井下作业、可疑致癌物等	GB 5044-1985 规定的Ⅰ级毒物、其他物理、化学性质致癌物等
重要性系数（W_1）	1	2	3	4

3. 计算因素分值

将岗位在某因素的得分乘以该因素的重要性系数，即得到因素分值。计算公式为

$$Y_i = W_{1i} \cdot P_i$$

其中，Y_i 为 i 因素的因素分值；P_i 为因素得分。

例如，岗位的质量责任因素得分为 7 分，该因素得分为 7 分，该因素重要性系数为 4，则该岗位在质量责任方面得分为：$7 \times 4 = 28$。

（二）计算要素百分比分值

1. 计算要素分值

要素分值是它所包含的各项因素分值的加总。计算公式为

$$S_j = \sum_{i=1}^{d} Y_i = \sum_{i=1}^{d} W_{1i} \cdot P_i$$

其中，S_j 为 j 要素分值；d 为 j 要素内所包含因素个数。

某岗位工作责任要素得分计算表见表 6-52。

表 6-52　工作责任要素得分计算表

因素	1	2	3	4	5	6
评定等级	7	7	7	5	5	7
因素得分（P）	7	7	7	5	5	7
因素重要性系数（W_1）	4	3	3	2	1	1
因素分值（Y）	28	21	21	10	5	7
要素分值（S）	92					

2. 计算要素最高分值

如果只是简单地将因素分值加总，求得要素分值，各要素分值的可比性就会受到影响。由于工作评价各要素所包含的因素个数不尽相同，每个因素的评价标准所包含的等级也不一致，所以各要素分值之间缺乏可比性，不便于进行分析、综合。例如，粉尘因素最高等级为 4 级，因素得分最高为 4 分；而质量责任因素最高等级为 7 级，因素最高得分为 7 分。相比之

下，粉尘因素最高等级得分只相当于质量责任因素的中等水平。若简单地把各因素分值相加所得的要素分值作为综合评价数据，显然是不科学、不合理的。因此，还必须对其进行变换。分值变换的原理是：以岗位在某要素上所得分值（要素分值）占该要素可能得分的最高值的百分率来表示岗位的要素得分，其比值称为要素的百分比分值。在实际应用中，为了方便分析，一般取百分比分值的分子作为百分比分值。要素百分比分值以要素分值占可能得到最高分的百分比来表示要素得分，从而消除了要素内个数不等及各因素内等级不一致的影响。

要素最高分值的计算公式为

$$S_{\max} = \sum_{i=1}^{a} W_{1i} \cdot P_{\max i}$$

其中，$P_{\max}$ 为 i 要素内各因素可能得分的最高值；a 为 i 要素包含的因素个数。

要素最高得分的计算过程见表 6-53。

表 6-53　工作责任要素最高得分计算表

因素	1	2	3	4	5	6
最高等级	7	7	7	7	7	7
因素可能最高得分（$P_{\max}$）	7	7	7	7	7	7
因素重要性系数（W_1）	4	3	3	2	1	1
因素最高分值（$Y_{\max}$）	28	21	21	14	7	7
要素最高分值（$S_{\max}$）	98					

3. 计算百分比分值

计算公式为

$$S_{pj} = \frac{S_j}{S_{\max}} \times 100$$

其中，S_{pj} 为 j 要素的百分比分值。

假设某岗位工作责任要素的得分为 92，则其工作责任的百分比分值为：92÷98×100=93.88。

（三）计算评价总分

1. 确定要素权数

通常用于确定权数的方法是 10 分分成法。所谓 10 分分成法，就是评价人员把各要素两两进行比较，按其重要性分别计分（总分 10 分），然后求出各要素累计得分，再求出权数的方法，其权数计算过程见表 6-54。

用 10 分分成法计算权数的方法如下。

（1）用纵向排列的每个要素依次与横排的每个要素两两比较。相同的要素不进行比较。要素不同时，依据其重要性，将 10 分分值分配到两个要素上，相对重要性大的分值大，相对重要性小的分值小。

表 6-54　权数计算表

要素	工作责任	工作技能	劳动强度	工作环境	要素得分	权数*
工作责任	—	6.5	6	5	17.5	0.29
工作技能	3.5	—	5	4○	12.5	0.21
劳动强度	4	5	—	4	13	0.22
工作环境	5	6△	6	—	17	0.28
合计					60	1.00

*权数=各要素得分/要素总分

（2）纵排要素得分记在纵排与横排两个相比较的要素相交的空格里，横排要素的得分记在以权数计算表对角线为对称轴，与纵排要素记分位置相对称的空格中。例如，纵排"工作技能"与横排"工作环境"两要素以其相对重要性将 10 分作 4:6。"工作技能"得 4 分，记到相应位置上（有○记号处）；"工作环境"得 6 分，也填入相应的空格中（有△记号处）。依次记分法，直至各要素相互比较完毕，即可得要素得分合计值。

（3）将各要素得分分别与合计值相比，其比值就是要素权数。表 6-54 中工作责任、工作技能、劳动强度、工作环境要素得分分别是：17.5，12.5，13，17，合计为 60，计算出权数分别为 0.29，0.21，0.22，0.28。

2. 计算评价总分

评价总分是工作责任、工作技能、劳动强度、工作环境等诸多要素对岗位影响程度的定量表示，它是一个综合指标。其计算方法是将各要素的百分比分值乘以相应的权数再求和，即得评价总分，计算公式为

$$P = \sum_{j=1}^{4} S_{pj} \cdot W_{2j}$$

其中，P 为评价总分；W_2 为要素权数。

评价总分的计算过程见表 6-55。

表 6-55　工作评价计算表

要素	因素	评定等级	因素得分	重要性系数	因素分值	因素分值合计	要素最高分值	要素百分比分值	要素权数	评价总分
工作责任	1	7	7	4	28	92	98	93.88	0.29	27.23
	2	7	7	3	21					
	3	7	7	3	21					
	4	5	5	2	10					
	5	5	5	1	5					
	6	7	7	1	7					
工作技能	7	1	1	3	3	41	63	65.08	0.21	13.67
	8	6	6	2	12					
	9	7	7	2	14					
	10	6	6	1	6					
	11	6	6	1	6					

续表

要素	因素	评定等级	因素得分	重要性系数	因素分值	因素分值合计	要素最高分值	要素百分比分值	要素权数	评价总分
劳动强度	12	1	1	1	2	22	32	68.75	0.22	15.13
	13	3	3	3	9					
	14	3	3	3	3					
	15	4	4	4	4					
	16	4	4	4	4					
工作环境	17	1	1	4	4	15	60	25	0.28	7
	18	4	4	2	8					
	19	1	1	1	1					
	20	0	0.5	4	2					
	21			1~4						
合计										63.53

（四）岗位分等

岗位分等就是按照岗位等级划分标准，对各种不同岗位进行归类，用工作评价总分来衡量，将得分相等或相近的岗位划分在同一个等级内。其工作程序如下。

1. 制定岗位等级划分标准

（1）确定岗位等级数量。岗位等级数量的确定应根据各岗位的评价得分分布及企业实际情况而定。岗位等级的数量应适中，不宜过少，也不宜过多。等级数量过少，则分类太粗，难以体现岗位之间的差别；等级数量太多则使岗位分等工作复杂化，给以后的人力资源管理工作带来不必要的麻烦，而且也未能准确地反映岗位之间的差别。根据一些企业在实行岗位工资过程中对岗位分等的实践情况看，一般分为7~10等为好。

（2）确定各等级分数幅度。分数幅度确定的方法有：等差数列法、等比数列法、不规则数列法。不管采用什么方法，都要满足便于进行归等和得分相近的岗位在同一等级内这两个最基本的要求。例如，某企业根据岗位得分分布情况，采用不规则级数法制定了岗位等级划分标准，见表6-56。

表 6-56 岗位等级划分标准

岗位等级	分数幅度	岗位等级	分数幅度
1	67~62	6	40~33
2	62~57	7	33~27
3	57~52	8	27~21
4	52~47	9	21~16
5	47~40	10	16~11

2. 划分岗位等级

在确定了岗位等级数量，并且规定了等级的分数幅度之后，就可以根据各岗位的评价总分"对号入座"，确定相应岗位的等级；若岗位等级对应着工资等级，还可以确定工资等级。

二、点数评分法

运用点数评分法进行工作评价首先要找出影响岗位工作的因素,并确定每一因素内各等级相应的点数(分值),其次按照统一的标准对各岗位的诸因素评分,最后加总求和,即得到岗位的评价总分,从而确定岗位的相对价值。下面以某企业管理岗位的评价为例说明点数评分法的应用过程。

(一)选择评价因素

1. 选择评价因素的原则

在选择评价因素时应遵循以下原则。

(1)择要原则。影响工作的因素很多,不可能也没有必要把所有的影响因素都作为评价因素。应选择重要的或对工作影响较大的因素作为评价因素,对于那些不太重要或影响甚微的因素可以不予考虑。这样,既抓住了评价的重点,又简化了评价工作,节省人力和时间,提高评价的效益。

(2)相关性原则。在选择评价因素时,应尽可能选择那些与被评价岗位高度相关(相关系数在 0.8 以上)、显著相关(相关系数在 0.5~0.8)的因素。有些因素可能对其他企业或对本企业其他岗位有影响,但与被评价岗位相关度较低,这些因素也不应选为评价因素。

(3)界限清楚原则。所选择的评价因素要有明确的内涵和外延,定义准确清晰,防止界限模糊,避免产生错觉,影响评价的质量。

(4)可比性原则。在评价要素设计上,应当将可比性因素排列在一起,使评价人员能直接进行比较。

2. 评价因素的定义

依据以上原则,某企业在对管理岗位进行评价时,选取了文化与业务知识、工作复杂程度、经济责任、指导责任四项因素,并定义如下。

(1)文化与业务知识,指工作岗位对文化、业务知识的要求。

(2)工作复杂程度,指工作难度、脑力劳动程度、制定和执行政策的复杂程度。

(3)经济责任,指工作岗位对产量、质量、资金使用、材料消耗等方面所承担的责任。

(4)指导责任,指工作岗位指导、管理、监督他人工作的程度和被指导、管理的程度。

(二)制定评价因素分级标准

在对评价因素进行清晰界定的基础上,根据实际情况对各评价因素进行分级,评价因素分级表见表 6-57~表 6-60。

表 6-57 文化与业务知识分级表

等级	内容
1	高中毕业,不需要专门知识
2	高中毕业,需要较简单的专业知识
3	大专毕业,需掌握本专业的基础理论、基本原理和方法,要处理一些较简单的技术问题
4	本科毕业,需系统地掌握本专业的基础理论、原理、方法,要解决本专业内比较复杂的问题
5	本科毕业以上,需深入系统掌握本专业的基础理论、原理、方法,需解决本专业内重要的技术业务问题

表 6-58　工作复杂程度分级表

等级	内容
1	工作内容单一，有固定的工作程序
2	工作内容比较简单，按已有的工作模式和方法工作；在执行政策的过程中需处理一些简单的问题
3	工作内容较复杂，有可借鉴的模式和方法；有工作目标；在执行政策时需处理较复杂的问题
4	工作内容复杂，有清楚的政策和原则，需一定的创新能力，要制定、执行局部或专业性政策
5	需在复杂的工作中整理出工作思路，决策性强；只有总的方针和目标；要制定、执行有关全局的政策；需较强的开拓创新能力

表 6-59　经济责任分级表

等级	内容
1	由于差错或对问题处理不当，影响小，经济损失可以忽略
2	由于差错或对问题处理不当，经济损失小，可挽回，但影响大
3	由于差错或对问题处理不当，将造成一定的经济损失
4	由于差错或对问题处理不当，造成的损失较大
5	由于差错或对问题处理不当，造成的损失巨大

表 6-60　指导责任分级表

等级	内容
1	上级对工作内容、程序、方法、期限等提出具体要求，只对自己负责，遇到问题可随时向上级请示
2	上级对工作任务提出要点和原则性要求，只对自己负责，遇到问题可向上级请示
3	上级只提出工作任务，需自己选择工作程序方法，只对自己负责
4	不仅要完成自己的工作任务，在某一功能或多功能上对他人工作负有指导责任
5	对他人负有综合管理责任，具有对他人工作分配、指导、考核的职责

（三）确定各评价因素等级的点数

1. 确定各因素权数

可运用 10 分分成法得出各评价因素的权数，见表 6-61。

表 6-61　因素权数表

因素	文化与业务知识	工作复杂程度	经济责任	指导责任
权数	0.26	0.28	0.23	0.23

2. 确定各因素等级的点数

1）确定最低、最高点数

各因素等级点数的确定是以其权数为基准的。通常以权数百分数表示法的分子作为最低点数。例如，在表 6-61 中，文化与业务知识的权数为 0.26，用百分数表示即为 26%，则文化与业务知识的最低点数为 26。将最低点数乘以一个常数（如 5，8 等），就得到最高点数。最低点数往往就是因素分级第一级的点数,最高点数是因素分级的最高一级点数。

2)确定各等级极差

极差确定的方法有:等差数列法、等比数列法、不规则数列法。

若用等差数列,则

$$P = \frac{P_{\max} - P_{\min}}{n-1}$$

其中,P 为级差;$P_{\max}$ 为最高点数;$P_{\min}$ 为最低点数;n 为等级数。

若用等比数列,则

$$q = \sqrt[n-1]{\frac{P_{\max}}{P_{\min}}}$$

$$P_i = P_{\min} \cdot q^{i-1}$$

其中,q 为公比;P_i 为 i 等级的点数。

等差数列法的特点是各等级点数差相等,它适用于与各等级对应的等级内容的差别比较平均的因素。例如,文化与业务知识和指导责任两个因素,其点数就是应用等差数列法确定的,前者级差为 26,后者为 23,见表 6-62。

表 6-62 其他有害因素危害程度评价标准

等级 \ 因素 点数	文化与业务知识	工作复杂程度	经济责任	指导责任
1(最低点数)	26	28	23	23
2	52	42	50	46
3	78	63	70	69
4	104	94	90	92
5(最高点数)	130	141	115	115

等比数列法的特点是随着等级数由较低级向较高等级变化时,其等级点数差按某一常数(公比 q)成比例增长。它适用于各等级内容差别的幅度随着等级数的增大而增大的因素。如工作复杂程度因素就是采用等比数列法确定各等级点数的,其公比为 1.5。

不规则数列法的特点是各等级点数可根据需要任意选定,它适用于各等级内容差别无变化规律的因素。例如,经济责任因素,第 1 等与第 2 等之间、第 4 等与第 5 等之间的差别较大,而其他各等级之间差别较平均,因而采用了不规则数列法,各级间点数增加幅度分别为 27,20,20,25。

(四)进行评价

1. 收集岗位信息

由于管理岗位的工作特点,在收集岗位信息时不便进行观察和测量,更多的是采用问卷调查法和面谈法来收集信息。应根据评价因素设计科学、实用的调查表,并选择有代表性的员工参加座谈。

2. 评价计分

由评价人员根据岗位调查所获得的信息和评价标准对各岗进行评价，将结果填写到评价表上（表6-63）。评定的方法可采用专家评估法，即将各评价人员对某岗位同一因素的评分和取平均值，即得到该岗位在该因素上的评价得分。把各因素的评价分相加，得到评价总分。

表6-63　某岗位工作评价计分表

岗位编码：		单位：	岗位：	
因素	岗位事实		评定等级	点数
文化与业务知识	需要高中以上文化知识，专业性较强，但对问题有固定的处理模式		3	78
工作复杂因素	工作内容比较简单，有较固定的工作方式，工作政策性强，需处理一些简单问题		2	42
指导责任	有固定的工作内容和目标，工作中主要对自己负责，有时需检查他人工作		3	70
经济责任	工作中失误造成的损失不大，可以挽回，但造成的影响大		2	46
点数合计				236
评价者：	审核者：		日期：　年　月　日	

[案例讨论]

A公司的工作评价

A公司在进行了工作分析后，着手进行工作评价，以确定各个工作岗位的相对价值。为了工作评价能顺利进行，A公司成立了以人力资源部经理为组长的工作评价小组，并邀请了外部专家参与工作评价过程。在外部专家的建议下，A公司采用了国际通行的IPE码作为工作评价的方法，为保证工作评价方法的科学性，工作评价小组没有对工作评价方案进行修正。

A公司共有80多个岗位，有管理类、技术类、营销类三种岗位类别，工作评价小组从中选择了约30个岗位作为标杆，标杆岗位的选择是按照纵向的岗位等级进行选择，没有考虑横向岗位类别的因素，这一疏漏为以后的工作评价方案的制订埋下了隐患。

为保证工作评价的公平性，A公司采取了三方评价的方式：上级评价占40%、专家评价占30%、员工个人评价占30%。工作评价方案下发后，立刻在员工中引起了较大的反应。首先由于事先没有进行培训，员工根本不理解进行工作评价的意义和作用；其次，由于工作评价方案过于专业，员工很难对各种描述准确把握，经过一番争论，大家渐渐对工作评价失去了信任；最后由于个人对方案中的表述理解不一样，很多人对自己岗位的评价都超出了常规，最为可笑的是公司行政文员对自己岗位的评价得分居然超过了行政人事总监。

通过这种方式收集的工作评价数据当然不能使用，只有放弃这一途径，采取人力资源部门会同直接上级评价和专家评价的方式确认岗位的价值。在这一评价的过程中，遇到了一个致命的问题：技术类岗位评价结果的平均水平低于管理类岗位的平均水平，这一结果显然和公司倡导的薪酬分配向技术人员倾斜的导向不相符，而按照这一结果所建立的薪酬体系显然不利于留住这些核心技术人员。

经过七拼八凑，A 公司终于拿出了工作评价方案的初稿，工作评价方案一经出台，立刻在员工中引起轩然大波，员工纷纷将自己岗位的评价结果与其他岗位进行对比，然后通过正式或非正式渠道向公司表达不满情绪。工作评价小组经过仔细审查，发现确实有很多岗位横向对比有很大的出入，在工作评价的各维度上，各岗位也缺乏可比性，甚至出现在"沟通"维度上，人力资源部文员的得分比营销部主管还要高，这些明显不公平的地方，成为本次工作评价最为薄弱的被攻击环节，直接导致了工作评价的最终失败。

讨论题：

1. A 公司工作评价过程中出现了哪些问题？为什么 A 公司的工作评价最终会失败？
2. 你觉得应该如何开展工作评价？

HAPTER 7
第七章 工作分析与员工招聘

[内容提要]

本章主要介绍以工作分析为基础的人力资源规划与人员配置,工作分析对招聘信息的确定与发布、候选人的筛选与选拔的影响,并对员工招聘的能岗匹配原理进行了探讨。

[学习要点]

1. 明确人力资源规划的基本含义;
2. 了解人力资源供求预测的内容;
3. 掌握工作分析与员工招聘的关系;
4. 了解员工招聘的能岗匹配原理。

[引导案例]

真实的招聘失败

位于北京东单东方广场的某外资SP公司因发展需要在2005年10月底从外部招聘新员工。期间先后招聘了两位行政助理（女性），结果都失败了。

公司招聘流程有五步。①公司在网上发布招聘信息。②总经理亲自筛选简历。筛选标准：本科应届毕业生或者近几年毕业的，最好有照片，看起来漂亮的，学校最好是名校。③面试：如果总经理有时间就总经理直接面试。如果总经理没时间HR进行初步面试，总经理最终面试。④新员工的工作岗位、职责、薪资、入职时间都由总经理定。⑤面试合格后录用，没有入职前培训，直接进入工作。

招聘行政助理连续两次失败，公司总经理和HR觉得这不是偶然现象，在招聘行政助理方面肯定有重大问题。问题出在什么地方？

这则案例表明，许多企业在人员招聘中，没有进行必要的工作分析，甄选的方法和招聘流程存在不足，以至于出现招聘失败的现象。那么，如何避免这种现象呢？我们认为，重要的途径是在员工招聘过程中，进行必要的工作分析。本章主要介绍以工作分析为基础的人力资源规划与人员配置，工作分析对招聘信息的确定与发布、候选人的筛选与选拔的影响，并对员工招聘的能岗匹配原理进行了探讨。

第一节 人力资源规划与人员配置

一、人力资源规划的含义

人力资源规划，是指组织从发展战略和发展目标出发，根据其内外部环境的变化，预测未来的组织任务和环境对人力资源的需求，以及为满足这些需求而提供人力资源的过程。人力资源规划是企业发展战略的重要组成部分，也是组织选人、育人、用人、留人等各项人力资源管理工作的依据。制订人力资源规划的目的是确保组织在适当的时间和不同的岗位上获得适当的人选，满足不断变化的组织在数量、质量、层次和结构上对人力资源的需求，并最大限度地开发和利用组织内现有人员的潜力，使组织和员工的需要得到充分满足。

由于组织与所处的外部环境是不断变化的，所以人力资源规划也要随之变化，要根据组织与环境的变化进行内部的调整。这就意味着人力资源规划要能够预测组织长期的人力资源需求和内外部的供给，确保组织在重要的岗位上获得所需的合适人员，实现企业的发展战略，同时满足员工个人发展要求。例如，组织为了满足多变的市场需求，需要开拓全新的业务领域，这就首先需要配备一定数量的专业技术人员以及有经验的管理人员。

通过人力资源规划，组织能以较低的成本获得所需的人力资源，充分发挥现有人力资源的作用。例如，对现有的人力资源结构进行诊断分析，找出影响人力资源有效运用的主要矛盾，合理利用人力资源，充分发挥现有人力资源效能。人力资源规划也有利于帮助员工根据组织发展的需要，明确自己的职业生涯规划，在实现组织目标的同时实现自己的发展目标。例如，在某些组织中，根据组织发展方向和组织政策，鼓励从一线岗位中提拔优秀的员工，这种信息传达下去以后，极大地促进了员工工作积极性的提高，增加工作投入，提高工作质量和产量。

组织的人力资源规划始于组织的战略规划，确定组织的战略规划后，根据不同时期的组织经营目标，进行某一特定时期的人力资源规划，预测该时期组织的人力资源需求、供给。将两者进行比较，可以初步了解组织在该段时间的人力资源供求状况，制订相应的人力资源规划，满足组织潜在的发展需要。

二、人力资源规划与企业人员配置

为了满足组织未来发展对人员配置的需求，需要进行人力资源需求预测和人力资源供给预测。

（一）人力资源需求预测

为了解组织未来对人力资源的需求，需要进行人力资源需求预测。由于人力资源需求除受到组织内部的经营状况、已有的人力资源状况等诸多内部因素的影响外，还受到组织外部多种因素的影响，人力资源需求预测就更为复杂。在现代企业管理中，要制订合理的人力资源规划和正确的人力资源管理决策，保证企业顺利发展，就必须进行人力资源需求预测。

人力资源需求预测是指根据组织在某一时间的发展计划和组织规模、目前员工的工作能力水平和岗位要求，确定所需员工的类型和数量，预测在目前的绩效基准上完成未来组织目标所需要的人员情况，在此基础上，综合考虑各种影响人员流动的因素，如辞职、辞退、退休等，对未来需要的人员的数量、质量进行预测。

人力资源需求预测是以组织的战略目标和发展计划、经营目标、工作岗位、工作任务为依据的。人力资源需求量取决于组织的生产、服务需求以及相关的投入、产出要素的变化等。如果企业未来需要扩大生产、增加产品和服务，则人力资源的需求量会增加；如果工作效率提高、自动化水平提高，则人力资源的需求量会减少；如果工作岗位的科技含量较低，所需要的员工素质、技能相对也就较低；如果工作岗位的科技含量高，对员工的素质、技能要求也会高一些。

1. 影响组织人力资源需求预测的因素

影响人力资源需求预测的因素可以从组织内部和组织外部进行考察，尽可能地综合考虑各种因素对企业现实和未来的人力资源数量和结构的影响。

1）组织内部因素

组织内部影响人力资源需求的因素包括组织战略调整、组织变革和组织内部人员的变动。组织战略调整对于人力资源管理产生的影响是全方位的，涉及未来人员配置、岗位调整、人员培训等诸多方面，尤其对于人力资源需求规模和结构都会产生深远影响；组织变革是指组织在受到来自外部的竞争压力和内部的革新动力的双重影响，总是要不断采用新技术，从而必然引起组织的变革，这就意味着，组织的变化和对新技术的采用，必然带来组织人力资源需求数量和结构的变化；内部人员变动是指组织内部的人力资源活动总是处于不断变化中。例如，老员工的退休、员工辞职、合同终止解聘、残疾或疾病、各种原因的休假都会导致工作岗位的空缺，需要招聘正式或临时的员工来补充。

2）组织外部因素

组织外部的因素主要包括：经济、社会、政治、法律、技术、消费等。

宏观经济发展趋势会影响企业运行的全过程，进而影响企业对人员的需求。通常来说，宏观经济形势良好，消费需求旺盛，企业会增加生产，人力资源需求自然就会增加。但如果经济不景气，企业就会减少生产，人力资源需求就会减少。

社会、政治、法律等方面的因素也是常常导致人员需求变化的因素。例如，当我们与某个国家关系正常化时，两国之间的贸易往来也会随之增加，随着产品出口规模的增大，一部分企业的人员需求也会增加。

技术的变革和新技术的采用也会引起人员需求的变化：一方面技术的革新使人均劳动生产率提高，对人员数量的需求可能会减少；另一方面，技术的变革也使得需要运用新技术进行工作的岗位出现人员空缺，需要招聘能够掌握新技术的人员。

消费需求的变化也是影响人员需求的因素之一。随着社会经济的发展，人们的消费观念也在发生变化，企业必然要根据消费需求的变化进行战略调整，从而导致人力资源需求的变化。

2. 人力资源需求预测的方法

人力资源需求预测的方法较多，可分为定性预测法和定量预测法两大类。具体的方法有现状预测法、经验预测法、德尔菲法、自下而上法、趋势分析法等。

（1）现状预测法。这是一种最简单的预测方法，适用于短期预测，这种方法假定组织现有人员的结构和人员数量满足目前的人力资源需要，组织只需根据现有的任务安排适当的人员去补缺即可，如替代晋升和退休者的职位。

（2）经验预测法。经验预测法即利用现有的信息和资料，根据以往的经验，结合组织本身的特点来预测组织在中、短期内的人力资源需求。

（3）德尔菲法。德尔菲法又称为专家预测法，一般采用调查问卷和小组讨论的形式，听取专家们对人力资源需求的分析意见，并通过多次反复而达成较为一致的意见。这种方法适用于长期预测。

（4）自下而上法。自下而上法即根据组织内各个部门或细分单位在未来时期内对人员需求的资料进行归纳、汇总，形成组织在未来对人员需求的总体规划。

（5）趋势分析法。趋势分析法是指利用组织的历史资料，根据某些因素的变化趋势来预测人力资源需求。在运用趋势分析法做预测时，可以完全根据经验估计，也可以利用计算机进行回归分析。

（二）人力资源供给预测

人力资源供给预测是指为了满足组织未来对人员的需求，根据组织内部条件和外部环境，对企业未来从内部和外部可获得的人力资源的结构、数量和质量进行预测。这意味着，组织人力资源供给预测分析的信息主要来源于两个方面：一是内部人员的晋升和调配；二是外部人员的招聘。

1. 内部人力资源供给预测

为了进行内部人力资源供给预测，组织需要对组织现有人力资源的数量、质量、结构和在各岗位上的分布状态进行核查，从而掌握组织可供调配的人力资源拥有量及其利用潜力，建立人力资源信息系统。人力资源信息系统的内容如下。

（1）人员背景资料。包括性别、年龄、学历、专业等综合信息。

（2）工作历史资料。包括以往工作业绩、工作经历等。

（3）员工技能储备。包括员工实际已经发挥的技能以及潜在的技能等。

（4）工作专长。主要指员工所擅长的工作，以及相关的知识、技能。

（5）职业目标追求。主要指员工在企业中的定位、职业发展方向及目标。

（6）培训与发展的需要。主要指根据员工的职业发展方向及目标，需要向员工提供的培训及工作实践机会。

（7）优势及劣势评价。指对员工的知识结构、技能结构、工作表现、工作绩效等方面的优势和劣势进行评价。

（8）发展潜力评价。指对员工的未来发展潜力及可能承担的工作做出评价。

（9）个人历史评价资料。指员工以往工作的评价资料。

2. 外部人力资源供给预测

外部人力资源供给预测是通过对各种因素的分析，对未来组织能从外部获得的人力资源供给数量和结构进行预测，以确定组织外部未来能够适应本组织发展的相关人员数量。

当某个组织的职位产生空缺时，可以从组织内部得到补充。但随着组织生产规模扩大，内部人力资源供给会越来越不足，这时候就需要从外部招聘，通过外部人力资源供给来解决。

（三）人力资源的供求平衡分析

组织人力资源供求平衡分析会出现三种情况：供求平衡、供不应求、供过于求。

1. 供求平衡

当供求平衡时，组织就可以保持现有的人力资源政策不变，只需在日常的管理活动中加以维护即可，保证员工能够按照组织的要求有序地进行生产和管理活动。

2. 供不应求

当人力资源供不应求时，组织主要有以下方法可以进行调整。

（1）招聘增员。应根据所缺人员的职位要求来组织人员招聘，确定招聘计划，通过内部选拔或者外部招聘的方式来解决人力资源供给不足的问题。内部选拔可以节约企业的成本，而外部招聘是在内部员工不足的情况下的必然选择。

（2）加班。当企业临时工作量增加时，可以考虑适当延长员工的工作时间，不仅可以节约招聘成本，而且可以保证工作质量。

（3）培训。对员工进行技能培训，使其不仅能更好地完成现有的工作，而且能适应更高层次的工作。特别是当企业运用了新的技术后，对员工的技能水平要求提高，通过培训，就可以使员工更好地适应企业的技术变革。当企业人力资源供不应求时，就能通过内部晋升弥补职位空缺。

3. 供过于求

当供过于求时，组织的人力资源政策主要有三种：一是裁员，组织可根据自己的需要精简组织结构，裁撤冗员，将业绩低下的员工辞退，这是一种很有效的办法；二是减少工作时间，同时减少工资，这同样可以缓解人力资源供大于求的矛盾；三是分解工作职责，将本来可以由一人完成的工作交由两人或三人完成，这样就不用裁员，使组织和员工共同渡过难关。

（四）人员预算的编制

依据对人力资源供求状况的分析结果，可以编制企业未来一段时间的人员配置预算。

人员预算实际就是企业的招聘工作计划。一般说来，企业人力资源部门每一年或者半年要组织各部门编制一次人员预算。人员预算的主要内容包括以下几个方面：①人员数量。需要招聘的人员数量有多少。②人员类型。需要招聘的人员是长期的固定员工，还是临时性的。③岗位。需要招聘的人员将从事哪些岗位的工作，相关的工作说明是什么。④时间。在不同的时间段需要什么，以及需要什么类型的员工。⑤薪酬预算。所招聘人员的薪酬水平是怎样的。

表 7-1 是某公司所编制的人员预算表。

表 7-1 人员预算表

部门：			时间：					
岗位	数量	岗位级别	到职时间					
			4月	5月	6月	7月	8月	9月
销售代表	3	9	2	1				
项目经理	4	8	1	1	1	1		
办公室文员	2	5	1	1				
工程师	4	7	1	1			1	1

第二节 工作分析与员工招聘

组织进行人力资源规划以后，就需要根据人力资源供求状况考虑是通过内部晋升还是外部招聘来补充所需人员。对于有些工作岗位的任职者可能需要通过招聘的方式来进行补充。工作分析在招聘过程中起着非常重要的作用。

一、工作分析与员工招聘的关系

招聘工作是组织人力资源管理中一项经常性的工作。组织在发展过程中可能出现业务的扩张、现有人员流失、关键人才短缺等情况，这都需要通过招聘的方式来补充人员，以完成组织中特定的任务。人员招聘是组织发展中极为重要的一方面，新补充的人员素质将影响组织未来发展的成败，人员招聘是否及时也影响组织的任务是否能按期开展。同时人员招聘又是一项耗费大量人力、物力和财力的工作。如果盲目招聘，不但员工的素质无法保证，而且会造成经济损失。因此要使招聘有效地发挥招聘人才的作用，工作分析是其中很重要的环节。

工作分析在招聘各个环节的作用见表 7-2。

从表 7-2 可以看出，在组织的招聘工作中，工作分析在招聘信息的来源、人员招募、候选人资格的筛选和聘用等方面都具有重要的作用。下面我们对工作分析与人员招聘的关系进一步分析。

表 7-2　工作分析在招聘各环节中的作用

招聘流程中的环节	工作分析在各个环节中的应用
确定招聘需求	通过工作分析掌握人力资源规划中人员配置是否恰当，通过工作分析了解招聘需求是否恰当，分析需要招聘职位的工作职责、工作规范
确定招聘信息	根据工作说明书准备需要发布的招聘信息，使潜在的求职者了解对工作的要求和对求职者的要求
发布招聘信息	根据工作规范的素质（知识、技能等）特征要求及招聘的难易程度选择招聘信息发布渠道
应聘者资料筛选	根据工作规范的要求进行初步资格筛选，以便选择适当的应聘者面试，以节约交易成本
招聘测试	根据招聘职位的实际工作，选用适当的方式（操作考试、情景测试、评价中心）选用与实际工作相类似的工作内容对应聘候选人进行测试，了解、预测其在未来实际工作中完成任务的能力
面试录用者	通过工作分析掌握面试中需要向面试者了解的信息，验证应聘者的工作能力是否符合工作职位的各项要求
选拔、录用	根据工作职位的要求，录用最适合的应聘者
工作安置和试用	根据工作职位的要求进行人员合理安置，对试用期的员工进行绩效考核，确认招聘是否满足职位需要

二、工作分析与招聘信息的关系

有关招聘工作岗位的相关信息可以根据工作分析的结果——工作说明书和工作规范来确定。工作说明书表明了空缺岗位的职责和工作任务，空缺岗位在组织中所处的层次以及与其他有关岗位的关系。工作规范则表明担任此工作岗位的员工应具备的资格条件，如学历、工作经验、知识背景、技能水平、需要使用的设备、岗位对员工的特殊要求，如身体条件等。

当确定需招聘的有关岗位后，组织需要发布招聘信息，使尽可能多的合格的潜在候选人了解这些信息。招聘信息的内容应该简单明了，让寻找工作岗位的候选人能清楚地了解空缺岗位的职责和应聘要求。在高度专业分工的现代社会中，不准确的招募信息将影响应聘者的数量、质量，影响招聘的工作效率。有的招聘信息对岗位职责的描述过于简单，对应聘人员的要求也比较含糊，这对正常的招聘工作很不利。

为了吸引合格应聘者而应发布的招聘信息的内容应包括：①岗位名称，在工作说明书中的工作识别要素中有工作名称的规定，所以岗位名称可以直接从工作说明书中得到；②工作内容，来自工作说明书中的工作描述；③人员任职要求，这是招聘信息中最主要的内容，来自工作说明书中的工作规范，如本地区通行的学历资格、所需要的相关工作经验、所需的知识和技能水平。

三、工作分析与候选人资料筛选的关系

通过各种招聘渠道招募到应聘者之后，面临的一个问题就是人员筛选了。筛选是从一组职位应聘者中挑选合格的潜在候选人，进入下一阶段笔试或面试的过程。由于招聘信息的合理发布，组织会收到大量来自各方面的应聘者的材料。正确地从大量申请者资料中初步筛选出合格的候选人能节约招聘者的时间和成本。例如，在某公司一个招收计算机网络维护员岗位的信息发布后，平均每天从网络上发来的应聘邮件有 50~70 份，这种情况持续一个星期，可能收集到 300~400 份应聘者的资料。如果对这些资料不加筛选，全部通知面试，则需要大约 10 名面试者用一个星期左右的时间才能面试完毕。显然采用这种对应聘者逐一笔试或者面试的方法，对组织而言，工作成本高、工作效率低。

为使筛选决策有一定的基础，必须很好地运用工作分析的方法。工作分析在候选人资料筛选中的应用主要包括确定学历、专业、工作经验和资格证书等主要考察指标。候选人资料筛选和审核的工作可以通过查阅应聘者背景以及电话联系等方式进行，将资料中已有的信息和通过其他方法了解的信息与工作规范中的资格要求相比较，初步审查工作申请者是否具备应聘的基本资格。例如，一个组织需要一名负责工厂成本费用核算的财会人员，工作规范中明确指出专业资格必须是"注册会计师"，则在筛选资料中首先审核应聘者是否具备"注册会计师"的专业资格，如果不具备，就不符合招聘要求。

一般情况下，工作规范中会明确列出担任该岗位工作的人员应该具备的各种资格条件，见表 7-3。可根据工作规范的要求，清楚地筛选应聘者的资料，选择合格的应聘者进行测试。

表 7-3 某公司工程预结算部经理工作规范

一、知识学历
（1）最低学历要求：大学本科
（2）专业要求：工程技术与工程造价管理
（3）所需专业资格要求：造价工程师
（4）所需的专业知识：具备工程建设专业知识；熟悉工程建设图样、规范、造价构成；招标、投标工作程序
（5）需提高的专业知识：掌握最新软件的运用；提高设备、材料性能及其应用方面的专业知识
（6）外语：大学英语四级以上
（7）计算机：掌握设计专业、造价专业、工程管理专业计算软件和办公室软件的运用
二、经验
从事房地产建筑工程造价工作五年以上，有两年以上部门管理经验。

在应聘者背景资料审查与资格筛选中，应注意一下问题：①应聘者的专业、学历、经验要符合工作岗位的要求；②应聘者资料中显示的应聘者的重要信息；③应聘者以往的工作成就；④应聘者以往的工作经历显示出其自身的进步与发展；⑤从以往的工作经历中应聘者表现出的才能；⑥背景资料中不存在不实之处和前后矛盾之处；⑦背景资料能证明应聘者能胜任工作岗位的要求。

四、工作分析与面试的关系

面试是通过向应聘者收集信息以验证应聘者是否具备承担所应聘工作岗位能力的过程。

面试又可分为结构化面试、非结构化面试和混合面试。通过选用招聘岗位中所需完成的典型工作任务、所需知识、技能要求询问应聘者，了解应聘者的实际工作能力。不可否认，在实际工作中，面试是最常用的测试方法之一。由于面试的灵活性以及面对面地与应聘者交流，面试能最直接地了解应聘者的有关信息。面试是围绕应聘者展开，主要考察其是否具备职位胜任能力，所以评价也应该选择可以考察其是否具有胜任能力的内容。

面试的评价手段一般有提问和观察两种形式。提问是利用问题直接考察应聘者，通过应聘者对问题的回答来了解他们的知识、工作经验、能力等。而观察则是通过对应聘者的衣着、言谈举止等来考察其外在特征，并通过这些外在特征来考察应聘者的内在能力与素质。

（一）关键胜任能力的内容

实际上候选人能胜任所招聘的工作岗位，关键要看他是否具备招聘岗位所需要的关键胜任能力。所谓关键胜任能力是指与人们的工作绩效有直接因果关系的一系列能力、个性、工作风格等因素。主要包括技术技能、认知能力、工作风格、人际技能等。

（1）技术技能。对于许多工作来说，具体的、可衡量的技术技能至关重要。特别是在一些技术性的工作中，对技术技能会比较关注。技术方面的技能对于一个人的工作成功固然非常重要，但其他方面的因素可能会对工作成功起到更大的作用。在实际工作中导致工作绩效差异的原因有很多并非技术因素。招聘者不仅要考虑候选人技术方面的胜任能力，也应关注与招聘岗位有关的其他方面的胜任能力。

（2）认知能力。认知能力是一种重要的核心胜任能力。认知能力主要指人们分析和思考问题的能力。例如，问题解决能力、决策能力、发现关键问题的能力、项目管理能力、时间管理能力、有效利用资源的能力等。这些能力不像具体的技术技能那样容易测量，但这些能力从某种意义上来讲更为重要。

（3）工作风格。一些重要的核心胜任能力是与工作风格有关的。这些工作风格主要涉及一个人在某种情境下是如何采取行动的。假设一个岗位要求有高水平的客户满意度，那么我们就应该关心在应聘者的工作风格中是否包含以下方面的行为：它是否致力于建立和维护与客户的长期关系；他是否不断地对客户进行跟踪而保证客户的满意；他是否考虑客户的意见；当他作为一个团队的领导时，他是否帮助成员理解客户的需求。以上种种问题都可以反映出一个应聘者是否能够很好地满足客户的需求。

（4）人际技能。人际技能，就是与人打交道的技能，也是一种重要的胜任能力。工作的成功在很大程度上都与人际技能有关。例如，一个人是否能够积极地倾听；面临挫折时，是否能够很好地自我控制；他是否能够与各种不同特点的人配合工作；在团队中，他是否能够激励他人的工作热情；他是否尊重他人的意见和观点；他是否对他人的反馈和批评持接纳的态度；他是否能有效地化解人际矛盾；任何工作中可能都会需要这些与人打交道的能力。如果一个人不能很好地处理与上司、同事、下属、客户等方面的关系，那么他也很难在工作中取得成功。

（二）面试提问的方式

（1）结构化面试。结构化面试是对同类应聘者按照事先制定好的面试提纲上的问题一一发问，并按照标准格式记下面试者的回答和对他的评价的一种面试方式。这种面试适用于招聘一般的员工。

（2）非结构化面试。非结构化面试则是漫谈式的，没有既定的模式、框架和程序，主考官与应聘者可随意交谈，无固定题目，无限定范围，海阔天空，无拘无束，让应聘者自由地发表言论，抒发情感。这种方法给谈话双方充分的自由，主考官可以针对应聘者的特点进行有区别的提问。这种面谈需要主考官具有丰富的知识和经验，以及掌握高水平的谈话技巧，否则很容易使面谈失败。因此，这种面谈适合于招聘中、高级管理人员。

（3）混合面试。混合面试则既有结构化方式也有非结构化方式，综合了两种方式的优点。

（三）工作分析对面试的贡献

工作分析在面试中的价值主要体现在帮助确立面试中所需考察的职位知识、经验与能力要求。我们可以将面试的考察要素进行区分，见表7-4。

表7-4　工作分析对面试的贡献

面试手段	通用性要求	专业性要求
提问	与组织相关的基本知识和能力，如行业知识、产品和服务知识以及一般能力要求	基本知识、能力、工作经验等
观察	外貌、穿着、气质、精神面貌、语言表达能力	职位能力要求

因为工作分析是针对工作本身进行的分析，所以提供的信息关注的是职位专业性要求。工作说明书中任职者资格方面的要求是职位的起码要求，提供的信息是职位的基本知识、能力、工作经验等，这些和提问考察的专业性内容是一致的。

第三节　员工招聘的能岗匹配原理

一、能岗匹配原理

能岗匹配包含两个方面的含义：一是指某个人的能力完全能胜任该岗位的要求，即所谓人得其职；二是指岗位所要求的能力这个人完全具备，即所谓职得其人。能岗匹配原理指人的能力与岗位要求的能力完全匹配，这种匹配包含着"恰好"的含义，二者的对应使人的能力发挥得最好，岗位的工作任务也完成得最好。

能岗匹配原理的核心要素是：最优的不一定是最匹配的，最匹配的才是最优选择，即职得其才，人得其职，才职匹配，效果最优。

二、能岗匹配原理的内容

（一）人有能级的区别

狭义地说，能级是指一个人能力的大小。就广义而言，能级包含了一个人的知识、能力、经验、事业心、意志力、品德等多方面的因素。当我们研究能岗匹配原理时，首先要承认人有能力的区别，不同能级的人应承担不同的责任，不同的能级应相应表现出在责、权、利等方面的不同要求。

（二）不同专长的人无法比较其能级

对于具有不同专长的人是无法比较其能级大小的，如果不考虑专长的区别就去考虑能级的区别，"能级"就是永远无法准确判断的概念。不同的专业和专长，不能有准确的能级比较，一名优秀的计算机工程师和一名优秀的建筑设计师之间不能比较他们的优秀等级和差别。现在之所以有许多不同的职称系列和不同的学位系列，就是考虑到不同专长的区别。

（三）同一系列不同层次的岗位对能力的结构和能力的大小有不同的要求

由于层次不同，其岗位的职责和权力也不同，所要求的能力结构和能力大小也有显著的区别。例如，处于高层、中层、低层的管理人员对技术能力、管理能力、现场操作能力、人际关系能力等不同能力的要求就有显著的区别。一般来说，技术能力和现场操作能力要求会随着管理层次的升高而降低；管理能力和人际关系能力要求则随着管理层次的升高而提高。

（四）不同系列相同层次的岗位对能力有不同的要求

由于工作系列不同，虽然处于同一层次，其能力结构和专业要求也有显著的不同，见表7-5。

表 7-5　不同系列相同层次岗位能力结构对比表

岗位	能力结构
财务部经理	计划能力 组织他人工作的能力 原则性 协调能力
人力资源部经理	沟通能力 控制自己情绪的能力 协调能力 亲和力 公正性 识人和用人的能力
市场部经理	公关能力 协调能力 市场敏锐性 迅速决策能力 了解他人心理的能力 忍耐力 应变能力

（五）能级与岗位的要求应符合

一般来说，只有当能级与岗位的要求相匹配时，才能保证组织的工作效率，组织也处于相对稳定状态，有利于组织的长期、稳定、健康发展。

当员工的能力超过岗位要求时，员工无法施展自己的才华，就会感到压抑，积极性也会受到打击。此时，人才必然会自行寻求发展的机会，企业的人员流动率就会上升，优秀人才会流向适宜他们的工作和企业，不利于该企业的健康发展。

当员工的能力小于岗位要求时，也就是说，他无法胜任组织交给的工作时，不仅他本人的工作做不好，组织的业绩也会下降。如果他处在一定的领导岗位上，他的团队就缺乏战斗力，他的威望也会迅速下降，造成人心涣散，企业的凝聚力和竞争力受到挑战。

三、能岗匹配原理在招聘中的应用

（一）人力资源素质的评价

对人力资源素质的评价一般从以下几个方面进行。

（1）体质：①身体素质，身体内外各部分的健康和良好的营养；②忍耐力，抵御艰苦环境的能力；③适应力，适应落差较大的自然环境的能力；④抗病力，抵抗疾病的能力。

（2）智力：①言语智力；②数理逻辑智力；③空间智力；④音乐智力；⑤体能智力；⑥人际智力；⑦自知力。

（3）心理素质：①情绪的稳定性；②平常心；③正确把握角色地位；④心理的应变力和适应力。

（4）道德品质：①热爱祖国和人民，热爱历史悠久的民族文化；②有事业心，有崇高的事业追求和敬业精神；③有责任心，对工作、家人、朋友均有很高的责任心和信誉度；④有友爱之心，善于团结、信任、理解和帮助他人；⑤胸怀坦荡、热情、忠诚、正直。

（5）能力和素养：①战略能力；②规划能力；③决策能力；④组织能力；⑤判断能力；⑥人际沟通能力；⑦感知能力；⑧工作条理性；⑨未来感知力；⑩演讲能力；⑪知识能力；⑫理解能力；⑬研究能力；⑭再学习能力；⑮创新能力；⑯推理能力；⑰分析能力；⑱应变能力；⑲写作能力。

（6）情商：①认识自身情绪的能力；②妥善管理情绪的能力；③自我激励的能力；④认识他人情绪的能力；⑤人际关系的管理能力。

（7）四商四能评价。对人力资源素质的评价最近出现了一种新的趋势，即注重评价员工的四商四能。四商：①智商——智力商数（IQ）；②情商——情感商数（EQ）；③逆商——逆境商数（AQ）；④财商——理财商数（FQ）。四能：①英语会话能力；②电脑操作能力；③汽车驾驶能力；④玩高尔夫球、网球等能力。

（二）企业管理者能力评价

1. 美国企业对管理者能力的评价

（1）企业家素质。工作效率、永不停止的上进心。

（2）才智能力。创造力、判断力、思维能力。

（3）人群关系能力。自信力、指导他人工作的能力、以身作则、善于使用个人权利、善于与人交往、善于动员群众、建立亲密的人际关系、乐观并且能起核心作用。

（4）成熟的个性。自制力、客观、主动果断、原则性与灵活性相结合、正确自我评价。

美国学者总结的不同层次管理人员需具备的素质能力见表7-6。

表7-6　不同层次管理人员素质能力结构（单位：%）

层次	概念	人际	技术
高层	47	35	18
中层	31	42	27
基层	18	35	47

2.日本企业对管理者能力的评价

（1）品德，包括：①使命感；②信赖性；③诚实；④忍耐性；⑤热情；⑥责任感；⑦积极性；⑧进取心；⑨公平；⑩勇气。

（2）能力，包括：①思维决策能力；②规划能力；③判断能力；④创造能力；⑤洞察力；⑥劝说能力；⑦理解能力；⑧解决问题的能力；⑨培养下属的能力；⑩调动积极性的能力。

（三）招聘与能岗匹配

1. 工作分析

为了在招聘工作中较好地实现能岗匹配，需要对所招聘的岗位做以下分析：①岗位所需的素质、专业知识和能力；②岗位所需的性格特征；③该岗位在组织中的责任与权力；④上级岗位任职者的性别、性格特征、专业、兴趣和经历；⑤以前该岗位任职者成功与失败的经验分析。

2. 制定拟招聘岗位调查表

根据工作分析情况，制定出拟招聘岗位的调查表，见表7-7。

3. 按照能岗匹配原理选拔应聘者

编制能岗匹配表，根据应聘者的能力情况进行选拔，见表7-8。

案例一：某公司《聘用人员管理办法（暂行）》

2007年，为了积极推进后勤服务工作社会化，充分调动和发挥员工的积极性和创造性，促进人才合理、有序流动，根据有关文件规定，结合公司实际情况，制定本暂行办法。

1. 人员管理工作原则

（1）按需设岗，精干、高效的原则。

（2）双向选择，公平竞争，择优聘任（聘用）的原则。

（3）适应公司长远发展规划、经营战略目标需要的原则。

（4）有助于提高效率和保障服务开展，避免人浮于事。

规定主管以上岗位由经理室聘任，技术岗位、业务岗位及普工岗位由各中心根据实际情况，确定岗位、人数、招聘条件，公司经理室研究批准后，安排招聘事宜。

表 7-7 拟招聘岗位调查表

岗位名称		
岗位在组织中的责任	工作描述 工作职责 工作评价	
岗位在组织中的权力	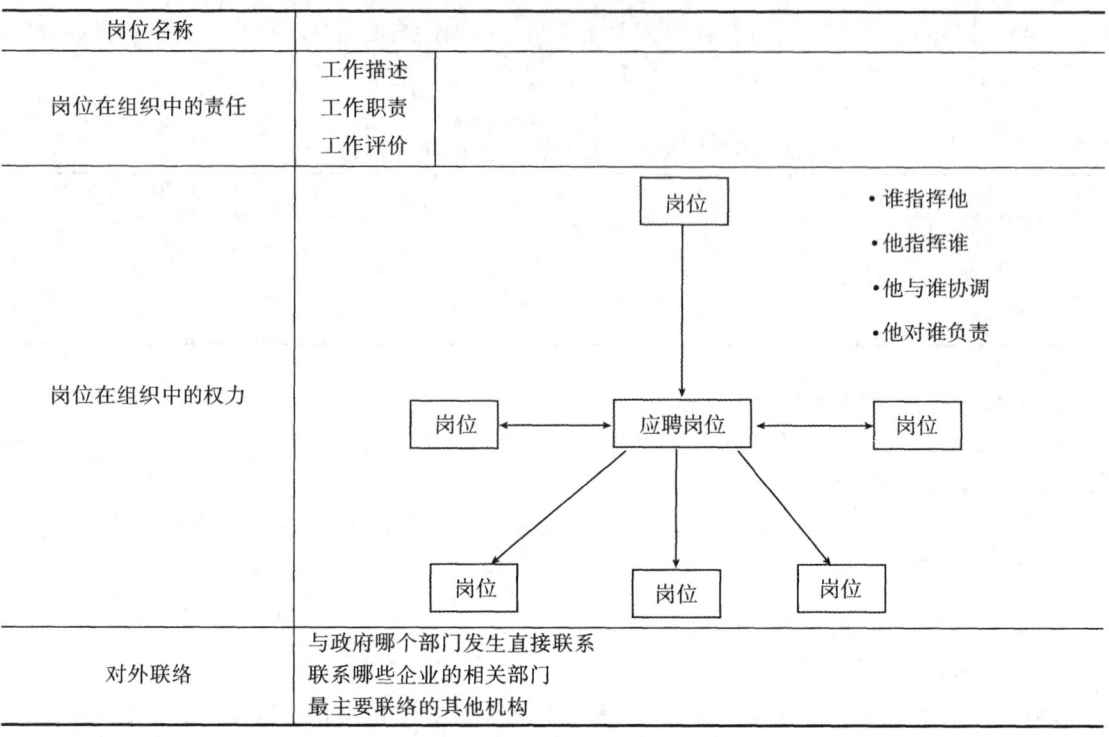	
对外联络	与政府哪个部门发生直接联系 联系哪些企业的相关部门 最主要联络的其他机构	

表 7-8 能岗匹配表

应聘岗位:	应聘者:
基本情况要求	基本情况
年龄: 性别: 专业: 过去的经历:	年龄: 性别: 专业: 过去的经历:
性格特征要求	性格特征
能力要求	能力
总体评价	

2. 聘用人员的基本条件

（1）自觉遵守国家法律和公司的规章制度，具有良好的职业道德，在此基础上结合学历、能力、技能、经验择优录取。

（2）年龄必须在 18 周岁以上具有完全民事行为能力，男一般不超过 55 周岁，女一般不超过50周岁。

（3）具有下列情况之一者，不得招用：剥夺政治权利尚未恢复；被判刑或被通缉，尚未结案；参加非法组织；吸食毒品；拖欠公款，有记录在案；经体检，本公司认为不合格。

（4）管理岗位：高中以上学历，具有三年以上工作经验；大学专科及以上学历；具有岗位相应职称。

（5）技术岗位：从业资格证书及相关证明、技术等级证书。

（6）特殊岗位：健康证。

3. 聘用程序

（1）各中心确需增员，填报《人员需求申请表》，交公司办公室核转，报经理室审批。经批准后，办公室制定招聘方案并组织实施。

（2）办公室会同用人部门进行招聘准备工作：确定招聘的岗位、人数、要求；拟定招聘途径、日程；根据岗位要求编制问卷和面试纲要；成立面试小组；应聘人员填写《员工履历表》，各类证件原件及复印件，交至办公室核实；对应聘人员进行初试，登记面试记录，确定二次面试名单，报经理室。

（3）由经理室进行二次面试，确定最终录用人员。

（4）建立个人档案，录用人员交齐身份证复印件一张、一寸照片四张。个人资料以后如有变动，应及时报公司办公室。

（5）若日后发现所报材料与实情不符，可终止其劳动关系，并不做任何经济上的赔偿。

案例二：某事业单位《职员岗位聘任管理办法（暂行）》

为深化事业单位人事制度改革，建立符合我县事业单位职员岗位特点的管理制度，实现事业单位人事管理的科学化、规范化和制度化，根据自治州事业单位岗位设置和聘任管理有关规定，结合我县实际，制定本办法。

1. 岗位聘任管理原则

事业单位职员岗位聘任管理应坚持按需设岗、按岗聘任、按岗取酬的原则；民主公开、竞争择优、德才兼备的原则；岗位结构、最高层次、最高限额控制的原则；分级管理、人岗相适、能上能下的原则。

2. 岗位设置

（1）事业单位职员岗位的设置应根据单位的规格、规模和隶属关系，适应增强单位运转效能、提高工作效率、管理水平的需要，按照干部人事管理有关规定和权限设置。职员岗位的最高等级原则上不超过本单位的最高行政级别。

（2）根据我县实际，事业单位现行的科级正职、科级副职、科员、办事员依次分别对应7~10级职员岗位。

（3）事业单位行政领导职员岗位职数依据编制部门核定的单位领导职数设置，行政事务职员岗位职数由组织、人事部门审核确定。

相当于科级事业单位中行政事务职员岗位中7级、8级职员岗位职数不得超过7级、8级行政领导职员岗位职数的50%，其中7级行政事务职员岗位职数不得超过7级、8级行政事务职员岗位职数之和的50%。

行政事务职员岗位中9级、10级职员岗位，由事业单位根据需要和规定的条件进行设置。

（4）事业单位核定的7级、8级行政事务职员岗位，要优先消化原设置的7级、8级职员过渡岗位。

3. 岗位任职资格

各等级职员岗位一般应具有中专以上文化程度,其中 8 级以上职员岗位一般应具有大学专科以上文化程度。

7 级行政领导职员岗位,须在 8 级行政领导职员岗位工作 3 年以上;7 级行政事务职员岗位,须在 8 级行政事务职员岗位工作 3 年以上;8 级职员岗位,须在 9 级职员岗位工作 3 年以上。

(1) 事业单位应按照有关规定,根据自己的实际情况,制定本单位各等级职员岗位职责和其他任职条件。

(2) 新参加工作的管理人员试用期(见习期)满后,由单位根据实际工作需要聘任相应的岗位等级。中专以上学历的毕业生,可聘任为 10 级职员,任 10 级职员 3 年以上的,可聘任为 9 级职员;大学本科毕业生,可聘任为 9 级职员;获得硕士学位的研究生,可聘任为 8 级职员;获得博士学位的研究生,可聘任为 7 级职员。

4. 聘任办法

(1) 事业单位行政领导职员岗位,原则上实行竞聘上岗。对一些专业性较强、本单位无合适人选的岗位,也可面向社会公开招聘。对政策性安置的,可根据其原任职情况,直接聘任到相应性质的领导职员岗位或行政事务职员岗位。事业单位其他职员岗位,在编制范围内实行双向选择、按岗聘任。

(2) 事业单位空编空岗补充行政事务职员,一般应公开岗位和条件,实行公开招聘,择优聘任。

(3) 职员岗位聘任期限一般为 2~4 年,聘用期限应在聘用合同期内。晋升或转任行政领导岗位的职员实行 1 年试用期,晋升或转任行政事务岗位的职员实行 6 个月的试用期。聘任期包括试用期。

(4) 职员岗位聘任必须签订聘任合同,聘任合同采取书面形式,一式三份,单位与受聘人员各执一份,入人事档案一份。

(5) 职员岗位聘任人员发生等级变动时,须填写《事业单位聘用人员岗位等级变动审批表》,按规定程序审批后,方可办理工资调整手续。

[案例讨论]

招兵买马之误

Nlc 化学有限公司是一家跨国企业,耐顿公司是 nlc 化学有限公司在中国的子公司,主要生产、销售医药产品,随着生产业务的扩大,为了对生产部门的人力资源进行更为有效的开发管理,分公司总经理把生产部门的经理——于欣和人力资源部门经理——周建华叫到办公室,商量在生产部门设立一个处理人事事务的职位,主要担任生产部和人力资源部的协调工作。最后,总经理说希望通过外部招聘的方式寻找人才。

其招聘广告刊登的内容如下。

您的就业机会在 Nlc 化学有限公司下属的耐顿公司。

1 个职位:如果希望在发展迅速的新行业的生产部门做人力资源主管,主管生产部和人力资源部两部门协调性工作，请把简历寄到耐顿公司人力资源部。

在一周的时间内，人力资源部收到了800多份简历，经过筛选，留下5人，由于欣直接面试。于欣经过筛选后认为可从两人中做选择——李楚和王智勇。他们将所了解的两人资料对比如下：李楚，男，企业管理学士学位，32岁，有8年从事生产和人事管理经验，在此之前的两份工作均有良好的表现，可录用；王智勇，男，企业管理学士学位，32岁，有7年从事生产和人事管理经验，以前曾在两个单位工作过，第一位主管评价很好，没有第二位主管的评价资料，可录用。

从以上的资料可以看出，两人的基本资料相当。但值得注意的是，王智勇在招聘过程中，没有上一个公司主管的评价，公司告诉两人一周后等待最后的用人通知。在此期间，李楚在家静待佳音；而王智勇则主动打过几次电话给周建华。经过公司商量，最后决定录用王智勇。

王智勇来到公司工作了6个月，在工作期间，经观察发现王智勇的工作不如预期的好，指定的工作他经常不能按时完成，有时甚至表现出不胜任其工作的行为，因而引起了管理层的抱怨，显然他对此职位不适合，必须加以调整。

然而，王智勇也很委屈：来公司工作了一段时间，招聘所描述的工作环境和各方面情况与实际情况并不一样。原来谈好的薪酬待遇在进入公司后又有所减少。工作的性质和面试时所描述的也有所不同，也没有正规的工作说明书作为岗位工作的基础依据。

那么，到底是谁的问题呢？

此次招聘工作在招聘流程结束后没有对整个招聘工作进行科学的评估，它看似完成了，但实际是个"失败"结果。耐顿公司总裁也许没有想过：录用王智勇失败的主要原因是企业人力资源管理流程存在不足及招聘中出现的种种失误或错误。由于招聘工作不是独立于其他人力资源管理活动而单独存在的，所以它的失败同时反映出企业整体人力资源管理工作的不足。企业需要意识到：在招聘、筛选、录用的整个流程中，每一"点"的失误可能会给今后企业人力资源管理工作带来一个"面"的损失。企业如何在"招兵买马"中做好伯乐的角色呢？下面我们想分析一下以上案例在招聘操作中的种种不足。

1. 缺乏人力资源规划和招聘规划

一般情况下，企业应根据其经营战略及时制订相应的人力资源规划和招聘规划，企业招聘中出现的问题通常是由缺乏人力资源规划和招聘规划造成。由于缺乏合理的招聘规划，企业不能及时招聘到合适的员工，不仅会影响到企业经营战略的执行，还会由人员短缺导致现有员工工作压力剧增，影响员工工作积极性，造成所需要完成的工作越来越多的滞留，导致企业经营能力减弱，企业信誉度下降。

2. 缺少工作分析

看了耐顿公司的招聘广告，会使读者有一种应聘的冲动，但冲动不能解决问题。求职者需要了解详细的工作岗位信息。求职者不知道该岗位是做什么的，公司没有对招聘岗位做出详尽的工作描述，也没有向求职者提到胜任该岗位所需的知识、技能、体力等方面的要求。这样在下来的招聘环节中，会有大量的不适合本岗位的人员前来面试，增加面试工作的负担。

3. 招聘程序不规范，没有对候选人进行科学的筛选和录用

许多企业的招聘和耐顿公司的做法有着相似之处：在招聘程序中许多步骤或科学的甄选

方式已经被省略了。案例中求职者李楚和王智勇的面试考核资料中，只有姓名、性别、学历、年龄、工作时间及以前工作表现等基础信息，对人员筛选来说这些资料是远远不够的。一般企业在这时候往往通过面试时对求职者的主观印象做出判断，这种判断的客观性和准确性是值得怀疑的。另外，耐顿公司没有通过模拟情景评测方式和其他的量化评定方式来考核求职人员，在面试时这样做会对招聘工作的结果造成影响。

讨论题：

1. 结合案例谈谈工作分析对人员招聘的影响。
2. 如果让你来制作这个招聘广告，你会怎么做？

HAPTER 8

第八章 工作分析与员工培训

[内容提要]

本章主要介绍工作分析与员工培训的关系、工作分析与培训需求的确定、工作分析与培训方案的设计,并对培训效果的评估问题进行探讨。

[学习要点]

1. 明确员工培训的含义;
2. 理解工作分析与员工培训的关系;
3. 了解培训需求分析的步骤;
4. 理解如何根据工作分析确定培训需求。

[引导案例]

销售代表为什么辞职

某国有通信设备生产企业为了开拓外地市场,从人才市场上招聘有经验的销售代表。一个月后,通过多次选择,终于确定录用一位有日用消费品销售经验的人员。这名销售人员原来在外资企业工作,有五年从事销售工作的经验,在几次面试中都表现出良好的销售技巧。由于市场需要和时间压力,该员工被录用后仅在公司总部停留两天的时间,没有接受相关的入职培训,简单了解一下公司的业务和工作流程,就被派驻外地担任某个区域大型通信设备及通信网络设计服务的销售代表,负责市场推广工作。三个月过去了,该地区的市场推广工作毫无起色,该员工由于对通信行业的专业市场不熟悉,感到工作的困难较大,并由于工作业绩不佳而提出辞职。

这则案例告诉我们,培训是提升员工工作业绩,进而提升企业竞争力的重要手段。一个企业要想增强自己的竞争优势,就必须提高培训工作的针对性和有效性。员工培训与工作分析是密不可分的,企业应该在了解不同岗位的工作性质与内容,所需要的知识、能力与技能的基础上确定培训的内容与方式。本章主要介绍工作分析与员工培训的关系、工作分析与培训需求的确定、工作分析与培训方案的设计,并对培训效果的评估问题进行探讨。

第一节 工作分析与员工培训的关系

一、员工培训的含义

员工培训是指使用一定的科学方法,通过对员工在知识、技术、能力和态度方面的训练,提高员工的能力,从而提高员工当前或未来的工作绩效。

绩效水平受到诸多因素的影响,如员工的技术、知识、工作态度、生产工艺、管理水平等。一般来说可从以下几个方面来测定绩效不佳的原因:①技术,是指员工是否具备从事该工作的专业技术;②能力,是指员工是否具备从事该工作的能力;③知识,是指员工是否知道如何去做该工作;④态度,是指员工是否愿意去做该工作。

当一个组织的绩效不佳是受员工的技术、知识和态度等因素影响时,就需要通过培训来解决。培训是由一系列学习机会组成的,这些机会可以促进员工技术、知识、能力和态度的改变,从而提高员工工作绩效。

二、员工培训的重要性

进入 21 世纪,培训在各类组织中变得日益重要,企业之间的竞争日益演变成企业知识与能力的竞争。培训在培养和增强员工能力的过程中扮演着重要角色,成为企业战略管理的重要环节。此外,飞速变革的技术要求员工不断增长自己的知识、技能和能力,从而适应新的流程和系统。

培训的重要性主要表现如下:①培训能够使员工更加认同组织文化,更加清楚组织目标;②培训能使员工加深对岗位要求的理解,提高员工分析问题、解决问题的能力和专业技术水平,减少工作失误和事故;③培训可以提高企业开发与研制新产品的能力;④当培训产生效果时,就可以减少管理成本,使管理者从日常管理事务中解脱出来,用更多的精力考虑全局性、战略性问题;⑤当企业要推行管理变革时,良好的培训环境有利于促进员工转变观念,同时也为员工适应企业变革的需要做好技能上的准备；⑥培训具有激励作用，有利于提高员工的工作积极性，增强员工的归属感和成就感。

三、工作分析与员工培训的关系

（1）工作分析有利于员工培训需求的确定。企业开展培训工作时，必须了解培训的需求、培训的目的，哪些人需要培训，培训的内容是什么，需要何种方式的培训，预期的培训结果是什么。而这些培训需求的确定都离不开工作分析，通过工作分析了解各岗位工作的性质与任务、所需的工作能力与操作技能，才能有效地开展培训工作，降低培训成本。

（2）工作分析是设计员工培训方案的基础。在企业中不同部门、层次、工作的岗位，其工作性质与内容、任职资格要求是不同的。完全按照一套培训课程进行培训将无法真正满足不同岗位的个性化培训需求，企业需要在工作分析的基础上，根据各岗位的不同特点，有针对性地设计不同岗位的培训方案，提高培训工作的有效性。

第二节　工作分析与培训需求的确定

员工培训是人力资源开发与管理的重要组成部分，是开发现有人力资源和提高人员素质的基本途径。招聘到优秀人才并不等于拥有了优秀的员工，所以通过组织学习来帮助员工获得成功的信息与技能，提高员工的自主性与自觉性是非常重要的。

因此，员工培训也需要进行投资收益分析。培训所需的投入包括人力、物力、财力，可以将这些培训的投入视为一种投资，有人认为培训是一种购买可能带来预期收益或利益的行为，也有人认为培训是一种维持成本，即通过不断的培训，维持员工的绩效水平不至于因为知识、技能的老化而下降。无论是哪一种观点，作为培训的最大投入者——组织，必须能衡量培训是否可以真的为企业带来相应的收益。在组织运作中，培训的一个主要目的就是帮助组织提高业绩表现。如果不能达到这一目标，那么培训的作用就值得怀疑了。为了增强组织培训的有效性，需要针对组织中有待培训的个体、群体甚至整体进行培训需求分析。

一、培训需求分析

培训需求分析指的是在工作过程中确定培训需求，并确保在满足这些需求的同时，公司的金钱、时间及努力不会浪费在无谓的培训活动中。培训需求分析是由提问、回答、澄清与记录业务运作中存在的一系列问题所组成的系统过程，而这些问题可以通过培训解决。通过培训可以解决的问题必须与员工达到工作标准所欠缺的知识、技能和技巧有关。

需求产生于目前的状态与理想的状况之间存在的差距，这一差距就是"状态缺口"。企业有培训需求，也正是由于存在"缺口"。企业对雇员的能力水平提出的要求就是"理想状态"。而员工本人目前的实际水平即为"目前状态"，两者之间的差距就是"状态缺口"。企业要努力减小这一"缺口"，就形成了培训需求。

培训需求分析不仅局限于企业中的每个员工，也应该包括企业组织结构及每一个具体的岗位。当一个企业中员工的知识、技能、创新等系统达不到企业发展的目标和要求时，该企业就存在培训的需要。因此，培训需求分析是确定培训目标和设计培训规划的前提，也是进行培训评估的基础。

二、培训需求评估的作用

培训需求评估对企业的培训工作至关重要,它是真正有效地实施培训的前提条件,是使培训工作准确、及时和有效的重要保证。

企业如果没有做好培训需求评估,培训项目就不能很好地满足被培训者的需要,也就无法评价培训是否取得成功,也无法判断是否要对培训项目进行改进,这一项目是否可行,所花时间和金钱是否值得。

培训需求评估有以下一些作用:①了解受训员工现有的全面信息;②确定员工的知识、技能需求;③明确培训的主要内容;④提供培训材料;⑤了解员工对培训的态度;⑥可以获取管理者的支持;⑦有利于估算培训的成本;⑧避免时间和金钱的浪费;⑨使培训做到量体裁衣;⑩提供测量培训效果的依据。

三、培训需求分析的必要性

对症下药,才能要到病除,培训工作也是如此。企业经营管理会遇到许多不同的问题,解决企业存在问题的方法或途径也有所不同。因此在开展培训工作时首先就要分析培训是否必要,或者说培训是否是解决问题的最优方法。培训需要的分析框架见图 8-1。

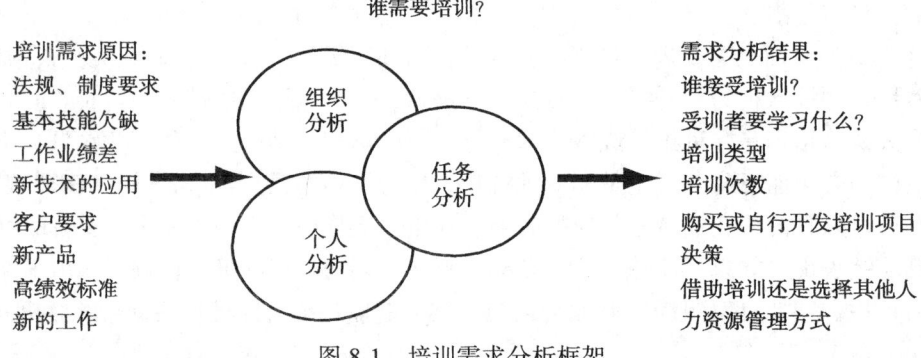

图 8-1　培训需求分析框架

见图 8-1,培训需求分析是培训成功的关键步骤,包括三个方面:组织分析、工作分析与个人分析。

(1) 组织分析。通过组织分析,了解相关背景,判断培训与公司的战略和资源是否相适应、组织中的人员对培训是否支持。

(2) 工作分析。通过工作分析,确定培训内容应该是什么。工作分析侧重于研究具体的工作行为与期望的行为标准。通过工作分析,并结合对员工的实际绩效分析,找出两者之间的差距,从员工的角度出发确定需要接受什么样的培训。

(3) 个人分析。通过个人分析,明确哪些人需要培训,明确员工是否具备基本的技能、态度和信心,明确使他们可以掌握培训项目的内容。

根据"冰山理论",影响员工行为的因素包括知识、技能、态度和习惯。在海平面上可看到的,可称之为"行为",也就是说一个人表现在外,为人所看到的,如同冰山一角。行为的构成，源于员工知识的多少、技能的熟练度、态度及习惯的好坏。所以，根据员工的行为，可判断出员工在知识、技能、态度及习惯方面存在的问题。找准问题，对症下药，从而使培训达到预期的目的。

四、培训需求分析的步骤

（一）培训需求分析需要了解的问题

在培训需求分析的过程中，需要准确地了解以下问题。

（1）工作任务是什么，完成工作任务所需的知识、技能是什么。

（2）员工是否具备工作岗位所需的知识、技能，是否存在上岗前的培训需求。

（3）业绩表现问题是否存在，能否具体地描述哪些员工存在业绩表现问题，这些问题的具体表现形式是什么，如何帮助员工解决这些问题。

（4）员工是否知道应该怎样做这份工作。

（5）员工是否了解工作的标准。

（6）员工的工作方法与技巧怎么样。

（7）业绩表现的差距是什么。

（8）为什么会有业绩表现的差距。

（9）产生差距的原因是什么。

（10）产生差距的后果是什么。

（11）这些后果会有什么严重性。

（12）是否有培训需求。

（13）培训的内容应如何安排。

（14）以前是否有进行过类似的培训，是否达到了所需的培训效果，为什么仍需要培训。

伊莱克斯公司对员工的培训是在市场调查的基础上展开的。公司培训部对每一个课程的设置都需要大量的考察准备工作。例如，销售培训，培训师必须跟着销售员一起去拜访零售商场，去看伊莱克斯专柜的销售情况，去看销售员是怎么卖东西的，另外还要征求顾客、商场人员、公司业务人员、零售人员、促销人员、销售经理的意见和需求。根据这些反馈信息确定哪些是必需的，哪些是需要改进的。在培训课程的修订过程中，还要查阅很多资料，召开研讨会。综合所有意见后，才能最终形成一个相对完善的培训课程。这样的课程因其实用性、针对性、独到性而赢得员工的欢迎。另外，公司各部门有一些优秀的人才，培训部会为他们安排一些课程，充分利用他们的资历和经验为普通员工服务，当然公司会有一些配套的奖励机制。营销培训师张铸久说，专业性很强的培训，单靠培训部的力量是不够的，培训部的作用更多的是协调整合的作用。

伊莱克斯公司还组织员工和经销商的培训大会。在培训过程中学习"有关市场营销的课程"和交流情感。这样就拉近了伊莱克斯员工与经销商之间的距离。作为朋友谈生意当然和作为客户谈生意是不同的。而有关市场营销的培训课程，由于是基于充分市场调研基础上的，非常专业实用，因而也受到了经销商的热烈欢迎和很高的赞誉。

（二）培训需求分析的步骤

（1）记录绩效表现中存在的问题。

（2）对绩效问题进行调查。
（3）制订培训需求分析计划。
（4）选择分析工具。
（5）实施分析。
（6）整理分析数据。
（7）撰写分析报告。

五、工作分析与培训需求确定

培训需求分析是以对工作任务的分析为基础的。在进行培训需求分析时，需要通过检查各岗位的工作说明书及任职资格要求，发现从事某项工作的具体内容和完成该工作所需具备的各项知识、技能和能力，并在此基础上确定培训需求以及相关的培训内容。

具体步骤如下。

（1）根据组织战略目标需要确定需进行分析的工作。
（2）根据该工作岗位的工作说明书列出基本的任务及完成这些任务所需技能、知识的清单。
（3）列出员工完成每一项工作任务的具体步骤。
（4）根据内外部环境的变化重新确认工作任务和所需技能：①对员工的工作过程进行反复观察，特别是操作性、重复性较强的工作，以确认工作说明书中的工作任务、工作技能要求是否符合实际；②与有经验的员工及部门主管进行访谈，以对工作任务和所需技能进行进一步确认；③对同行业发展情况进行相关资料收集和整理，以便确定最新的技术与工作动态，根据情况调整现有的工作说明书。
（5）为各工作岗位制定针对培训需求分析的调查表，如业绩考核指标培训需求调查表、具体能力培训项目调查表、任职资格培训信息调查表等，通过让员工填写这些表格，可以收集到关于培训的有关资料（表8-1~表8-3）。

表8-1　业绩考核指标培训需求调查表

姓名_____　部门_____　岗位_____　填表日期_____

请在任何您认为符合目前培训需求的地方做出标记

项目	细目	培训需求程度			培训时间建议		参加人员			培训方法建议				其他
		一般需要	需要	很需要	开始时间	结束时间	自愿参加	指定人员参加	部门全体员工	在岗培训	脱产培训	内部培训	外部培训	
理论知识														
工作技能														
工作经验														

表 8-2 具体能力培训项目调查表

姓名_____　部门_____　岗位_____　填表日期_____

请在任何您认为符合目前培训需求的地方做出标记

项目	细目	培训需求程度			培训时间建议		参加人员			培训方法建议				其他
		一般需要	需要	很需要	开始时间	结束时间	自愿参加	指定人员参加	部门全体员工	在岗培训	脱产培训	内部培训	外部培训	
基本技能														
管理能力开发														
具体知识能力补充														
工作态度														

表 8-3　任职资格培训信息调查表

姓名_____　　部门_____　　岗位_____　　填表日期_____

请在任何您认为符合目前培训需求的地方做出标记

项目	细目	培训需求程度			培训时间建议		参加人员			培训方法建议				其他
		一般需要	需要	很需要	开始时间	结束时间	自愿参加	指定人员参加	部门全体员工	在岗培训	脱产培训	内部培训	外部培训	
知识要求														
经验要求														
能力要求														

第三节　工作分析与培训方案设计

一、现代企业员工培训的基本思路

企业员工培训的基本思路就是通过提高员工的知识、技能和素质，使员工适应新环境、找到新岗位、进入高层次以及发展新技能，见图 8-2。

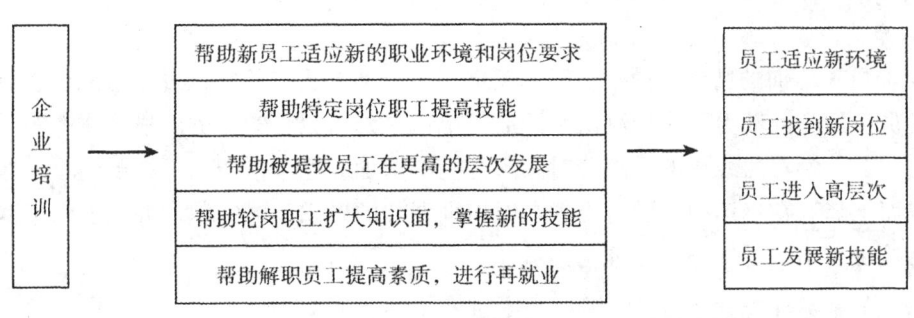

图 8-2　员工培训的基本思路

二、培训方案设计

（一）培训方案设计的原则

在培训需求分析完成之后，接着就要进行培训方案的设计，在培训方案的设计中，应坚持以下原则。

1. 明确培训目标

在对组织、工作以及员工进行分析之后，管理者应该对培训需求形成一个完整的图像。将这一图像文字化，就形成了培训中的目标指引。它描述了所需掌握的技能、知识和所期望的员工工作态度。

2. 了解受训者情况

通过工作分析可了解员工在他们的工作任务中哪些知识、技能已经老化，哪些态度不利于工作业绩的实现，哪些方面的改变能更加促进生产率的提高。通过对员工个人情况的分析，可以掌握他们的背景材料，了解他们是否有足够的知识与技能接受和消化培训内容。在综合评定他们的培训需求与学习能力后，有针对性地提供相关培训。必要时，管理者还可以通过设计问卷来了解员工对培训课程的接受能力和准备程度。

3. 知识性与趣味性相结合

任何有用的知识或技能如果以枯燥乏味的方式表达出来的话，员工对培训内容的接受程度就会很低。只有通过生动有趣的表达或者含义深远的阐述，才能让员工接受，激发员工的学习愿望。要实现培训的生动有趣，借助教学设备或者实际案例让受训者投入其中是很重要的。

4. 注重实际体验

仅通过授课或讲座来传授知识技能，其效果远比不上让受训者亲自操作一遍。因此，在员工培训中，在传授相关知识技能的同时，还应给员工创造实际体验的机会，使员工真正掌握所学知识技能。

5. 考虑个体差异

不同类型的员工的学习方式也各不相同。例如，有些人看一遍材料就能把大意背出来，而有的需要三四遍甚至七八遍才可以记住。一些学员在大型讲座类的学习场合表现得极为糟糕，但在一些小型的讨论班内却游刃有余。因此，培训课程应该尽可能考虑并适应员工的个体差异，符合各类学员的学习风格和学习能力。

6. 反馈

伴随着员工培训的进展，通过实际的反馈，可以检查员工的知识进步情况，也有利于保持并激发员工的学习动力。采用测试手段或其他记录，可以将学习进展描绘在图表上，称为"学习曲线"。学习曲线指的是随着时间和经验的增加，每单位产出所需要的小时数会随一系列原因而下降。在培训中，随着受训者对培训课程的熟悉、对知识掌握程度的加深，会越来越容易接受所培训的知识、技能与经验。

（二）培训方法与培训技术

企业培训的效果在很大程度上取决于培训方法的选择。当前，企业培训的方法有很多种，不同的培训方法具有不同的特点，其自身也是各有优势。要选择合适有效的培训方法，需要考虑到培训的目的、培训的内容、培训对象的自身特点及企业具备的培训资源等因素。常见的培训方法主要有以下几种：①课堂讲授法；②工作指导法；③视听技术法；④研讨法；⑤案例研究法；⑥角色扮演法；⑦游戏法；⑧工作轮换法；⑨网络培训法；⑩参观访问法。

对以上各种培训方法，我们可按需要选用一种或若干种并用或交叉应用。由于各类企业人员结构、内部工种、技术要求各不相同，企业培训必然是多层次的、多内容、多形式与多方法的。这种特点要求培训部门在制订培训计划时，就必须真正做到因需施教、因材施教、注重实效。

案例一：宝洁的 Build a Tower 游戏

Build a Tower 游戏内容如下：在 15 分钟内，仅用报纸和透明胶纸在地上搭一个塔，越高越好。参与者在完成任务的过程中发现了这样的难题：垒到一定高度后，发现塔根本站不住，因为中间有些"关节"比较脆弱。所以应先解决稳固程度，再解决高度。于是在每个关节处加固，但最后还是站不稳。因为毕竟只是报纸和透明胶布，塔基根本不牢固。有一个较好的解决办法：用胶纸从四个方向把塔身和地面连起来，起到平衡作用。

到这里，宝洁想要告诉员工的已经很清楚了：每张报纸何尝不是宝洁的每项业务，或者说开发的某种产品，目标是"塔尽可能高"，即公司要不断开发新的产品，寻找新的利润增长点，开拓新的业务，这样才能使企业不断成长和发展。而在这些产品开发和业务拓展的过程中，产品和产品的关联度，业务与业务的衔接是很重要的，体现在"报纸与报纸的黏合处"上。然而解决了这个问题，却还没有很好地解决"稳固"的难题。最后解决办法是用胶纸"一以贯之"，从各个不同的方向将地面—塔基—塔身用胶布连起。在公司的经营过程中，胶布何尝不是一种管理要素，而这"一以贯之"的胶布难道不像企业的哲学、企业的精神、价值观，以及企业的文化吗？有共同的目标、共同的理念，整个企业才能稳固地不断成长，才能将企业的产品、业务统一到企业整体的经营活动中，落实到员工们的行动上。

这个培训游戏其实告诉我们这样一个重要道理：管理的重要作用，企业文化的强大黏合力，企业的各部分需要有效地结合。

从这个案例中可以看到，宝洁采用了游戏法这种生动有趣的培训方式对员工进行培训，在 Build a Tower 游戏中，游戏本身不仅是在测团队的分工能力和考察领导者把握重点的能力，它还告诉被测者重要的企业哲学。

三、工作分析与培训方案设计

在企业中存在着既相互联系又相对独立的不同部门,每个部门中的工作人员又相对有着不同的岗位职责,这就决定了各部门所需要的培训内容是有所区别的,而同在一个部门工作的员工,又因其岗位高低和本职工作的不同在培训需求上也各不相同,完全按照一套培训课程进行培训将无法真正满足这种个性化的需求。因此,培训工作应该像现代市场营销中为客户提供量身定做的个性化服务或个性化产品一样,应在工作分析的基础上,针对不同的工作岗位选择培训项目及课程内容设置。

（一）常规管理的培训课程

常规管理培训课程一般是针对组织中所有管理层人员而设立的基础管理知识和管理技能培训项目,它不像人力资源管理培训、营销管理培训、生产管理培训等课程那样比较强调其专业领域的知识和技能,而更多的是对通用的管理知识进行系统培训,从而提高组织内部管理人员的综合素质。常规管理培训课程见表 8-4。

表 8-4 常规管理培训课程

课程内容	训练对象		
	高层	中层	基层
现代管理者的挑战及误区	√	√	
管理者的角色与管理原则	√	√	
组织远景与战略决策	√	√	
学习型组织再造与管理系统流程革新	√	√	
企业文化管理艺术	√	√	
目标与绩效管理艺术	√	√	√
计划与执行管理艺术	√	√	√
控制与改善管理艺术	√	√	√
部属培育与激励管理艺术	√	√	√
有效授权管理艺术	√	√	
沟通和协调管理艺术	√	√	√
信息和资源管理艺术	√	√	√
领导力发挥	√	√	
工作效率与自我形象管理	√	√	√
倾听与询问能力训练	√	√	√
观察与分析能力训练	√	√	√
面谈和谈判能力训练	√	√	√
会议技能训练	√	√	√
商业礼仪技能训练	√	√	√
创新能力训练	√	√	√

一般来讲,常规管理培训课程要求企业内部所有管理人员都要参加培训,上到企业决策层,下到企业小组长、班长,而这一培训内容主要由两部分组成:一是基础管理知识;二是

基础管理技能。

常规管理培训课程的培训绩效一般表现在如下几个方面：①系统地了解管理学基础知识，提升管理者的管理技能；②加强管理者对自身角色和工作职责的认识，产生主动管理意识；③对以往管理经验进行重整，明确其中的偏差并掌握纠偏和改进的方法；④掌握基本管理工具的应用；⑤提高工作的计划性、目标性和效率；⑥减少管理不到位造成的浪费和损失；⑦建立管理沟通意识，提高团队配合意识。

（二）营销管理者培训课程

在市场经济环境下，营销工作已经被视为企业各项工作的重中之重，企业能否生存，能否占领市场并在激烈的市场竞争中立于不败之地，营销工作起着非常重要的作用。营销工作与市场环境、组织、管理等因素之间存在着密切的联系。市场环境的不断变化决定了企业营销工作也必须要适应市场环境的变化，即市场组织模式也处于不断的调整中，因此市场营销又决定了企业的组织模式；组织模式出现了变化，用老一套的管理政策和管理方法便会出现很多矛盾，所以，管理的方式方法又要随着组织模式的变化而进行调整。反过来说，管理的方式方法是为组织模式服务的，不同的组织模式需要采用不同的管理政策和方法，如IT企业与传统的生产型企业的管理政策和方法就有所区别。同样，组织模式又是为企业营销服务的，如营销策略的主要目标是开拓全国甚至是全球市场时，在合适的地区设立分支机构，加强基层组织建设就是必需的。由此可见，营销工作者在组织中的角色地位是十分重要的。

营销管理者培训课程的变化较大，不同的企业规模往往需要不同的营销培训，跨国公司更加关注国际市场的运作，而国内中小型企业则更加关注国内市场的运作。另外，随着市场环境的变化速度加快，对营销管理者的反应能力及营销信息系统的建设和管理越来越重视，这又导致营销管理者的培训课程要因时、因地、因人而不断调整。表8-5是营销管理者岗位的常规培训课程。

表8-5　营销管理者的培训课程

课程内容	训练对象		
	高层	中层	基层
现代市场营销理论基础	√	√	√
消费者心理与消费行为	√	√	√
国际国内市场环境及发展	√	√	
现代市场营销战略与战术	√	√	
品牌营销、知识营销、网络营销、细化营销与服务营销	√	√	
电子商务	√	√	
国际贸易	√		
国际与国外市场政策	√		
中国企业营销诊断与对策	√	√	
现代市场营销调查研究	√	√	
营销决策	√		
营销方案的制订	√	√	
营销产品设计	√	√	

续表

课程内容	训练对象		
	高层	中层	基层
营销价格策略	√	√	
营销渠道与市场区域策略	√	√	√
营销竞争战略与战术	√	√	
现代市场营销政策	√	√	√
营销物流管理	√	√	√
营销财务管理	√	√	√
营销组织建设和管理	√	√	√
营销风险与客户管理	√	√	√
营销推广	√	√	√
营销信息系统建设管理	√	√	√
营销品牌管理	√	√	√
营销公共关系建设	√	√	√
营销控制	√	√	√
营销评估	√	√	√

营销管理培训课程的培训绩效主要体现在如下几个方面：①有效提升市场反应能力；②有效提升品牌形象；③提高市场占有率；④建立完善的营销体系；⑤降低营销风险；⑥了解电子商务和国际市场的运作。

（三）销售人员培训课程

销售人员的培训是企业内部经常组织的培训项目之一，其培训内容涉及初级层面的技能、态度，同时也多数涉及较深的潜能开发层面，这是由销售人员从事的工作压力较大，所要承受的挫折较多这一特定因素决定的。因此在设计销售人员培训课程是要更多考虑怎样提高销售人员克服困难能力、自我管理能力以及社交能力。课程内容范例见表8-6。

表8-6　销售人员培训课程

课程内容	训练对象		
	高层	中层	基层
现代市场营销与销售	√	√	√
销售基本概念和理论	√	√	√
销售与社会、企业及个人的关系	√	√	√
伟大的销售前辈与职业前景	√	√	√
销售产品或服务所属行业专业知识	√	√	√
顾客类型及心理把握	√	√	√
销售人员的素质、品格与态度要求	√	√	√
销售人员的仪表和礼仪技巧	√	√	√
销售人员的自我目标和计划管理	√	√	√
销售前的准备	√	√	√
顾客约见与心理距离的拉近	√	√	√
销售谈判艺术	√	√	

续表

课程内容	训练对象		
	高层	中层	基层
观察、倾听和询问技巧	√	√	
促成销售的方法	√	√	
与顾客沟通的方法	√	√	
倍增销售业绩的方法	√	√	
处理销售过程中的疑义	√	√	
如何与顾客建立长期业务关系	√	√	
怎样进行电话销售	√	√	
面对大客户的销售艺术	√	√	√
销售人员的团队意识	√	√	√
销售人员的潜能发挥	√	√	√
营销服务管理	√	√	
营销推广	√	√	√
营销信息系统建设管理	√	√	
营销品牌管理	√	√	
营销公共关系建设	√	√	
营销控制	√	√	
营销评估	√	√	

销售人员培训课程的培训绩效可以从以下几个方面来衡量：①掌握销售的系统理论；②提高销售人员克服失败情绪的能力；③提高销售人员社交能力、自我管理能力；④提高销售人员的目标意识和团队意识；⑤提高销售人员的服务意识和服务技能；⑥提高销售人员倍增销售业绩的能力；⑦提高销售人员所在行业专业知识水平；⑧提高销售人员电话销售的能力；⑨提高销售人员与顾客建立长期业务关系的能力。

（四）生产管理人员培训课程

生产管理人员的培训也是企业内部培训的重要项目之一。不论是多么现代化的企业、多么先进的生产设备，如果没有过硬的技术人员和科学的生产管理人员，先进的机器设备就无法发挥其应有的作用，只有通过提高生产管理人员的素质才能够达到提高产品质量、提高生产效率等一系列生产管理目标。生产管理人员培训课程见表8-7。

表8-7　生产管理人员培训课程

课程内容	训练对象		
	高层	中层	基层
现代生产管理系统	√		
现代生产设计	√		
现代生产的机器和工具设计	√	√	
现代生产操作标准化	√	√	√
现代生产的物料控制	√	√	
现代生产和及时生产管理	√	√	√
现代生产计划管理	√	√	√

续表

课程内容	训练对象		
	高层	中层	基层
现代生产的存货管理	√	√	√
现代生产信息反馈系统	√	√	√
现代生产的工艺技术	√	√	√
现代生产的市场沟通	√	√	
现代生产现场管理	√	√	√
现代生产的品质管理	√	√	√
现代生产的损耗管理	√	√	√
现代生产的安全管理	√	√	√

生产管理人员培训课程的培训绩效主要体现在如下几个方面：①降低库存；②减少废品率；③减少产品缺陷；④降低生产损耗；⑤提高生产率；⑥提高生产工人熟练度；⑦减少生产工作的危害；⑧使生产计划符合市场需求。

（五）采购物流管理人员培训课程

对于现代化生产型企业来说，能否最大限度地降低产品生产成本，确立产品在市场中的价格竞争优势，采购物流管理水平的高低将起到关键作用。采购物流管理人员的培训不仅要重视采购物流管理系统管理的方式方法，还要重点培养采购物流人员商务谈判等方面的基本工作技能。采购物流管理人员培训课程见表 8-8。

表 8-8　采购物流管理人员培训课程

课程内容	训练对象		
	高层	中层	基层
采购在组织中的地位与作用	√	√	
信息的组织与沟通		√	
采购组织建设	√	√	
采购人员的甄选与培育	√	√	
采购人员的绩效评估	√	√	
采购人员的激励与控制	√	√	
采购与供应	√	√	
采购的需求管理与分类	√	√	
采购的市场开发	√	√	
采购的价格分析	√	√	
采购的流程设计	√	√	
供应商的调查、评估、选择与管理	√	√	
采购成本分析与控制	√	√	
经济订购量与库存控制	√	√	
采购的付款、包装、运输与验收管理	√	√	
采购的合同管理	√	√	
采购谈判与议价技巧	√	√	
采购招标与竞标方法	√	√	

课程内容	训练对象		
	高层	中层	基层
战略采购与供应链	√	√	
电子商务与电子采购	√	√	√
现代物流与综合运输	√	√	
电子商务与物流配送	√	√	
物流信息管理	√	√	
物流配送体系的设计	√	√	
物流配送成本控制与风险控制	√	√	
物流管理与供应链设计	√	√	

采购物流管理人员培训课程的培训绩效主要体现在如下几个方面：①提高采购物流人员的工作效率；②提高采购物流人员工作规范化意识；③使采购物流人员的工作在确保质量的前提下降低企业成本；④提高采购物流人员商务谈判能力；⑤使采购物流人员能够合理应用现代电子商务手段。

（六）财务管理人员培训课程

财务管理人员不同于其他部门的管理人员，一般企业内部的财务管理人员都具备专业财务知识。因此，企业内部的财务管理人员培训主要体现在思想教育方面，预防经济犯罪行为的发生，另外，企业也应根据实际情况加强对实用性财务管理知识和技能的培训。财务管理人员培训课程见表8-9。

表8-9 财务管理人员培训课程

课程内容	训练对象		
	高层	中层	基层
现代企业投资与决策	√		
现代利润中心制度规划	√		
预算规划与编制	√	√	
成本分析与控制	√	√	
资金管理技巧	√	√	√
企业经营避税策略	√		
如何有效实施年终盘点	√		√
内部审计管理	√	√	√
经济犯罪的预防	√	√	√

财务管理人员培训课程的培训绩效主要体现在如下几个方面：①降低企业投资风险；②提高财务管理流程效率；③降低企业不必要损耗；④使财务预算更加接近实际；⑤财务管理机制健全，并严格贯彻执行。

（七）行政文秘人员培训课程

行政文秘人员作为企业内部管理人员的左膀右臂，其工作效率、态度、对领导命令的理解能力等在企业内部的影响是非常深远的。虽然目前社会上有专业的行政文秘人员教育培训机构，但由于企业的特点不同，管理人员的工作风格、习惯和个性也有着很大差别，对行政文秘人员进行有针对性的培训还是十分必要的。行政文秘人员培训课程见表8-10。

表8-10　行政文秘人员培训课程

课程内容	训练对象（行政文秘人员）
行政文秘人员应有的工作态度	√
行政文秘人员的工作职责与组织角色	√
如何做好领导的左膀右臂	√
电话沟通技巧	√
接待礼仪	√
会议组织技巧	√
专业外语会话	√
商务文案写作	√
文件管理	√
办公室的交际艺术	√
相关事件的处理原则与方法	√
办公室工作安排方法	√
办公室自动化	√
网络基础知识与电子邮件的应用	√

行政文秘人员培训课程的培训绩效主要体现在如下几个方面：①端正工作态度；②加深对工作角色的认识；③提高电话沟通技能；④提高商务文件写作能力；⑤提高处理事件能力；⑥提高办公室日常工作安排能力；⑦提高会议组织能力；⑧提高外语表达能力；⑨提高文件档案管理能力；⑩提高办公室交际能力；⑪提高对自动化办公设备的应用能力。

（八）人力资源管理人员培训课程

从近年来国内企业组织结构设置中人力资源管理部门的出现和地位的提高，已经体现出人本主义管理思想被普遍接受。目前，多数有远见卓识的企业家都将人力资源视为企业的核心资源，而人力资源的管理人员的培训便成为业界关注的焦点问题。常见的人力资源管理人员培训课程设置见表8-11。

表8-11　人力资源管理人员培训课程

课程内容	训练对象		
	高层	中层	基层
企业发展与人力资源管理	√	√	
国际人力资源管理的历史沿革	√	√	
国内人力资源管理的现状	√	√	
人力资源管理者的角色、素质和职能要求	√	√	
人力资源管理的原理与应用	√	√	
中国劳动人事法规的现状	√	√	
人力资源管理战略规划	√	√	
人力资源管理的系统建设	√	√	

续表

课程内容	训练对象		
	高层	中层	基层
人力资源需求管理	√	√	
组织结构设计与岗位描述	√	√	
人才招聘录用管理	√	√	
薪酬管理	√	√	
培训与开发管理	√	√	
职工福利与劳动保护	√	√	
劳资关系管理与纠纷处理	√	√	
绩效考核和员工行为评估	√	√	
员工职业生涯规划	√	√	
员工的满意度调查和组织文化生活	√	√	
人力资源管理的资源整合与调度	√	√	

人力资源管理人员培训课程的绩效可以从以下几个方面衡量：①提高对国家有关劳动法律法规的掌握程度；②提高遵守国家有关劳动法律法规的意识；④系统掌握人力资源管理的基础理论；③提高人力资源管理者的战略意识；⑤提高人力资源管理者招聘、培训、组织设计、管理制度设计方面的具体工作能力；⑥提高人力资源管理者薪酬管理、绩效管理、员工激励等方面的实际工作能力；⑦提高人力资源管理者员工满意度调查、组织文化建设、员工行为评估、员工职业生涯规划等方面的工作能力；⑧提高人力资源管理者解决员工离职、劳动纠纷问题的实际工作能力。

第四节 培训效果评估

一位著名外企总裁说过："我们没有时间仔细计算我们的培训费用到底花费了多少，我们也没有时间计算由培训带来的产出有多大，但我们知道，我们一直在本行业中快速前进，市场份额在迅速节节上升。"不是所有的企业都能在培训后取得很显著的成效。业内人士认为，造成这一现象的一个重要原因就是许多企业只关注培训前期的准备和培训过程的管理，但忽略了对培训效果的评估，从而导致该花的钱花了，不该花的钱也花了，但最终效果却不好。

一、为什么要进行培训效果评估

与管理中的控制功能相似，在企业培训的某一项目或某一课程结束后，一般要对培训的效果进行一次总结性的评估或检查，以便找出受训者究竟有哪些收获与提高。所谓人员培训的评估，就是企业组织在人员培训过程中，依据培训的目的和要求，运用一定的评估指标和评估方法，检查和评定培训效果的过程。实际上，人员培训的评估就是对人员培训活动的价值判断过程。为什么要对培训活动进行评估，评估究竟有哪些好处？这是需要我们首先解决的问题。

（1）通过评估，可以对培训效果进行正确合理的判断，以便了解某一项目是否达到原定的目标和要求。

（2）通过评估，看看受训者知识技术能力的提高或行为表现的改变是否直接来自培训活动。例如，一个管理决策的培训班，选择同样两种水平的小组，其中一个小组参加培训，培训结束后，可以把同一个决策案例分别交给受训过的小组和未经过培训的小组进行讨论决策，如果两个小组得出的决策分析和解决办法相同或类似，那说明受训小组的决策能力没有什么提高，其决策能力并不是直接来自培训活动。

（3）通过评估可以找出培训的不足，总结教训，以便改进今后的培训。

（4）通过评估往往能发现新的培训需要，从而为下一轮的培训提供重要依据。而且通过对成功的培训做出的肯定性评价，也往往能提高受训者对培训活动的兴趣，激发他们参加培训活动的积极性和主动性。

（5）通过评估可以检查培训的成本收益。评估培训活动的支出与收入情况，效益如何，有助于使培训资金得到更加合理的配置。

（6）通过评估可以较客观地评价培训者的工作。一般来说，培训的效果反映了培训者的水平和对待培训的态度。对培训效果的检验评估，有助于培训人员进行自我检查，进一步端正态度，从而不断提高培训的质量，同时也可以正确地对培训者进行绩效评估。

（7）通过评估可以为管理者决策提供所需的信息。而且管理者（主要是领导者）对培训结果的重视，往往也会引起企业其他人员对培训结果的重视，从而提高大家对培训工作的积极性。

二、培训效果从哪些方面进行评估

完成一次培训究竟给员工和企业带来什么，这就涉及培训效果的评估问题。培训的效果可以从以下几个方面进行分析。

（一）所确定的工作任务是否符合实际

研究各个岗位所确定的工作任务是否符合工作实际，是否是员工在实际工作中所完成的，是非常重要的。为确保工作任务符合工作实际，对各个岗位工作任务的确定应建立在科学、合理的工作分析基础上。

（二）培训目标是否直接与工作任务相关

确定培训目标是否直接与岗位工作任务相关，培训内容是否是员工在实际工作中所需要的，员工是否能真正在工作中施行所学知识。如果所培训的知识、能力或技能不是员工在实际工作中所需要的，或者不能将这些知识、技能在实际工作中付诸实施，则会影响培训的有效性。

（三）培训目标的实现程度

培训目标的实现程度与培训系统的有效性直接相关。如果培训系统存在问题，如培训的方式不恰当、培训地点不合理、培训内容不科学等，都会影响培训目标的实现。

（四）管理者对经过培训的员工的感受如何

管理者可以通过反馈、学习、行为和结果四种方式来判断所开展的培训是否真的有效，即经过培训的员工是否能从培训中得到了预期的知识、能力或技能。

1. 反馈

反馈指的是了解员工对培训的直观感受，包括对课程设置、培训者水平、培训氛围、讨论情况以及所授内容是否有价值等的感受。这就像每个学期末进行的问卷评价一样。不过这些评价往往会集中在一些表面的东西上，无法明确判断培训究竟能否为企业和员工带来实际效益。

2. 学习

通常在参加培训前和完成培训时都分别有一次测验，通过测验结果的对比，可以看出员工在对某些知识和技能的认识和了解上的进步。然而，除了对受训者在培训前后进行测验外，还应在同一团队内的未经培训的成员与参加培训的同事之间进行平等标准的比较衡量，可以确保进步的原因是受培训而非其他因素的影响。

3. 行为

在衡量员工的反馈和学习成果时，可能培训效果的得分很高，但这并不意味着培训的内容一定会转移到员工的实际工作中去，体现在员工的实际工作行为上。除了员工自己要善于活学活用外，培训过程也会影响到这种转移的实现。例如，培训课程中的情况是否和实际工作情况相似，培训者是否在授课时强调了一般性的原则而并非仅一些具体行为，企业是否对新知识、新技能的运用给了肯定和鼓励等，这些都会影响培训成果的转移。

4. 结果

培训的目的最终是要使组织获益，因此组织考虑更多的是培训课程的实际效用。实际效用指的是发生费用后所获得的收益。根据所付出的成本来算，如果培训的成本高而收益低，或者员工流动性大，经常因为各种原因离开原有职位，则培训的实际效用就低。

三、培训评估的方法选择

培训评估有各种各样的方法和技巧，主要包括：①民意调查法；②问卷调查法；③面谈法；④核心小组讨论法；⑤观察法；⑥课外作业法。

培训评估没有统一的格式。评估人员可以根据评估目的、评估要求和评估重点自行设计。表 8-12~表 8-15 是培训评估方法的一些例子。

表 8-12　事前相关人员访问表

问题序号	面谈访问主题	回答结果
1	您认为您的下属（上司）有哪些不足？	
2	您期望您的下属（上司）达到怎样的水平？	
3	您的下属（上司）最急需的培训是什么？	
4	通过下属（上司）的培训对您的帮助怎样？	
5	您认为什么样的培训适合您的下属（上司）？	

表 8-13 事后相关人员访问表

问题序号	面谈访问主题	回答结果
1	能谈一下您的下属（上司）通过培训的变化吗？	
2	培训对您的下属（上司）的进步有何帮助？	
3	您的下属（上司）怎样应用培训所学？	
4	您的下属（上司）怎样评价本次培训？	
5	您的下属（上司）还有什么问题没解决？	

表 8-14 培训活动前受训者情况调查

1. 您以前参加过类似的活动吗？
   参加过（　　） 没有（　　）
2. 您对这类的培训感兴趣吗？您认为有必要参加这次培训吗？
   非常感兴趣（　　） 比较感兴趣（　　） 一般（　　） 没兴趣（　　）
   非常有必要（　　） 有些必要（　　） 没必要（　　） 无所谓（　　）
3. 您认为这类培训将对您的帮助如何？
   有很大帮助（　　） 较有帮助（　　） 帮助不大（　　） 没帮助（　　）
4. 您认为本次培训安排合理性怎样？
   _____
5. 您希望通过本次培训解决什么问题？提高哪方面的能力？
   _____

　　　　　　　　　　　　　　　　　　　填表人：　　　岗位：　　　时间：

表 8-15 对课程和讲师的评价调查

（劳驾耽误您一点时间帮助完成此份问卷调查，您的评价对于改进培训工作非常重要。请您在认为适当的地方画"√"：5-优秀，4-良好，3-中，2-不理想，1-差）

一、学习活动总体情况	5	4	3	2	1
讲师能刺激好奇心、独立思考、启发思维					
学员在课堂上的参与性好、课堂反应热烈					
本课程满足您需要的程度					
二、课程目标	5	4	3	2	1
课程目标的明确程度					
课程目标的实现程度					
三、讲师	5	4	3	2	1
讲师的仪表和动作举止					
讲师对专业知识的掌握程度					
讲师讲课速度与表达能力					
讲师组织和控制讨论与活动的能力					

续表

四、教材及课程内容	5	4	3	2	1
教材的适用性以及满足您需要的程度					
课程内容的逻辑性、系统性					
课程与工作内容的联系程度					
五、环境和设施	5	4	3	2	1
会场布置、座位编排					
试听器材、噪声和温度控制					
六、评论					
您对整个培训项目有什么意见或建议?					

填表人:　　　　　岗位:　　　　　时间:

案例二: F公司专项培训——"优才计划"

F公司是一家大型房地产上市公司,自1994年成立以来,经历了中国房地产行业的起伏变化。公司在发展中总结经验,分析自我,根据不同阶段的需求,开展各种类型的培训项目,形成了自己的培训模式。

2010年末,F房地产公司从战略高度考虑,结合各个岗位的工作分析以及公司员工整体素质和年龄分布,在年度总结中提出开展"优才计划"项目。该项目覆盖集团华北及华南分公司全体员工,分A、B计划。第一轮筛选,产生了150名"优才"候选人,其中A计划54名,B计划96名,他们接受笔试、网上性格测评、公司OA系统群众评议、小组面试等环节,最终确定60名(A计划20名,B计划40名)为F房地产公司第一期"优才计划"培养对象。

入选者将成为该公司2011年的重点培养对象,参与高校培养计划、高管带教/轮岗活动及海外进修学习三大模块。

一、高校培养计划

根据A、B计划的不同,高校培养计划将会有不同的课程安排(表8-16)。

表8-16　优才计划——高校培养计划课程安排表

类别	合作方	课程设置	培养时间	费用预算	备注
A计划	北大光华管理学院高层管理培训中心	EMBA课程	8个月	288万元 14.4万元/人	共24天课 3天/月
	清华大学土木水利学院	房地产行业前沿管理课程	8个月	80万元 4万元/人	共18天课 2-3天/月
	费用小计			368万元	
B计划	中大管理学院高层管理教育中心	定制MBA课程	8个月 拟定2011年3月份开学	66万元 1.65万元/人	共22天课 2~3天/月
	清华大学继续教育学院	房地产业务运作课程	8个月 拟定2011年7月份开学	63万元 1.58万元/人	共18天课 2~3天/月
	费用小计			129万元	
	费用合计			497万元	
备注:A计划人均18.4万元,B计划人均3.23万元(以上未含学员交通及食宿费用)					

二、高管带教/轮岗计划

A 计划高管带教/轮岗计划流程安排表见表 8-17。

表 8-17　优才计划——高管带教/轮岗计划 A 计划流程安排表

目标岗位	工作需经历的部门	轮岗安排	轮岗时间
地区公司总经理	总工室、设计院、工程部、成本监控中心、销售策划部、开发中心/开发部、企业管理中心（以上部门至少经历3个）	根据培养人员的工作经历及培养目标岗位进行轮岗安排，轮岗部门为2~3个，并将跨区域进行轮岗安排	每部门至少需轮岗2个月
地区公司副总经理（工程、设计方向）	总工室、设计院、工程部、开发中心/开发部及相关核心业务部门（以上部门至少经历2个）		
地区公司副总经理（营销方向）	销售策划部、总工室、开发中心/开发部及相关核心业务部门（以上部门至少经历2个）		
地区公司副总经理（人事方向）	人力资源中心、行政部、法律事务部、地区公司人事行政部及相关核心业务部门（以上部门至少经历3个）		
地区公司副总经理（开发方向）	开发中心、用地发展部、用地发展合同部、市政部及相关核心业务部门（以上部门至少经历2个）		

举例：
培养目标岗位：地区公司副总经理（工程管理方向）
培养对象目前所在岗位：广州工程部项目经理
轮岗安排：总工室任总工助理（2个月）、开发中心总经理助理（2个月）、重庆公司副总经理（分管工程）助理（2个月）

B 计划高管带教/轮岗计划流程安排表见表 8-18。

表 8-18　优才计划——高管带教/轮岗计划 B 计划流程安排表

目标岗位	工作需经历部门	轮岗安排	轮岗时间
工程线经理	工程部、设计院/设计管理部、总工室	根据培养对象所在岗位进行工程部⟷设计管理部的互换轮岗 安排在本区域内担任地区公司工程部经理助理	每部门至少需轮岗3个月
设计管理线经理	工程部、设计院/设计管理部、总工室	根据培养对象所在岗位进行设计管理部⟷工程部的互换轮岗 安排在本区域内担任地区公司设计管理部经理助理	
采购线经理	供应部、招标中心	根据培养对象所在岗位进行跨区域的供应部⟷招标中心的互换轮岗 安排在本区域内地区公司供应部进行轮岗	
成本线经理	核算中心、成本监控中心	根据培养对象所在岗位进行跨区域的核算中心⟷成本监控中心的互换轮岗 安排在本区域内地区公司核算中心进行轮岗	
财务线经理	财务中心、财务部	根据培养对象所在岗位进行地区公司财务部⟷集团财务中心的互换轮岗	本类轮岗属对口业务部门轮岗
销售策划线经理	销售策划部（一线销售、品牌策划）	根据培养对象所在岗位进行地区公司销售策划部⟷集团销售策划部的互换轮岗	
人事行政线经理	人力资源中心、行政部、人事行政部	根据培养对象所在岗位进行地区公司人事行政部⟷集团人力资源中心/行政部的互换轮岗	

三、海外进修学习计划

海外进修学习课程安排见表8-19。

表8-19 优才计划——海外进修学习课程安排表

类别	意向国家/高校	拟定课程设置内容	培养时间	费用预算	备注
A计划	美国加利福尼亚大学/美国哈佛大学	领导力与通用素质类课程	1个月	320万元 15万元/人	无
	日本百年企业经营之道	日本企业及房地产项目实地考察	1~2周	80万元 4万元/人	
	费用小计			400万元	
B计划	日本东京大学/新加坡国立大学	领导力与通用素质类课程	1个月	320万元 8万元/人	无
	香港商业地产考察	香港企业及房地产项目实地考察	1~2周	80万元 2万元/人	
	费用小计			400万元	
	费用合计			800万元	

备注：A计划人均20万元，B计划人均10万元（以上包含学员交通及食宿费用）

F房地产公司优才计划筹备时间为期三个月，人力资源部员工培训负责人根据公司战略，经过三个月的探讨与筹备工作，落实了以上第一期"优才计划"方案。

该方案投资力度大，周期长，是公司未来领袖人才整体素质提高迈出的重要一步。从经费的投入到培训内容的设置，企业领导人对此计划高度关注，将有助于这个计划的顺利实施。

这批通过优才A、B计划培养出来的员工，在接受企业人力资源部门的一系列培训之后，自身能力将获得大幅提高，能够胜任未来企业的发展需要。

[案例讨论]

西门子的培训计划

西门子公司拥有一揽子的人才培训计划，从新员工培训、大学精英培训到员工再培训，基本上涵盖了业务技能、交流能力和管理能力的培育，使得公司新员工在正式工作前就具有较高的业务能力，保证了大量的生产、技术和管理人才储备，而且使得员工的知识、技能、管理能力得到不断更新。培训使西门子公司长年保持着员工的高素质，这是其强大竞争力的来源之一。

一、第一职业培训：造就技术人才

西门子公司早在1992年就拨专款设立了专门用于培训工人的"学徒基金"。这些基金用于吸纳部分15岁到20岁的中学毕业后没有进入大学的年轻人，参加企业3年左右的第一职业培训。期间，学生要接受双轨制教育：一周工作5天，其中3天在企业接受工作培训，另外2天在职业学校学习知识。由于第一职业培训理论与实践相结合，为年轻人进入企业提供了有效的保障，也深受年轻人欢迎。现在公司在全球拥有60多个培训场所，每年培训经费近8亿马克。目前共有10 000名学徒在西门子公司接受第一职业培训，大约占员工总数的5%，他们学习工商知识和技术，毕业后可以直接到生产一线工作。西门子公司培训的学徒工也可以无条件地到其他的工厂上班。

第一职业培训保证了员工正式进入公司就具有很高的技术水平和职业素养，为企业的长期发展奠定了坚实的基础。

二、大学精英培训：选拔管理人才

西门子公司计划每年在全球接收3000名左右的大学生，为了利用这些宝贵的人才，公司提出了大学精英培训计划。

西门子公司加强与大学生的沟通，增强对大学生的吸引力。公司同各国高校建立了密切联系，为学生和老师安排活动，并无偿提供实习场所和教学场所，举办报告会等。西门子公司每年在重点院校颁发300多项奖学金，并为优秀学生提供毕业后求职的指导和帮助。

进入西门子公司的大学毕业生首先要接受综合考核，考核内容既包括专业知识，也包括实际工作能力和团队精神，公司根据考核的结果安排适当的工作岗位。此外，西门子公司还从大学生中选30名尖子进行专门培训，培养他们的领导能力，培训时间为10个月，分3个阶段进行。第一阶段，让他们全面熟悉企业的情况，学会从因特网上获取信息；第二阶段，让他们进入一些商务领域工作，全面熟悉本企业的产品，并加强他们的团队精神；第三阶段，将他们安排到下属企业（包括境外企业）承担具体工作，在实际工作中获得实践经验和知识技能。目前，西门子公司共有400多名这种"精英"，其中1/4在接受海外培训或在国外工作，大学精英培训计划为西门子公司储备了大量管理人员。

三、员工在职培训：提高竞争力

西门子公司特别重视员工的在职培训，公司每年投入的8亿马克培训费中，其中60%用于员工在职培训。西门子员工的在职培训和进修主要有两种形式：西门子管理教程培训和在职员工再培训计划，其中管理教程培训尤为独特。

西门子员工管理教程分五个级别，各级培训分别以前一级别培训为基础，从第五级别到第一级别所获技能依次提高。

第五级别是针对具有管理潜能的员工。通过管理理论教程的培训提高参与者的自我管理能力和团队建设能力。培训内容有西门子企业文化、自我管理能力、个人发展计划、项目管理、了解及满足客户需求的团队协调技能。

第四级别的培训对象是具有较高潜力的初级管理人员。培训目的是让参与者准备好进行初级管理工作。培训内容包括综合项目的完成、质量及生产效率管理、财务管理、流程管理、组织建设及团队行为、有效的交流和网络化。

最高的第一级别就叫西门子执行教程培训。培训对象是已经或者有可能担任重要职位的管理人员。培训目的就是提高领导能力。培训内容也是根据参与者的情况特别安排。一般根据管理学知识和西门子公司业务的需要而制定。

通过参加西门子管理教程培训，公司中正在从事管理工作的员工或有管理潜能的员工得到了学习管理知识和参加管理实践的绝好机会。这些教程提高了参与者管理自己和他人的能力，使他们从跨职能部门交流和跨国知识交换中受益，在公司员工间建立了密切的内部网络联系，增强了企业和员工的竞争力，达到了开发员工管理潜能、培训公司管理人才的目的。

讨论题：

1. 分析西门子公司培训体系的特点。
2. 结合该案例谈谈工作分析与员工培训的关系。

HAPTER 9

第九章 工作分析与绩效管理

[内容提要]

本章主要介绍工作分析与绩效管理的关系,岗位关键业绩指标的确定,绩效评估方式的选择,并对卓越绩效管理模式和一岗一表能力绩效管理模式进行探讨。

[学习要点]

1. 明确绩效管理体系的主要内容;
2. 理解工作分析与绩效管理的关系;
3. 理解绩效信息的搜集以及关键业绩指标的确定;
4. 了解卓越绩效管理模式;
5. 了解一岗一表能力绩效管理模式。

[引导案例]

因绩效管理引起的诉讼案

一位在建筑行业工作的女员工向法院投诉所在公司对她的性别歧视，要求公司赔偿她的经济和精神损失。事情的经过是这样的，这位女员工由于工作出色，曾经多次受到重用和提拔，后来她晋升到一位新经理的手下后，事情发生了转变。在诉讼中，她陈述说，自己在这位经理手下工作之后，该经理对她极其不重视，并且没有像对她的其他男同事那样，在工作上给予支持并提供接受培训的机会。在这位经理手下工作的 8 个月时间里，她没有得到过任何有关工作上的信息反馈。有一天，她突然被叫到这位经理的办公室并被告知，她的绩效不合格，她不仅要被降级，每年的收入还要减少 2 万美元。她认为这样评价她的绩效及相应的处理非常不合理，于是向法院投诉这家公司。最后，她赢得了这场性别歧视诉讼案，陪审团判她获得 120 万美元的精神和经济损失赔偿。

这则案例告诉我们，制定科学的绩效评价标准，选择合理的绩效评估方式对企业来说是多么的重要。本章主要介绍工作分析与绩效管理的关系、岗位关键业绩指标的确定、绩效评估方式的选择，并对卓越绩效管理模式和一岗一表能力绩效管理模式进行探讨。

第一节　工作分析与绩效管理的关系

一、绩效管理的含义

绩效管理是依据一定的标准，对单位或个人的工作业绩进行管理的过程。绩效管理的目的在于正确评价团队或个人的工作任务完成情况，促使组织成员产生与组织战略目标一致的行为，促进员工的成长与能力开发，并为员工的奖惩、升降职提供依据。

二、绩效管理的意义

通过绩效管理，为组织内部员工的管理决策（如职位的升降，辞退）提供了依据，同时也解决了员工培训、职业规划等问题。

绩效管理的意义主要表现为以下几点。

（一）改进管理效率，提高工作质量

绩效管理是一种检查工作与任务完成情况的手段。将记录的绩效与预定的工作标准相对照，可以了解组织任务的完成情况，包括成绩、差距、困难等，并根据存在的问题，提出改进工作的建议。绩效管理也有利于增进员工对组织、管理层、工作的认同感，调动全体员工的工作积极性，为实现企业目标服务。

（二）帮助员工改进工作，谋求发展

通过绩效管理，可以让员工明确自己的工作任务、职责、组织要求和完成工作的业绩，并将自己在工作中的需要及发展需求与组织进行沟通，获得组织的理解和帮助，在得到组织支持和帮助的前提下，更好地找出差距，调整职业发展方向与工作方式，提高工作绩效。

(三) 为制定激励措施提供客观依据

绩效管理为组织内部员工职位的升降以及日常奖罚措施的制定提供了客观依据，使激励制度和措施更为客观、公平、公正，有利于调动员工的工作积极性，从而达到鼓舞士气，确保企业工作目标顺利完成的目的。

(四) 为员工培训提供明确方向

绩效管理与培训工作有着密切的联系，绩效管理有利于提高培训的针对性和有效性，减少盲目性。通过绩效管理可以找出对员工绩效产生不利影响的因素，并在此基础上确定员工培训的内容。例如，当出现员工工作能力水平低导致绩效水平低的情况，可针对需要提高的岗位技能制订培训计划，并有效地实施培训。

(五) 是融洽员工关系的桥梁

制度化、规范化的绩效管理有利于加强主管与下属的沟通，对不同岗位人员的分工和工作要求也更加明确。同时，通过绩效管理，员工能够明确了解自身的工作绩效水平，如果有不同意见，可以通过正常渠道沟通，从而减少上下级的矛盾，给员工创造一个良好的心理环境。

三、绩效管理体系

绩效管理本身就是一个完整的体系（图 9-1），主要包括绩效计划、绩效辅导、绩效考核（考评、评价）、绩效反馈和结果应用等五个方面。

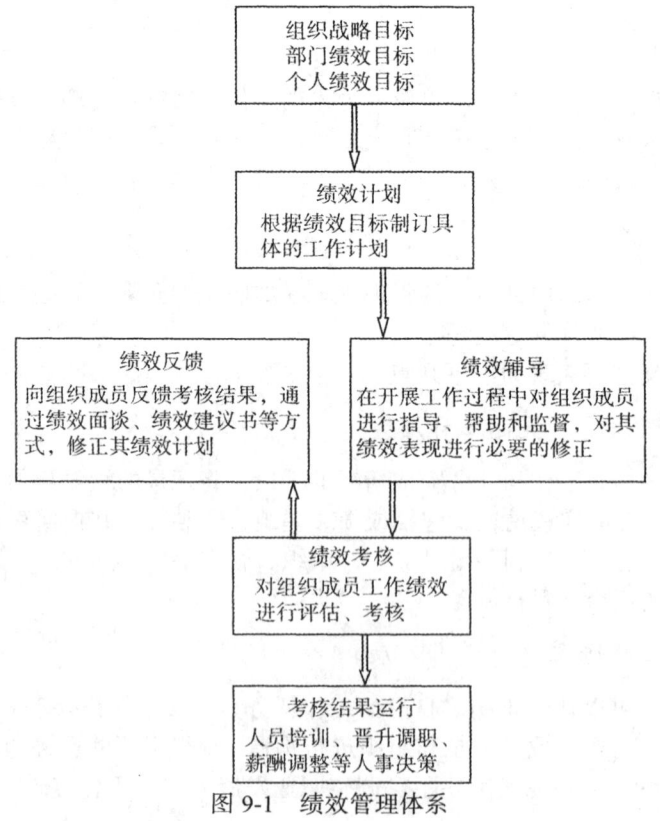

图 9-1 绩效管理体系

（一）绩效计划

绩效计划是绩效管理体系的初始环节：通过从组织整体到部门再到个人的层层传递，将绩效目标层层分解到各级子公司及部门，最终落实到岗位；并且结合工作分析，确定岗位职责、任职资格条件、工作关系等信息，确定合理可行的绩效计划。这套计划必须由管理者和员工共同参与制订，双方都必须明确且认可绩效计划的内容。

（二）绩效辅导

绩效辅导是绩效管理和实施中不可忽视的重要环节。在员工按照绩效计划开展工作的过程中，管理者对员工进行绩效沟通、指导、帮助和监督其表现，根据实际情况修改绩效计划，同时搜集必要的绩效信息，为绩效考核作准备。

（三）绩效考核

绩效考核是对已完成的全部或部分工作进行评估、考核的环节。在搜集的绩效信息的基础上，根据组织的战略目标，运用特定的标准和指标，对员工工作表现和工作成果进行测评和考核，考核可以根据组织或部门的具体情况进行不同周期、不同方法的考核，考核之后须形成确定的考核结果。

（四）绩效反馈

绩效反馈是绩效管理过程中的一个重要环节，有效的绩效反馈对绩效管理起着至关重要的作用。它是将考核的结果通过绩效面谈、绩效建议书等方式，传递给绩效个体，在肯定成绩的同时，找出工作中的不足并加以改进，并帮助制订下一个周期的绩效计划。

（五）考核结果应用

考核结果应用是绩效管理过程的落地环节，一般主要应用在以下方面：①用于组织成员薪酬收入的确定，主要体现在绩效薪酬上；②作为组织内部进行奖、惩的标准之一；③用于促进各部门的绩效提升；④用于组织进行人事决策，包括人员招聘、职位调整、晋升降职等；⑤为组织成员进行培训提供依据。

四、工作分析与绩效管理的关系

工作分析是人力资源管理工作的基础，也是绩效管理的前提。工作分析是以岗位为中心的，其直接成果是《工作说明书》，为绩效管理各个环节的实施提供了依据。绩效管理与工作分析的关系是非常密切的，具体表现在以下几个方面。

（一）工作描述是影响绩效的最直接因素

员工的绩效是员工外显的行为表现，这种行为表现受很多因素影响。在众多影响因素中，有的因素是比较深层次的，有的因素是比较直接的。影响人的行为绩效的内在因素有许多层次，处在最深层的是人的内在动力因素，其次是价值观等观念和意识层面的因素。一个组织的价值观念、经营哲学等决定了组织的政策，从而影响了组织的使命和目标。组织的使命和目标被分解成各个工作单位的目标，而各个工作单位的目标又决定了工作描述。工作描述是直接影响行为绩效的因素。因此，要想进行有效的绩效管理，必须首先有清晰的工作描述信息。

（二）岗位特点决定了绩效评估方式

采取什么样的方式进行绩效评估是我们进行绩效管理时所需要解决的一个重要问题。绩效评估的方式主要包括由谁进行评估、评估的周期安排、绩效评估的信息如何搜集、采取什么样的形式进行评估等。对不同类型的岗位采取的绩效评估方式也应该有所不同。例如，有的岗位是由主管人员下达任务指标并一步一步进行控制的，那么其任职者的工作绩效应该主要由主管人员进行评估；而有的岗位的工作性质是与客户打交道，那么对其任职者的工作绩效的评估就需要考虑客户的评估，而不是仅由主管人员进行评估。又如，有的岗位的工作成果在比较短的时间内就可以表现出来，对其任职者的绩效评估就可以使用比较短的周期，而有的岗位的工作结果需要比较长的时间才能表现出来，那么对其任职者的绩效评估就需要采用比较长的周期。

（三）工作描述是制定绩效考核指标的基础

对一个岗位的任职者进行绩效管理应该设定哪些关键绩效指标，往往是由他的关键职责决定的。虽然从目标管理的角度，一个被评估者的关键绩效指标是根据组织的战略目标逐渐分解而形成的，但个人的目标终究要依据岗位的关键职责来确定，一定要与他的关键职责密切相关。职责是一个岗位比较稳定的核心特征，表现的是任职者所要从事的核心活动。目标则经常随时间而变化，一个岗位的工作职责可能会几年稳定不变或变化很小，而目标则可能每年都不同。对于那些较为稳定的基础性岗位，如秘书、会计等，他们的工作可能并不由目标直接控制，而主要依据工作职责来完成工作，对他们的绩效指标的设定就更需要依据工作的核心职责。秘书的工作职责与关键绩效指标的关系见表9-1。

表9-1 秘书的工作职责与关键绩效指标

工作职责	绩效标准
录入、打印各种文件（文字材料）	（1）一个月内由于错误而被返回的文件（文字材料）次数不超过5次 （2）一个月内没有在承诺的期限之内完成的文件次数不超过5次 （3）秘书的主管通过向其他客户调查发现秘书的文件打印没有文字和语法上的错误，能够在认同的期限内完成 优秀绩效的表现：主动采取一些排版方式提高文件的信息质量，如采用一些字体和格式的变化等；能够主动纠正原文中的语法、文字错误；采用节省耗材的做法
起草通知、便笺或日常信件	主管人员认为仅对草稿做微小的修改就可以发送 优秀绩效的表现：起草文件时仅需要极少的指导，一些日常的信件无需主管干预就可以正确处理
为出差人员安排旅程	（1）安排符合出差者的要求 （2）按时、准确预定旅店、车辆 （3）费用报表按时、准确完成 优秀绩效的表现：帮助出差人员选择最合理的旅程安排，使出差人节省时间，尽可能在旅程中舒适
安排会议	（1）在会议开始前能准备好会议所需的设备和材料 （2）会议进程顺利，与会者不至于中途离开会议去解决由于事先准备不充分而造成的问题 优秀绩效的表现：会议材料和安排无需主管的监控

第二节　工作分析与绩效管理的具体操作

一、绩效管理中的常见问题和解决途径

（一）绩效管理中的常见问题

在绩效管理中经常存在的问题如下。

（1）缺乏明确的绩效标准。一些企业没有明确的绩效评价标准，只是凭借主观的印象或感觉，对员工的绩效进行评价，无法得到客观的绩效评价结果。

（2）绩效指标设置过于繁琐或单一。绩效管理可以通过关键业绩指标的设置让员工为企业目标服务，但是企业中可能多达几十个职种，上百个岗位，每个职种、岗位的工作性质都不尽相同，而企业却试图建立适合所有岗位的一套绩效指标体系，结果是绩效指标一再的修改也无法满足需求。

（3）绩效标准可衡量性差。绩效标准要具有客观性和可比性，可衡量的绩效标准既包括数量上的标准，也包括质量上的标准，如每 1000 件售出的产品中只能有 10 件退货或每接到 100 个询问就必须能够售出 10 件产品等，这些就是可衡量的数量标准，而计划的完成程度就是可衡量的质量标准。一些企业在绩效管理中没有制定具体化、数量化、可衡量的绩效标准，无法对员工的实际绩效进行具体的衡量。

（4）评价者失误。评价者的失误包括评价者个人的偏见、晕轮效应、居中趋势以及害怕出现敌对情绪等。

（5）消极沟通。一些企业在绩效管理过程中，由于受防御心理的存在及其他因素的影响，管理者缺乏与员工进行沟通的积极性，绩效评价标准的确定以及绩效评价工作的开展得不到员工的积极响应与配合，影响了绩效管理工作的顺利进行。

（6）使用多重标准。一些企业在绩效管理中，存在绩效评价的多重标准问题，造成绩效管理的不公平。

（7）评价指标权重不合理。一些企业的绩效评价指标权重分配不合理，影响了绩效评价的准确性。

（8）评价周期安排不当。一些企业没有根据企业不同工作岗位的特点，合理安排评价周期，影响了绩效评价的完整性。

（二）原因分析

一些企业在绩效管理中存在诸多问题，既有绩效管理政策的原因，也有评价方法的原因；既存在判断上的偏差，也存在实施上的缺陷。绩效管理存在问题原因分析如下：①没有明确的政策规定评估者的任务或在评估中的角色；②没有明确的政策规定评估的频率；③绩效管理系统不能反映工作的流动性和组织环境的变化；④绩效管理系统过时，丧失可信度；⑤绩效管理系统的主观性太强；⑥业绩衡量标准模糊、不完善；⑦评估标准中存在一些不相关的业绩标准；⑧未将评估标准向被评估者准确表达；⑨缺乏对被评估者工作的了解；⑩信息错误或不完全；⑪由于等级层次和角色不同，期望也不同；⑫对人的判断存在偏见和错误；⑬墨守成规，固守偏见；⑭在实施过程中没有员工的参与。

（三）解决途径

实际上，企业在绩效管理中存在的诸多问题，都与企业没有很好地进行工作分析有关，所有这些绩效管理中存在的问题都可以通过工作分析来解决。

（1）通过工作分析可以明确岗位的工作职责，从而明确岗位需要评估的绩效类型和范围。

（2）通过工作分析可以了解岗位工作的特点，合理确定绩效评价的方法和绩效评价的周期。

（3）通过工作分析可以在分析岗位职责的基础上制定合理的绩效标准，并让员工了解组织的期望和要求。

（4）通过工作分析可以明确岗位间的相互关系，让适当的人员参与绩效评价，有助于获得全面、准确的信息并促进工作绩效的改善。

二、绩效信息的搜集

在绩效管理中，绩效信息的搜集至关重要，它关系到绩效评价的合理性和准确性。

（一）绩效信息的来源

绩效信息的主要来源是工作分析所提供的工作描述。工作描述为绩效管理提供的信息主要表现如下。

1. 工作职责和工作任务

工作职责和任务是指一个岗位所承担的职责以及为实现这些职责所要求完成的任务。例如，招聘主管的工作是招聘合适的工作人员，使用人部门能及时得到合适的人员。为了实现这样的职责，招聘主管所要完成的工作任务就是制订招聘计划，找到候选人的来源，对可能的候选人进行识别，向用人部门推荐合适的候选人，办理人员的试用手续等。工作职责和任务是对任职者的绩效进行管理的基础和依据，对任职者绩效的评估主要是根据他在这些工作职责和任务上所产生的结果进行的，将其实际完成的工作结果与目标的要求相比较，就可以得出其绩效水平。

2. 各项职责和任务所占的比重

在工作描述中，一般会说明岗位工作的各项职责和任务所占的比例，这种比例关系可作为绩效指标权重分配的依据。例如，对营销主管这一岗位来说，制订促销活动计划的职责所占的比例为30%，对营销人员进行培训的职责所占的比例为25%，与分销商和客户进行联络沟通的职责所占的比例为40%，撰写报告所占的比例为5%，那么绩效指标的权重就可以参照职责和任务的比重来分配。

3. 与组织内外其他部门和人员的联系

在工作描述中，会表明该岗位主要与组织内部哪些部门和个人发生联系，与组织外部哪些部门和个人发生联系，在此基础上可以确定对该岗位绩效的评价人员。例如，一个外企招聘主管在公司外部需要同当地的外企服务总公司、政府的人事部门、人才中介结构等发生联系，而在公司内部则需要同各用人部门以及人力资源部中负责其他职能的同事发生联系。工作关系表明了任职者工作结果的输出方向，那么在对其工作绩效进行评估时，接受其工作结果的对象就有权利对其结果进行评估。

（二）绩效信息搜集的方法

1. 绩效评价表格

搜集绩效信息的方法有很多种，而在搜集的过程中往往要利用表格，这些表格既可以是电子表格，也可以是纸质的。而填写电子表格有个明显的优势，就是便于实现信息共享和进行后续的分析。无论是哪种表格，都必须包括一些必要的内容：①员工基本信息；②职责、目标和标准；③胜任能力及行为指标；④主要成果和贡献；⑤个人开发成果（可能在一份附表中）；⑥开发方面的需要、计划及目标（可能由一张单独的表格呈现）；⑦利益相关者的参与；⑧员工的意见陈述；⑨签字。

绩效评价表格的主要组成部分不是一成不变的，根据评价目的的不同，绩效评价表格的组成部分也会有所不同，但仍然存在使绩效评价表格变得特别有效的特征：①简单性；②相关性；③描述性；④适应性（允许不同部门的人员根据其特殊需要进行改编）；⑤全面性；⑥定义清晰性；⑦沟通性；⑧时间导向性（有助于阐明组织的绩效期望）。

2. 绩效评价表格的应用举例

某企业的绩效审查表见表 9-2。

表 9-2　某企业绩效审查表

员工姓名：_____
职位：_____
直接上级：_____
评价会议日期：_____

请在下面列举出员工的优秀绩效或取得的成果，同时列出需要改进的绩效领域。请诚实地对你的员工进行评论。必要时可举例说明。

1. 工作描述/要求完成的各项任务：
_____
_____

2. 期望达到的绩效结果和实际的绩效情况：
_____
_____

3. 员工还需要在哪些领域进行必要的开发（如，沟通技能，团队合作）：
_____
_____

4. 下个季度的绩效目标：
_____
_____

请在下面的表格中选择与员工的实际绩效最吻合的描述，并在对应的数字上画"√"。

关键领域	未能达到期望要求	达到大部分期望要求	达到期望要求	略有超越期望要求	大大超过期望要求
团队合作	1	2	3	4	5
领导	1	2	3	4	5
经营敏锐性	1	2	3	4	5
客户服务	1	2	3	4	5
项目管理	1	2	3	4	5

	平均绩效分数	

以下部分由员工本人填写：
请对本人上个季度的绩效进行自我评述并提供事例：
_____
_____

上级主管签字：_____　　日期：_____
员工签字：_____　　日期：_____

对于该绩效审查表我们可以从绩效评价表格的主要组成部分，以及绩效评价表格所具备的理想特征两个方面进行评价，见表9-3和表9-4。

表9-3 绩效评价表格的主要组成部分

√	员工基本信息
	职责、目标和标准
	胜任能力及行为指标
√	主要成果和贡献
√	个人开发成果（可能在一份附表中）
√	开发方面的需要、计划及目标（可能由一张单独的表格呈现）
	利益相关者的参与
√	员工的意见陈述
√	签字

表9-4 绩效评价表格所具备的理想特征

√	简单性
√	相关性
√	描述性
√	适应性（允许不同部门的人员根据其特殊需要进行改编）
√	全面性
	定义清晰性
√	沟通性
√	时间导向性（有助于阐明组织的绩效期望）

三、关键业绩指标体系的确定

（一）确定关键业绩指标体系的原则

员工的工作可能不只包括一项任务，因此，为了制定客观的工作业绩评价指标，必须从员工的工作任务出发，分析员工工作中的关键工作领域和关键业绩指标，在各项关键业绩指标间分配权重，构成特定岗位的关键业绩指标体系。

关键工作领域是指员工工作中最重要的部分，在这些领域中的成就决定或表明员工的工作是否成功。

在确定关键业绩指标时，应注意把握以下三个原则。

1. 关键性原则

确定需要衡量的关键业绩指标应该按在岗位中职责的重要性来排序，分配权重，最重要及占岗位工作时间百分比最多的职责应分配较大的权重。

2. 可控性原则

用于衡量岗位职责完成与否的关键业绩指标应该是岗位所能直接影响（最好是唯一影响）的因素。如果业绩指标在不同的岗位间会造成影响，那么就应进行清楚界定，当失误发生时，应该能分辨清楚属于哪一个岗位的失职。例如，在生产性企业中，生产部经理、仓库管理员、采购人员等均可能影响生产进度的合理安排，造成不必要的停产和转产。在此情况下，与此项职责有关的岗位均需界定是否是本岗位的直接原因造成的浪费。

3. 注重行为原则

由于在某些情况下，工作的结果并不完全由员工控制，因此，如果可能的话，将职责分解为工作任务、流程、行为，从而衡量员工在实际工作中的行为。例如，某公司的物料采购员的职责为"根据生产所需的原材料与库存可用原材料的差距数，向供应商下达所需采购物料的类型、数量、质量，以保证正常生产的需要"，在此项职责中，如果供应商因为特殊原因不能及时供货，而采购员在所限时间内完成了订单的下达并能及时与供应商联系催促物料，则采购员已达到了工作岗位的要求。但如果按工作产生的结果衡量，只要供应商未能及时提供物料，则属于采购员的失职。

（二）确定工作岗位关键业绩指标的范例

确定工作岗位关键业绩指标范例见表 9-5~表 9-10。

表 9-5　客户专员的绩效标准

工作职责	关键绩效指标及权重分配
（1）负责新市场开发 （2）负责外商来样管理（样品保管、编号、技术分析、报价） （3）负责与客户联系，整理各类信息并传达给相关部门 （4）负责客户需要的新产品开发、改进的跟踪工作 （5）负责追踪客户订货的按时完成与交付 （6）负责按期向客户提供发票及追踪货款到账 （7）负责参加商务谈判及信息的整理、归档与传达等后续事宜 （8）负责搜集市场情报工作 （9）参加出货评审 （10）每季度收集客户满意度，提出相应的改进意见 （11）每半年根据客户情况，做出市场预测报告 （12）完成领导布置的其他事宜	（1）为公司提供新客户资料供管理层评估、决策的数量及新客户开发可能的收益（30%） （2）老客户的订货任务完成率（20%） （3）根据客户需要提供发票，货款按时到账率（10%） （4）客户的订单信息、特殊要求及时与各部门相关人员沟通的时效性与结果（20%） （5）外商来样样品、资料、技术指标管理信息完整（10%） （6）客户满意度调查执行的质量和市场预测报告的质量和准确性（10%）

表 9-6　配送经理的绩效标准

工作职责	增值产出	绩效标准
为零售店提供货物	零售店得到所需的货物	一个月不超过 2% 的客户有以下投诉： （1）运货的车辆大小不符合要求 （2）送货迟到
供货商关系管理	供货商关系	（1）对大的供货商能定期进行拜访 （2）供货商总数减少，使供货更为集中 优秀绩效的表现：能够帮助供货商解决一定的问题
向管理层提供采购报告	管理层所得到的信息	管理层对如下方面表示满意： （1）提供的采购报告有意义 （2）报告有助于改进本公司以及供货商的服务水平

表 9-7 培训经理的绩效标准

工作职责	增值产出	绩效标准
制订与实施员工培训与发展计划	员工的生产力有所提高	50%~70%的主管人员认为其下属有如下表现： （1）员工的生产率明显提高 （2）员工能很快掌握新的工作技能 （3）员工能够做出更多的独立判断
	员工能够达到学习目标	（1）75%~90%的员工在培训期结束后能够达到学习目标 （2）98%~99%的培训项目能在预期内完成
	管理人员胜任能力得到提高	70%~80%的管理者表现出核心领导胜任力
帮助员工制订职业生涯规划	员工能够发展和管理自己的职业生涯规划	（1）85%~90%的被裁员工获得帮助从而找到新的工作 （2）裁员后的组织内部员工安置得到管理者的满意
建立员工发展中心	培训的职能满足组织发展的需要	（1）直接管理者认为员工发展中心支持了经营目标的实现 （2）员工发展中心能满足直线管理者所要求的期限 （3）直线管理者愿主动提供未来的培训发展需求 （4）一年内只有 1~2 次来自其他部门的抱怨 （5）实际培训费用与预算的差异控制在 5%以内
搜集与提供员工培训发展方面的信息资料	提供的信息支持商业目标	（1）85%~90%的使用者认为得到的信息支持商业目标 （2）搜集信息的费用与预算的差异控制在 5%以内

表 9-8 客户经理的绩效标准

工作职责	增值产出	绩效标准
领导客户服务团队为客户提供服务	满意的客户	1.一个月内客户投诉次数不超过 5 次 2.一个月内没有在承诺的期限之内解决的客户投诉次数不超过 1 次 3.95%以上的客户能够对服务中如下方面感到满意： （1）客服人员能够迅速到达 （2）客服人员能对所有问题做出准确回答 （3）客服人员非常有礼貌 （4）问题解决的结果
向领导和相关人员提供信息和数据	提供的信息和数据	一个季度内，信息接收者提出的投诉不超过 1 次，这种不满意可能会来自： （1）不正确的数据 （2）想要的东西没有找到 （3）提供信息迟到
为解决问题提供建议	所提供的解决问题的建议	客户对解决问题的建议表示满意
对下属的管理	下属的生产力和工作满意度	1.下属有能力按照时间表工作 2.通过调查发现： （1）员工能够理解公司的发展方向、部门的目标和自己的角色 （2）员工能够了解上司对自己的期望 （3）员工能够了解自己的工作表现以及在哪些方面需要改进 （4）员工拥有胜任工作的知识和技能 优秀绩效的表现：培养出可以替代客户服务经理的员工

表 9-9　行政事务管理员的绩效标准

工作职责	增值产出	绩效标准
采购、发放办公用品	使各部门得到工作所需的办公用品	（1）一个月内各部门投诉没有在承诺的期限内得到办公用品的次数不超过1次 （2）一个月内发放办公用品的数量和品种错误的次数不超过2次 （3）一个月内由于办公用品的质量问题产生的投诉不超过2次 优秀绩效的表现：主动向用户介绍一些新型的办公用品，帮助客户根据需要选择最为便捷、有效率的办公用品
安排保洁员进行卫生清洁	整洁的办公环境	（1）从上午8点到下午7点，随时保持环境的清洁 （2）休息室和卫生间的设备、用品齐全 （3）一个月内由于环境卫生问题产生的投诉不超过3次 优秀绩效的表现：随时监控环境中的温度、湿度状况，注意保持适合人体工作的最佳湿度和温度
管理办公室的电源、电话等设备	保证办公用电与电话畅通	（1）在工作时间内发生电源中断影响工作的情况1年不超过1次 （2）非电信运营商原因引起的电话设备故障一个季度内不超过1次 （3）电源、电话故障能够在2小时内修复 优秀绩效的表现：准备充分的备用设备，以备在突发事件发生时应急
印制名片、制作胸卡	员工的名片、胸卡	（1）新员工入职一周内能够得到名片和胸卡 （2）1年中名片、胸卡发生印制错误的次数不超过2次 优秀绩效的表现：新员工任职3天即可得到名片和胸卡

表 9-10　财务主管的绩效标准

工作职责	增值产出	绩效标准
提供财务分析和预测报告	财务报告	报告的使用者和审计者认为： （1）报告中的数据准确 （2）他们能够理解报告中的数据和整个报告的组织 （3）报告完成得及时，报告中的数据对他们有用 （4）管理者离开这份报告就无法实施公司运营管理 优秀绩效的表现：报告者能够提供一些规定内容之外的新颖分析，这些分析报告对使用者十分有用
制定和管理与财务相关的工作流程和标准	财务工作流程或标准	（1）外部的会计师事务所和审计师事务所认为财务各个环节的控制很充分 （2）上级主管人员认为公司的财务流程有效 优秀绩效的表现：其他公司将该公司的财务控制流程视为典范
完成税收报告	税收报告	（1）没有因为报告中的疏漏使公司受到处罚 （2）报告能够在指定的期限内提交
对下属员工的工作指导和管理	有生产力的员工	1.上级主管对下列方面表示满意： （1）所有员工都能理解公司的目标和自己对公司目标的贡献是什么 （2）所有员工都能写出自己工作的关键增值产出和绩效标准 （3）所有员工清楚自己的工作做得怎么样 （4）90%以上的员工能够达到预定的绩效标准 （5）员工具备工作所需的知识和技能 2.下属员工的调查表明： （1）他们了解公司的方向、部门的目标和个人的角色 （2）他们了解自己上级对自己的期望 （3）他们了解自己的工作绩效以及在哪些方面需要改进 （4）他们的绩效评估真实地反映了他们的绩效 （5）在工作中他们能得到必要的工具和资源 （6）他们具备工作所需的知识和技能 （7）当工作需要支持时，他们能及时得到来自上司或同事的帮助

四、绩效评估人员的选择

在工作分析中，通过工作岗位的关系、与组织中其他岗位的工作接触以及岗位在组织中的位置，可准确地确定对工作岗位进行绩效评估的参与人员。在绩效评估过程中，理想的评估人员应该对所评估的岗位工作内容有基本了解，在工作过程中与评估的岗位有一定接触，熟悉任职者在工作中的表现，并且对任职者在被评估期内的工作业绩有一定的了解。一般来说，我们认为员工的直接上级是主要的绩效评估人员，这是因为直接上级可以对员工进行直接观察，并且对绩效标准也比较了解。但是除了上级之外，我们还可以选择其他绩效评估人员，如同事，下级，员工本人以及客户等。

（一）直接上级

将员工的直接上级作为绩效信息来源的一个好处是，他们常常是最能根据组织的战略目标对员工的绩效进行评价的人。同时，他们也是根据绩效评估结果确定员工报酬的人。因此，员工的直接上级通常是最重要的绩效评估人员，同时也是负责管理员工绩效的人。

直接上级对被评估岗位的工作内容非常了解，同时在工作中与任职者全面接触，全面地掌握任职者在评估期间内的工作业绩、工作行为、工作表现。如果采用全方位、多角度的评估，直接上级评估的结果也应该占较大的比重。同时，由直接上级对任职者的工作绩效进行评估能增进上、下级之间的沟通，直接表明上级对下级工作表现的满意程度，有利于绩效改进和提高，有利于建立下一评估期间的工作重点目标。上级对下级的绩效评估还有利于组织的统一指挥、统一命令，通过上级对下级的评估，体现管理者的控制职能。但仅由上级对任职者进行评估是不够的，因为任职者与上级之间的个人感情因素可能会影响评估的公平性，而且任职者在上级的观察范围内的工作可能带有个人表现的色彩，因而需要其他方面信息的补充。

（二）同事

同事对任职者的工作内容相当了解。在某种程度上，他们也承担相似的工作，因而评判更为客观。而且，作为同事，可能会了解一些上级并不了解的任职者的工作表现。因而，同事在绩效评估中可以提供有价值的参考建议。

但是，由同事进行绩效评估会存在两个问题。第一，当员工认为在工作中存在友情偏见时，也就是说，他的同事对他做出的评价之所以比另一位同事差，只不过是因为另一位同事与评估者的关系比较好，在这种情况下的评估结果可能不容易被员工接受，员工也不会用得到的反馈进行改进。第二，同事之间的评估往往会保持较高的评价一致性，即他们会对员工的所有绩效维度都保持较高的评价，即使这些绩效维度并不具有关联性。

由于同事评估具有上述两个方面的缺点，所以我们不能把同事作为唯一的评估者，而只能把同事评估作为绩效评估的一个组成部分。

（三）直接下级

在管理岗位的绩效评估中，直接下级是很好的绩效评估人员。下级对上级的评估能反映管理者的管理风格、工作行为表现的一个侧面。例如，下级就非常适合对自己上级的领导能力，包括授权能力、组织能力以及沟通能力等做出评估。

但是，由下级进行绩效评估的用意会对评估的准确性产生影响。如果让下级做出绩效评估是为了管理人员开发，而不是为了管理方面的目的，则评估的结果更加准确。如果是用于管理目的，也就是说，用来判断管理人员是否能得到晋升，则由下级做出的评价结果将偏好，因为下级会担心遭到上级的报复。所以，把下级作为绩效评估人员，保密工作至关重要。

（四）本人

被评估者本人对自己的评价常被称为自我鉴定。在绩效评价过程中采用这种方法能让被评估者本人对自己的工作表现、工作结果有一个陈述的机会，对工作中的特殊事件进行说明，能增进组织与个人的双向沟通。由于任职者本人对自己的工作完成情况、原因、结果较为清楚，所以，如果运用得当，自我评估可以建立良好的业绩改善氛围，有利于不断提高业绩。如果在组织中的绩效评估结果仅用于奖励和惩罚，则可以预见，一般员工会提高对自己评估的等级，以获得更多的奖励，减少惩罚的压力。

（五）客户

利用客户进行绩效评估可能是一个费时费力的过程。但是，对于那些需要与客户紧密接触的工作来说，由客户进行绩效评估非常有必要，如采购经理、供应商以及销售代表等。此外，还可以利用一个组织的内部客户进行绩效评估。内部客户在组织的工作流程中相互联系、相互影响。例如，生产部的人员需要供应部的员工及时提供一定数量、质量的原材料才能进行生产加工，因此生产部的生产人员就是供应部供应人员的内部客户。供应部生产材料供应的数量、质量和供货时间直接影响生产部的生产，对供应部物质供应岗位是否满足工作要求的评估可以由生产部与之接触岗位的任职者提供参考意见。另外，在评估中对一部分岗位的评估也应考虑外部客户的意见。

第三节 卓越绩效管理模式

卓越绩效管理模式是当前国际上广泛认同的一种组织综合绩效管理的有效工具。该模式源自美国波多里奇奖评审标准，以顾客为导向，追求卓越绩效管理理念。

一、卓越绩效管理模式的内容和核心价值观

（一）卓越绩效管理模式的内容

卓越绩效管理模式包括领导、战略、顾客和市场、测量分析改进、人力资源、过程管理、经营结果等七个方面。该评价标准后来逐步在世界发达国家与地区得到应用，成为一种卓越的管理模式，即卓越绩效模式。它不是目标，而是提供一种评价方法。

卓越绩效模式标准共有四个层次，即 11 个核心价值观、7 个类目、22 个条目和 32 个着重方面。

（二）卓越绩效模式的核心价值观

卓越绩效模式建立在 11 条相互关联的核心价值观和原则的基础上。它贯穿于卓越绩效模式的各项要求之中，应成为企业全体员工,尤其是企业高层经营管理人员的行为准则和理念。

（1）追求卓越管理。领导力是一个企业成功的关键。组织的高层领导应确定组织正确的发展方向和以顾客为中心的企业文化，以自己的道德行为和领导力发挥表率作用，以带领全体员工实现组织的目标。

（2）顾客导向的卓越。组织要树立顾客导向的经营理念，认识到质量和绩效是由组织的顾客来评价和决定的。企业必须考虑其产品和服务如何为顾客创造价值，以使顾客满意进而忠诚，并由此提高组织绩效。

（3）重视员工和合作伙伴。组织的成功越来越取决于全体员工及合作伙伴不断增长的知识、技能、创造力和工作动机。重视员工意味着要确保员工的满意、发展和权益，为此，组织应关注员工工作和生活上的需要，创造公平竞争的环境，促进员工进步和发展。

组织与外部的顾客、供应商、分销商和社会机构等之间建立战略性的合作伙伴关系，将有利于组织进入新的市场领域，增强企业和合作伙伴各自具有的核心竞争力和市场领先能力。

（4）关注未来。在复杂多变的市场竞争环境下，组织不能满足于眼前的绩效水平，要有前瞻性，分析、预测影响组织发展的诸多因素，如国家法律法规未来可能的变化、顾客和市场未来发展的趋势、技术的变化、竞争对手的变化等，组织要适应这些变化。同时企业还要关注员工未来的发展。

（5）快速反应和灵活性。要在全球化的竞争市场上取得成功，组织要有应对快速变化的能力和灵活性，以满足全球顾客快速变化和个性化的需求。为了实现快速反应，企业应不断缩短新产品和服务的研发周期、生产周期，以及现有产品和服务的改进速度。

（6）组织和员工的学习。为应对环境的变化，实现持续的卓越经营绩效，必须提高组织和员工的学习能力。组织的学习是指企业针对经营环境的变化而具备的持续改进和适应能力，通过引入新的目标和方法带来系统的改进；员工的学习是指通过新知识和能力的获得，引起员工认知和行为的改变。

（7）促进创新的管理。要在激烈的竞争中取胜，组织必须通过创新形成竞争优势。创新不仅局限于产品和技术的创新，还包括过程、方法和体制等，从而把组织的绩效提升到新的水平。创新对于组织经营的各个方面和所有过程都非常重要。

（8）基于事实的管理。基于事实的管理是一种科学的态度，是指组织的管理必须依据对其绩效的测量和分析。测量什么取决于组织的战略和经营的需要，测量得到的数据和信息通过分析，对组织的绩效进行科学的评价、决策、改进和管理。

（9）社会责任。组织应注重对社会所负有的道德规范和公共责任，履行好公民义务，领导应成为担负社会责任的表率。要恪守商业道德，保护公众健康、安全和环境，注重保护资源。组织需为此建立内外部有效的监管体系。

（10）关注结果和创造价值。组织的绩效评价应体现结果导向，关注关键的结果，主要包括顾客与市场的结果、财务结果、资源结果、过程有效性结果、组织的治理和社会责任结果，这些结果能为组织的关键利益相关方——顾客、员工、股东、供应商和合作伙伴、公众及社会创造价值，并平衡其相互间的利益。

（11）系统的观点。卓越绩效模式强调以系统的方法来管理整个组织及其关键过程，实现其卓越绩效。卓越绩效管理模式七个方面的要求和核心价值观构成了一个系统的框架和协调机制，强调组织管理过程的整体性、一致性和协调性。

二、卓越绩效评价准则框架模型图

卓越绩效评价准则框架模型图（图9-2）系统地描述了组织有效运行的整体框架，对《卓越绩效评价准则》7个类目之间的逻辑关系有清晰的表达。绩效管理是贯穿卓越绩效模式的主线和纽带，7个类目以此相互关联形成体系。

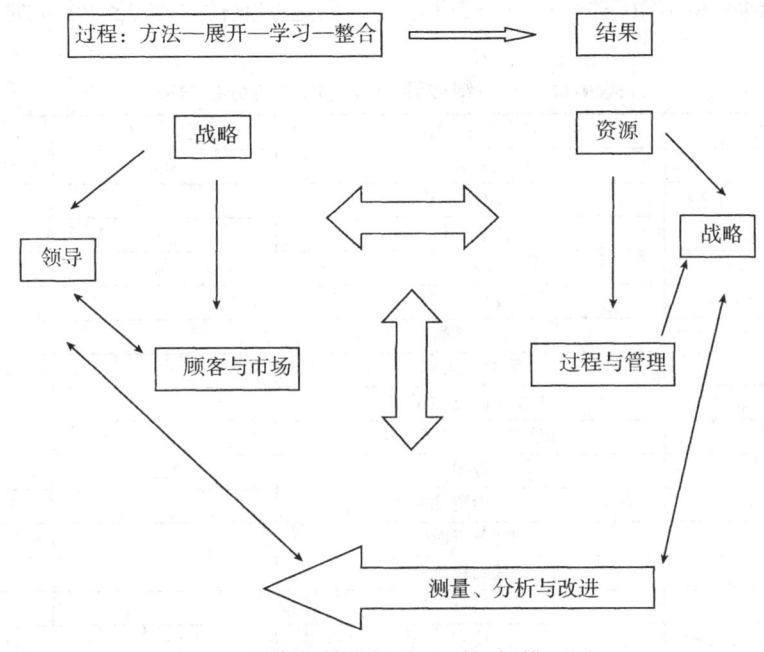

图 9-2　卓越绩效评价准则框架模型图

领导掌控着整个组织的前进方向，是企业经营管理绩效优劣、成败得失的关键。领导的作用举足轻重，至关重要。战略是组织对未来发展所做的全局性长远谋划，卓越绩效的取得应该以组织长短期战略性的思维为基础，组织在追求卓越的过程中要密切关注组织外部和内部两方面，既要关注企业外部的顾客与市场，又要关注企业内部的过程管理。资源和测量、分析与改进是基础。组织要想落实绩效管理，就需要在日常工作中，做好两个基础工作，组织战略的实现和过程的运行有赖于资源，同样战略的决策要基于数据和事实，管理的有效运行需要通过绩效的测量、分析和改进，在循环创新中，不断追求卓越。结果是以上六个方面相互作用运行质量的最终体现。卓越绩效模式旨在提高产品、服务和经营质量，增强竞争优势，其体现就在于组织的经营结果是否为利益相关方创造了长期平衡的价值。

三、卓越绩效评价准则的实施

《卓越绩效评价准则》采用打分的方法评价企业经营管理的水平，包括7个类目的评价要求，并进一步细分为22个条目，结合我国企业的实际情况确定了每项不同的分值，以反映各类目在管理作用中的权重（表9-11）。22个评分项逐条逐款都有详细的要求，操作性强。7个类目评分项的分值分别如下：领导（1.1）占100分，战略（1.2）占80分，顾客与市场（1.3）占90分，资源（1.4）占120分，过程管理（1.5）占110分，测量、分析与改进（1.6）占100分，经营结果（1.7）占400分，累计：1000分。其中属于过程的类目（1.1~1.6）共计600分，属于经营结果的类目计400分。《卓越绩效评价准则》是诊断企业当前管理水平的一个系统检查表，在企业自我评价和质量评价时，企业的评价组织根据《卓越绩效评价准则》的规定和被评价组织的信息，按过程、结果两类评分项进行评价，全方位、平衡地诊断出组织经营管理的成熟度，促进企业持续改进经营业绩。

表 9-11　卓越绩效评价准则内容与分值分布

类目/条目号	类目/条目名称	类目分值	条目分值
1.1	领导	100	
1.1.1	组织的领导		60
1.1.2	社会责任		40
1.2	战略	80	
1.2.1	战略制定		40
1.2.2	战略部署		40
1.3	顾客与市场	90	
1.3.1	顾客和市场的了解		40
1.3.2	顾客关系与顾客满意		50
1.4	资源	120	
1.4.1	人力资源		40
1.4.2	财务资源		10
1.4.3	基础设施		20
1.4.4	信息		20
1.4.5	技术		20
1.4.6	相关方关系		10
1.5	过程管理	110	
1.5.1	价值创造过程		70
1.5.2	支持过程		40
1.6	测量、分析与改进	100	
1.6.1	测量与分析		40
1.6.2	组织绩效的信息和知识的管理		30
1.6.3	改进		30
1.7	经营结果	400	
1.7.1	顾客与市场的结果		120
1.7.2	财务结果		80
1.7.3	资源结果		80
1.7.4	过程有效性结果		70
1.7.5	组织的治理和社会责任结果		50

卓越绩效模式的目的在于通过卓越的过程创造卓越的结果，即应对评价准则的要求，确定、展开组织的方法，并定期评价、改进、创新和分享，使之达到一致、整合，从而不断提升组织的整体结果，赶超竞争对手。

第四节 一岗一表能力绩效管理模式

一岗一表能力绩效管理模式，是上市公司"粤高速"在国内首创的企业员工能力开发管理和绩效管理相结合的能力绩效管理模式。

一、一岗一表能力绩效管理模式的基本做法

绩效考核是根据"德、能、勤、绩和关键事件"五个方面对员工进行的综合考核。对每个岗位分别建立了《员工品德基准说明书》（简称"德"的标准）、《员工职能基准说明书》（简称"能"的标准）、《员工工作态度基准说明书》（简称"勤"的标准）、《员工职务基准说明书》（简称"绩"的标准）四种标准文件，以此作为考核的依据。关键事件作为考核评价的补充，在必要时作为考核调整的依据。

德、勤标准是针对每一个管理层面的不同要求，分别制定高层、中层和一般管理人员的德、勤标准，这两种指标在不同层面上存在区分；能、绩标准是针对每个岗位制定的各自相应的能、绩标准。

绩的标准通过对照每个员工工作说明书的内容给出了详细的行为界定，并区分了达标、良好、优秀三个等级的具体行为。

由于组织在认真沟通的基础上，确认了每一项工作内容的绩效基准，尤其是三个等级的具体标准，既保证每个等级标准的科学性、合理性，又保证了每个等级标准的可行性。因此，绩的标准的可操作性比较强。将员工的实际工作业绩与其对应的绩的标准进行比较，完全可以区分员工的实际工作业绩的高低，并真实反映员工的实际工作效率。

二、员工绩效管理体系的总体设计

（一）绩效管理体系设计的基本原理

1. 结构-功能原理

结构-功能原理表明：客观事物都有自身的结构，任何结构都由一定的要素构成。任何一个要素的功能都由它的结构所决定，并对结构具有反作用。因此，依据结构-功能原理，所设计的绩效考评指标体系应是一个有着一定结构功能的系统，是素质结构、能力结构、态度结构和业绩结构等子系统的有机结合。不同的子系统体现出不同的评价功能，如素质结构中的各项评价指标有着反映员工品质的功能，能力结构有着反映员工实际能力或特殊能力的功能，业绩结构有着反映实际工作效果的功能。

2. 测量-评定原理

员工绩效管理过程是一个有机的整体，测量是它的基础，评定是它的关键环节，为了使测量更加公正客观，企业建立了《员工职能基准说明书》和《员工职务基准说明书》两份规范化文件，同时对德和勤评价子系统的各项指标也给予了较为准确的界定，以保证员工绩效的评定更加科学合理。同时，员工绩效评价的实施，也可以为进一步补充和调整上述规范化文件提供有价值的参考依据。测量和评定都是员工绩效管理的重要内容，

两者相辅相成，互为补充。

3. 定性-定量原理

企业所选择的员工绩效考评方法，是一种兼有测量之长和评定之优，对所有员工的素质、能力、态度、业绩进行计量、鉴别的方法，是一种定性与定量相结合的方法。传统的考评方法带有很强的个人主观意志，而《员工职能基准说明书》《员工职务基准说明书》等规范化文件，对全体员工的能力和业绩标准给予了客观、全面的定性规定。同时，在具体考评方案中，设计了各项业绩等级的量化等级分值，使得员工的实际绩效能够转化为合乎要求的数据系统，从而便于排序和统计。

4. 静态-动态原理

静态评价是指一定阶段内员工绩效评价诸要素处于相对稳定状态。动态评价则是指一定的时间、空间和情景序列上员工绩效的变化状态。

从根本上说，员工的职务内容及绩效指标具有动态性和过程性。目前建立的《员工职务基准说明书》是建立在相对稳定的工作说明书的基础上的。这样做便于将评价要素在各项制约条件下予以简单化，并把评价的标准和尺度放在相对稳定的条件下开展。当然，在建立相对稳定的评价要素系统和评价标准系统的基础上，还需要从一些关键行为和事件中考核员工的业绩和能力。因此，需要专门设计《月工作记录表》，用以记录员工在工作说明书之外所做的创新性工作或关键事件的业绩，从而从动态评价的角度完善对员工工作业绩的评价。

（二）员工绩效管理体系的总体设计

（1）根据对每一个管理层面的不同要求分别制定高层、中层和一般管理人员的德、勤标准，分别建立《员工品德基准说明书》和《员工工作态度基准说明书》，见表 9-12 和表 9-13。

表 9-12　管理人员品德基准说明书格式

项目	内容
品质修养	
协作精神	
职业操守	
政治素质	

表 9-13　管理人员工作态度基准说明书格式

项目	内容
纪律性	
责任感	
主动性	
独立性	

（2）根据每个岗位的工作目标、工作任务、工作职责、任职资格及绩效要求分别制定能、绩标准，建立《员工职能基准说明书》和《员工职务基准说明书》，见表 9-14 和

表 9-15。

表 9-14　员工职能基准说明书

部门：财务部	职位：主管会计	编号：
业务能力	（1）基本业务能力 （2）分析问题能力 （3）解决问题能力 （4）业务发展能力	
理解能力	（1）职务理解能力 （2）目标理解能力 （3）问题理解能力	
沟通能力	（1）了解沟通模式 （2）掌握沟通技巧 （3）获取沟通效果	
创新能力	（1）工作创新 （2）创新重点	
学习能力	（1）知识学习能力 （2）学习应用能力	
决策能力	（1）决策重点 （2）危机处理 （3）决策效果	

表 9-15　员工职务基准说明书

部门：投资决策部	职位：项目策划员		编号：
考核项目内容	达标标准	良好标准	优秀标准
（1）草拟项目运作方案。根据投资策略，对项目工作全过程进行策划，提供实施方案	及时草拟项目运作方案，包括工作计划、谈判策略等，方案有一定可行性	认真及时草拟项目运作方案，内容全面；工作计划具体可行；谈判策略周全	认真负责及时草拟项目运作方案，方案科学、周密；工作计划系统精确、可操作性强；谈判策略科学周全；方案采纳率高
（2）提供公司资源优化方案草稿。草拟公司资产管理费用及优化配置方案，经部门经理审阅后，呈报公司领导决策	及时草拟公司资源优化方案草稿，及时报部门经理审阅	认真及时草拟公司资源优化方案草稿，及时报部门经理审阅，方案有一定可行性	认真及时草拟公司资源优化方案草稿，及时报部门经理审阅，并能根据部门经理的意见及时完善方案，且方案系统、客观、科学，可操作性强
（3）参与项目谈判。参与项目合作方的洽谈，协商项目的合作内容、方式和条件	按时参加项目谈判	按时积极参加项目谈判，对项目的合作方式、内容、条件等能提出合理意见	按时积极参加项目谈判，对项目的合作内容、方式、条件能提出有利于公司的、合理的建设性建议，能为公司争取最大利益
（4）拟定董事会方案。在项目谈判各方协商一致并进行充分项目分析的基础上，参与编写项目分析报告及董事会方案，报董事会审议	参与协调项目谈判各方关系；进行项目投资分析；参与编写报告，草拟董事会方案，且方案规范	主动参与协调项目谈判各方关系，协调取得一定成效；主动选择合理的项目分析方法进行项目投资分析，分析结果客观、全面；认真参与编写项目分析报告，草拟董事会方案，且方案规范合理	积极主动参与协调项目谈判各方关系，协调取得显著成效；积极主动选择科学合理的项目分析方法进行项目投资分析，分析结果客观、全面、准确；认真负责参与编写项目分析报告，草拟董事会方案，方案规范合理，行文有条理，用词恰当

续表

部门：投资决策部		职位：项目策划员	编号：
考核项目内容	达标标准	良好标准	优秀标准
（5）搜集项目信息资料。参与多方位、多渠道搜集项目信息资料，掌握项目主要情况	及时收集项目信息资料	认真及时搜集有关项目信息资料，同时对项目信息进行合理、系统的整理，并形成报告提交部门主管	认真负责及时搜集有关项目信息资料；信息及时，对项目信息进行系统科学的整理分析，拟定报告提交部门主管，报告有较高参考价值
（6）协助工作。协助部门其他人员对项目进行投资分析	协助其他项目进行投资分析	认真协助其他项目进行投资分析，并能提出有关建议	认真负责协助其他项目进行投资分析，能对项目投资分析方法及过程提出有益建议，且被采纳
（7）其他工作。完成上级领导临时交办的工作任务	及时完成，上级主管认可	积极主动地完成，取得一定成效，上级主管基本满意	积极主动高效地完成，取得显著成效，上级主管满意

三、员工绩效管理系统的实施

（一）绩效考评周期的确定

考虑到企业传统考评周期的长短、工作任务的完成周期、考评工作的难易程度和工作负担，一般以半年作为一轮考评周期比较公平合适。为了防止实际考评工作中出现错误归类现象，即评价者很难记住员工在长时间中的表现，可专门设计《月工作记录表》（表9-16），用于记录员工每月完成工作的情况，尤其是记录发生的重大关键事件。通过《月工作记录表》的记录和归档，使每半年度的绩效考评有较准确的信息来源。

表 9-16　月工作记录表

年　月		
工作内容	完成情况	主管意见
（1）		
（2）		
（3）		
（4）		
（5）		
（6）		
特殊事件记录：		培训记录：

（二）获取员工的自我评价

将考核结果反馈给被考核者，可以增强考核的透明度和公开性，有利于激励考核者。同时在反馈结果的时候，要允许员工对既定考核结果持有异议。为此，可专门设置《员工自我评价表》（表 9-17），以充分反映员工本人的自我表述。员工的自我评价能体现绩效评价的公开性、公平性。自我评价能给上级主管提供更多的信息，使上级对下属工作表现的评价更加客观，而且最后的评价结果双方都比较容易认可。

表 9-17　员工自我评价表

部门：	职位：	编号：	姓名：
本次考核日期：			审核人：

一、自我评定
（1）对于过去一个考核周期中在公司的表现感到：□很满意　□还可以　□不满意
（2）对你与同事及上司间的关系感到：□很满意　□还可以　□不满意
（3）对于目前的工作感到：□还能担任更困难的工作　□正适合本身能力　□能力稍感不足　□能力明显不足
（4）对目前的工作量感到：□太大　□大　□适中　□少　□太少
（5）对目前工作环境感到：□很好　□好　□一般　□差
（6）对目前工作时间感到：□太长　□稍长　□刚好
（7）对目前的待遇感到：□很好　□合适　□稍少　□太少
（8）对所担任职务的希望：□继续担任现职　□能变更至_____部门　□能调动至同部门_____职务
（9）对何种培训较感兴趣或何种训练对你的现职有所帮助？
（10）有机会希望从事何种工作？

二、过去考评周期内对公司的贡献

三、对直接主管的建议

四、对公司的建议

员工签字：
日期：

（三）组织填报《员工绩效改进意见书》

评价结果的反馈是绩效管理中的一个重要环节。如果不将评价结果反馈给被考评员工，将无法实现绩效管理的激励、奖罚和培训的功能。组织填报《员工绩效改进意见书》（表 9-18），可以反映考核周期内员工的绩效评价结果和对未来工作绩效改进的期望，通过反馈，指出员工在工作绩效中存在的问题，这样才能使员工改善工作绩效成为可能。同时，在反馈过程中，主管要与员工一道制订下一步工作的绩效改进计划，而这恰恰是绩效管理的意义所在。

表 9-18　员工绩效改进意见书

部门：	职位：	编号：	姓名：
本次考核日期：		考核人：	审核人：
本次考核性质：　□年度　　□晋升　　□调动　　□提薪　　□奖金　　□其他			
一、直接主管对员工的综合评价			
二、员工的重要优点和主要缺点			
三、员工是否适合岗位工作及对今后岗位变动的建议			
四、员工绩效的改进建议			

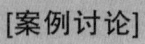
工作分析：理论、方法与应用

[案例讨论]

加纳大学的绩效管理

加纳大学曾经是伦敦大学的一个附属学院。1951年，加纳国会将该大学重组成一个独立的、有学位授予权的加纳大学。

在加纳大学的图书馆系统中，巴尔姆图书馆是一个主要的图书馆，它始建于1948年，坐落于该校位于勒贡市的主校区内，负责协调附属于这所大学的各个学院、研究所以及公寓中的其他很多图书馆，这些图书馆大部分都是自治性质的。

像世界上其他许多大学图书馆一样，它也面临着资源方面的挑战，需要对日益多元化的各种客户提供服务，巴尔姆图书馆为此已经采取了无数的改进方案。方案之一就是实施一套绩效管理体系。然而，巴尔姆图书馆的绩效管理过程，还存在一些需要改进的地方。第一，该图书馆似乎还没有对图书馆中的全部工作进行一次系统的工作分析。第二，对员工进行评估的表格中所包含的是一些非常模糊的项目，如"总的行为表现"。在这个表格中并没有对"总的行为表现"提供具体的定义，或者是向员工（或管理者）举例说明，哪些行为才会在这一项目上得到较高或较低的评价。此外，对图书馆中的所有工作人员的评价都是基于一份相同的表格，而不论他们的工作责任是什么。第三，没有证据能够反映出，该图书馆的上级管理人员和下级员工共同制定了双方都能够认可的目标。第四，在管理人员和员工本人填写完整绩效表格之后，上下级之间没有就评价结果进行正式或非正式的讨论，也没有采取任何必要的后续措施。这样一来，出现下面的情况也就毫不奇怪了：一项对员工的调查显示，60%以上的员工从来没有和自己的上级讨论过他们的绩效。第五，员工常常被不同的人来评价。例如，图书馆馆长有时会对一位员工进行评价，尽管他可能并不与这位员工直接打交道。

讨论题：

1. 请找出在巴尔姆图书馆的绩效管理过程中没有得到有效实施的一个组成部分。
2. 请说明这个没有得到有效实施的组成部分对整个绩效管理过程会产生怎样的影响。
3. 应如何改进巴尔姆图书馆的绩效管理？

HAPTER 10

第十章 工作分析与薪酬管理

[内容提要]

本章主要介绍工作分析与薪酬体系设计、工作评价与薪酬的内部公平、薪酬调查与薪酬的外部竞争力,并对薪酬政策及薪酬结构问题进行探讨。

[学习要点]

1. 理解工作分析与薪酬体系设计的关系;
2. 了解因素比较法在薪酬管理中的应用;
3. 了解评分法在薪酬管理中的应用;
4. 了解薪酬调查的一般程序;
5. 了解薪酬政策的制定。

[引导案例]

A制冷公司的薪酬设计

A制冷公司是一家合资公司，公司成立于1995年，目前是中国最重要的中央空调和机房空调生产销售厂商之一。现有员工300余人，在全球有17个办事处，随着销售额的不断上升和人员规模的不断扩大，企业整体管理水平也需要提高。由于公司在人力资源管理方面起步较晚，原有的基础比较薄弱，尚未形成科学的体系，尤其是薪酬方面的问题比较突出。在早期，人员较少，没有一套科学的薪酬制度，给谁多少工资，完全是领导说了算。随着公司规模的扩大，人员的激增，靠过去的老办法显然是行不通了。这种做法带有很大的个人主观色彩，更谈不上公平、公正了，公司薪酬对外也缺乏竞争力。于是他们请某顾问公司对其薪酬体系进行系统设计。

某顾问公司管理顾问经过系统的分析诊断，找出了公司薪酬管理所存在的问题：一是薪酬分配原则不明晰，内部不公平。不同职位之间、不同员工之间的薪酬差别基本上是凭感觉来确定。二是不能准确了解外部特别是同行业的薪酬水平，无法准确定位薪酬整体水平。给谁加薪、加多少，老板和员工心里都没底。三是薪酬结构和福利项目有待进一步合理化。四是需要建立统一的薪酬政策。

该管理顾问认为，解决薪酬分配问题需要一系列步骤：首先，需要有工作说明书作为人力资源管理的基础。其次，在工作说明书的基础上，对职位所具有的特性进行重要性评价，依据国际上被广泛使用的权威的评估方法对该公司的职位等级进行评定，最终形成公司职级图。再次，公司应委托专门的薪酬调查公司就同行业、同性质公司的薪酬水平进行调查，获得薪酬市场数据。并且，依据公司职级图、薪资调查的数据、公司的业务状况以及实际支付能力，对公司的薪酬体系进行设计，此项工作内容包括制定薪酬结构、制定不同人员的薪酬分配办法和薪酬调整办法、测算人力成本等。最后，形成公司的薪酬政策。

经过双方的紧密配合，该公司领导对最终形成的方案十分满意，因为他们再也不用为每个月发多少工资头疼了，薪酬分配政策的公平性也消除了员工之间的猜疑，增加了他们的工作热情。

这则案例告诉我们，科学合理的薪酬制度离不开工作分析与工作评价。工作分析和工作评价在薪酬设计中引入了理性分析的方法，克服了不同岗位之间由工作性质、工作内容不同造成的对比障碍，使得薪酬的制定可以处于统一标准之下。同时也为薪酬设计引入了程序公平，帮助组织建立员工对薪酬分配结果的公平性认知。

通过工作分析、工作评价，对企业内部岗位的相对价值进行确定；然后，依据工作内容与任职资格要求条件，将企业中相关岗位与外部劳动力市场的薪酬水平进行比较，从而确定企业的薪酬体系。使薪酬制度具有内部公平性和外部竞争力，提高员工的工作满意度和工作积极性。本章主要介绍工作分析与薪酬体系设计、工作评价与薪酬内部公平性、薪酬调查与薪酬外部竞争力，并对薪酬政策及薪酬结构问题进行探讨。

第一节 工作分析与薪酬体系设计

一、薪酬的含义

薪酬泛指员工获得的一切形式的报酬。它包括：薪资、福利、保险等各种直接、间接的劳动报酬。薪酬的表现形式可以分为有形的（物质）和无形的（非物质），不同形式的薪酬在激励员工方面有所不同。薪酬是企业与员工共同关心的问题。对企业而言，倘若薪酬定得太低，将使企业在劳动力市场上失去竞争地位，并流失优秀员工；倘若薪酬定得太高，则将使企业的生产成本增加，影响企业盈利或削弱产品的竞争力。对于员工而言，薪酬不仅能够维持生存，而且也是其社会地位的象征，公平、合理的薪酬制度才能保证薪酬对员工有保障激励的作用，才能帮助员工和企业之间建立更加和谐的劳动关系。

薪酬制度的公平、合理涉及绝对薪酬和相对薪酬两个问题。绝对薪酬是指每位员工工作后所获得的实际薪酬，由于绝对薪酬可以确定员工的生活水准、社会经济地位以及商品与劳务的购买能力，所以每位员工都希望薪酬的绝对水平越高越好。如果绝对薪酬与公司的盈利情况差距太大时，就容易引起员工的不满，造成工作效率低下，离职率增加，破坏企业的和谐合作气氛。为了保证员工对薪酬的满意度，提高员工的工作积极性，企业应该合理地确定薪酬支出在经营费用中所占的比例，综合考虑各项影响薪酬制度的外在因素，尤其是当地流行的薪酬水平，根据具体情况做出适当的调整。

相对薪酬是指员工本人所得与其他员工所得的相对比较关系。一位员工可能满足于他的绝对薪酬，但是当他将自己所得与其他技术、年资、工作内容相似的同事相比较，发觉自己的薪酬相对较低时，他就会对薪酬感到不满意。经验显示，当员工对薪酬的绝对水平感到满足后，那么员工对相对薪酬就相对敏感和重视，对相对薪酬不满所引起的问题会越来越严重。所以要使相对薪酬合理公平，就要根据工作的难易程度、责任大小、任职资格条件、工作环境等因素将各种工作加以评定，即工作评价，然后以评价结果为基础，合理确定薪级的差异，达到薪酬公平的目的。

二、影响薪酬的因素

（一）影响薪酬的内在因素

影响薪酬的内在因素是指与岗位工作有关的因素，主要内容包括以下几个方面。

1. 权利和责任

权利和责任是一个整体的两个方面，不过权利是由责任产生的，权利的大小往往与责任是相对应的。责任是由判断或决策能力产生的，对于权责高重的人应该给予较高的薪酬，因为权责中的人所做的决策和判断正误会对公司产品的质量、市场占有率、信誉与盈利有着重要影响，这也就是为何管理人员的薪酬水平要高于一般的员工。

2. 技能和培训

技能是指掌握并能运用专门技术的能力，更高技术水平能提高员工的工作效率，增加企业产出。技术高和训练有素的人应该获得较高的薪酬，较高的薪酬一部分是用于补偿学习技术所消耗的时间、体能和智慧；另一部分是用于激励员工从事更加复杂和更有挑战性的工作，

并使员工更愿意学习和从事复杂性技术工作,从而有利于提高企业效益。

3. 工作时间

在企业中,有些员工的工作是长期性的,另一些员工的工作是季节性或临时性的。首先,在相同的资格条件下,那些季节性、临时性受雇的员工,通常都比正常受雇的员工的薪酬高,一方面这些人过了季节或某个时期就失业了,其失业期间将无收入。其次,这些人在受雇期间可能没有社会保障。雇主无需为他们支付保险费。最后,这些人可能没有福利享受,或者更倾向于将福利部分折算成现金支付给他们。

4. 工作环境

工作环境指的劳动者所在的劳动场所的外部环境条件,主要是指对劳动者身心健康产生影响的各种有害因素。有些岗位具有危险性,影响人的身体健康;也有些岗位具有令人难以忍受的噪声、温度、光线等。因此他们的薪酬应比在舒适的工作环境中工作的员工薪酬高。较高的薪酬用于补偿他们的体能、耐心和承担风险的精神,也保证了那些令人厌恶的工作也有足够的劳动力供给。

5. 福利及优惠

有些企业对员工有各种福利或赋予若干优惠,如供给员工廉价或免费的食宿,或允许员工以优惠价格购买其产品或服务。一般而言,提供较多福利及优惠的企业能够维持更低的薪酬水平,员工也往往能够接受福利及优惠作为薪资的补偿手段。而没有福利或优惠的公司就应该在薪酬方面予以适当的弥补,方能维持人员的稳定。

(二)影响薪酬的外在因素

1. 生活费用水平

确定薪酬的基本原则是确保员工获得维持其与家庭生活费用的薪酬。所谓生活费用是指一个人日常生活中衣食住行的费用,由一个时期内的物价水平决定。物价水平上涨超过薪酬上涨的幅度,就会降低员工原有的生活水准。所以,企业在制定薪酬时,应该考虑当时当地的生活水平,使员工能够维持最低生活水平,并根据物价指数变动适时做出调整。同时也要考虑到当地的生活水平,如果当地的生活水平较高,员工对个人的生活期望也会提高,因此也会要求更高的薪酬水平。

2. 企业的薪酬负担能力

企业的薪酬负担能力既与企业的盈利能力相关,也与企业的分配政策、人工成本比重有关,最主要的还是看薪酬增加是否有利于企业生产力的提高。企业的分配政策涉及纯利润在股东和员工之间分配的比例,另外还要留存一部分利润作为将来扩展业务之用。企业薪酬负担能力业余人工成本在总成本中的比重有关。一般来说,人工成本比重较低的企业,薪酬负担能力较强,因为提高薪酬对企业的成本增加影响较小;人工成本比重较高的企业,薪酬负担能力弱,因为提高薪酬会使企业的生产成本提高较多。在企业管理实践中,主要是看薪酬增加所带来的经营管理和生产技术方法的改变对生产力的影响,如果生产力的提高大于增加的人工成本支出,企业就能负担较高的薪酬。

3. 当地通行的薪酬标准

企业确定薪酬时也要考虑所在地区与所属行业的整体薪酬水平的影响,将当地或所属行业通行的薪酬标准作为确定员工薪酬的依据,否则将会招致员工或同行业的不满。企业想要依据通行的薪酬标准确定员工的薪酬水平,就必须通过薪酬调查了解当地或本行业的薪酬环境,并在此基础上确定自己的薪酬标准。另外还要关注地区对薪酬设定的下限和性别歧视问题相应的规定。

4. 劳动力市场供求状况

劳动力价格也和一般商品的价格一样受供求状况的影响。当某种劳动力供不应求时,企业为了吸引更多的劳动力加盟,必然会提高其价格,这类劳动力的薪酬水平就会大幅提高。反之,当某种劳动力供过于求时,企业就会降低这类劳动力的价格以降低企业的人工成本,在巨大的失业压力下,这类劳动力只好被迫接受较低的薪酬水平。

5. 企业所处的阶段特点

在薪酬战略的设计时,还要考虑宏观环境、行业环境、企业内部环境以及企业所处的发展阶段。尤其对于企业的不同发展阶段,需要与之相对应的薪酬战略来支撑。初创期的薪酬战略具有很强的外部竞争性,以获得所需的优秀人才,同时淡化内部公平性,主导员工的创业热情。成长期的薪酬战略重视内部公平性,逐渐使企业薪酬管理进入规范化阶段,并强调薪酬的外部竞争性,吸引和保留高级人才。成熟期的薪酬战略特别重视薪酬的内部公平性,因为此时员工对于薪酬的内部公平性也更为关注。衰退期的薪酬战略则应适当低于行业平均水平,注意人工成本的控制,避免提供过高的薪酬。

6. 企业文化和战略

组织对薪酬的设计还与组织文化有关。如果组织把员工看成"经济人",组织的薪酬形式会采用经济性薪酬;如果把员工看成"社会人"或"复杂人",员工的薪酬形式就会更多使用非经济性薪酬。另外,如果企业采取的战略是行业领先战略,也会相应地采取薪酬领先型的薪酬战略。

三、工作分析与薪酬体系设计

薪酬体系设计的要点是:对内具有公平性,对外具有竞争力。满足这两个要求的薪酬体系是建立在工作分析、工作评价基础上的。一般来说,要设计出科学合理的薪酬体系和薪酬制度,需要经过以下几个步骤。

(一)工作分析

工作分析是确定薪酬的基础。结合企业经营目标,企业管理层要在业务分析和人员分析的基础上明确部门职能和岗位关系,对岗位、部门和组织结构的分析包括对岗位名称、岗位内容、部门名称、部门职能、工作量及相互关系等内容的分析。然后再由人力资源部和各部门主管合作对部门内的具体工作岗位编写工作说明书。

(二)工作评价

工作评价重在解决薪酬的对内公平性问题。它有两个目的:一是比较企业内部各个岗位的相对重要性,得出岗位等级序列;二是为进行薪酬调查建立统一的工作评价标准,消除企业之间由于岗位名称不同或即使岗位名称相同但实际工作要求和工作内容不同所导致的岗位难度差异,使不同岗位之间具有可比性,为确保工资的公平性奠定基础。科学的工作评价体系是通过综合评价各方面因素得出工资级别,而不是简单地与岗位挂钩,这有助于解决管人员与业务专家的等级差异问题。例如,高级研发工程师并不一定比技术研发部经理的等级低。前者注重技术难度与创新能力,后者注重管理难度与综合能力,两者各有所长。通过工作评价可以对这两种性质不相同的工作岗位的价值进行公平的比较。

(三) 薪酬调查

薪酬调查主要解决的是薪酬的对外竞争力问题。企业在确定工资水平时,需要参考劳动力市场的工资水平。公司可以委托比较专业的咨询公司进行薪酬调查,也可以自己开展这方面的工作。通过一系列标准、规范和专业的方法,对市场上各职位进行分类、汇总和统计分析,形成能够客观反映市场薪酬现状的调查报告,为企业提供薪酬设计方面的决策依据及参考。薪酬调查的对象最好是选择与自己有竞争关系的公司或同行业的类似公司,重点考虑员工的流失去向和招聘来源。薪酬调查的数据要有上年度的薪酬增长状况、不同薪酬结构对比、不同岗位和不同岗位级别的薪酬数据、奖金和福利状况、长期激励措施以及未来薪酬走势分析等。

(四) 薪酬定位

在分析同行业的薪酬数据后,需要根据企业状况选用不同的薪酬水平。以薪酬定位确定企业的薪酬水平在劳动力市场中相对位置,它直接决定了薪酬水平在劳动力市场上竞争能力的强弱程度。影响公司薪酬水平的因素有很多,包括国家宏观经济状况、通胀或通缩水平、行业特点和行业竞争、人才供应状况甚至外币汇率的变化等外部因素,也包括企业盈利能力和支付能力、人员的素质要求等内部因素。另外,企业发展阶段、企业文化、招聘和培训难度、公司的市场品牌和综合实力也是需要考虑的因素。招聘难度越大的岗位,如高精端行业,往往需要大量的专业能力非常强的人才,在薪酬定位时,则必须向其支付高昂的报酬;相反,对于比较容易招聘的岗位,则采用市场平均薪酬即可。

同产品定位相似的是,在薪酬定位上,企业可以选择领先策略或跟随策略。薪酬是领头羊未必是品牌最响的公司,因为品牌响的公司完全可以依靠其综合优势,不必花费最高的工资也可以找到所需要的优秀人才。往往是那些财大气粗的后起之秀最易采用高薪策略,它们多数处在创业初期或快速上升期,投资者愿意用金钱买时间,希望通过招聘更多的一流人才来快速拉近与大公司的距离。

(五) 薪酬结构设计

薪酬结构是对同一组织内部的不同职位或者是技能所得到的薪酬进行的各种安排,是依据公司的经营战略、经济能力、人力资源配置战略和市场薪酬水平等为公司内价值不同的岗位制定不同的薪酬水平和薪酬要素,并且提供确认员工个人贡献的办法。薪酬结构反映了企业的分配哲学,即依据什么原则来确定员工的劳动报酬。不同企业有不同的观点,新兴的企业的薪酬措施往往与成熟的官僚化企业不同。IT企业则特别注重其分配方式与自身的行业特点、企业文化相一致。

许多跨国公司在确定人员工资时,往往综合考虑三个方面的因素:一是其岗位等级;二是个人的技能和资历;三是个人绩效。在工资结构上与其相对应的分别是岗位工资、技能工资、绩效工资。也有的将前两者合并考虑,作为确定员工基本工资的基础。

岗位工资由岗位等级决定，它是员工工资高低的主要决定因素。岗位工资是一个区间，而不是一个点。企业可以从薪酬调查中选择一些数据作为这个区间的中点，然后根据这个中点确定每一岗位等级的上限和下限。例如，在某一岗位等级中，上限可以高于中点20%，下限可以低于中点20%。

相同岗位上不同的任职者在技能、经验、资源占有、工作效率、历史贡献等方面存在差异，导致他们对于企业的价值并不相同。这些可以体现在技能工资的差异上。所以，同一等级内的任职者，基本工资未必相同。

第二节　工作评价与薪酬内部公平性

一、利用工作评价实现薪酬的内部公平

薪酬内部公平的前提是明确组织中各种工作的相似性和差别性以及这些工作对组织目标的贡献大小，这些相似性和差别性就构成了组织中工作关系的内部结构。在薪酬管理中，我们可以以某一方面的依据为标准来设计组织的薪酬结构。这些依据可以是工作本身、工作所需技能等。在以工作为依据设计薪酬结构时，需要我们首先进行工作评价。工作评价，是指对各项工作在实现企业目标中价值多少的评价，是确定各项工作的等级，制定各项工作的报酬，构建薪酬结构的依据。企业中，一般通过人力部门进行工作评价，小型企业则聘请专业评价公司进行工作评价。工作评价的目的是通过对工作进行系统的和理性的评价，帮助我们确定工作结构，然后由工作结构决定薪酬结构，从而使企业薪酬制度符合内部公平的要求。

虽然不同的组织在进行工作评价时所采用的标准不同，但是不管使用什么标准，最后总是会得到一个工作结构。需要指出的是，这里所讲的工作结构实际上指的是由一个工作系列的不同级别所构成的体系。在一个组织中通常存在着多个工作系列，因此实际上也就存在着多个工作结构。在确定工作结构时，不同的工作系列可能需要使用不同的方法和不同的评价标准进行评价。当把某一企业薪酬标准的各种水平与工作结构的各种水平结合在一起的时候，就得到了该企业的薪酬结构。换言之，薪酬结构指的是一个组织中各种工作之间的报酬水平的比例关系。这种比例关系包含两方面的含义：一是不同层次的工作之间报酬差异的相对比值；二是不同层次的工作之间报酬差异的绝对水平。一个企业的薪酬体系要实现内部公平的目标应该至少具备以下三个特征：第一，完成这一工作所需时间和技能越多，得到的报酬也越多；第二，从事这种工作时所处的环境越不好，这种工作得到的报酬就应该越高；第三，一种工作对实现组织整体目标的贡献越大，这种工作得到的报酬也应该越多。

进行工作评价的方法主要有排列法、分类法、比较法和评分法。下面主要介绍比较法和评分法在薪酬管理中的应用。

二、因素比较法在薪酬管理中的应用

因素比较法是一些企业建立薪酬体系的常用方法。它是按决定的评价因素对选定的标准岗位进行评分定级，制定出标准岗位分级表，把非标准岗位与标准岗位分级表对比并评价其相对位置的方法。因素比较法是一种量化的工作评价技术，它需要用到的报酬因素比其他方

法多。实际上，我们可以将因素比较法看成是一种比较复杂的排序法。在一般排序法中，通常是把每个岗位视为一个整体，并根据某些总体指标（如工作复杂程度）对岗位进行排序。而在因素比较法中则要多次选择报酬因素，并分别对岗位进行多次排序。例如，第一次可能是根据"技术复杂程度"这个因素对岗位进行排序，第二次则可能是根据岗位的"心理要求"来对岗位进行排序。最后则要把每个岗位在各个报酬因素上的得分通过加权得出一个总分，然后得到一个总体岗位序列分。因素比较法的具体操作步骤如下。

（一）获取岗位信息，确定报酬因素

因素比较法要求评价者必须仔细、全面地做好工作分析，最好是能够有标准、规范的工作说明书，同时还需要确定用来对岗位进行比较的依据或尺度，即报酬因素是什么。例如，在因素比较法中可以选择使用以下几种报酬因素：心理要求、身体要求、技术要求、所承担职责、工作条件。

（二）选择典型岗位

工作评价小组需要挑选出15~20个在企业中非常具有代表性的基准岗位作为工作评价对象，而其他岗位的价值则可以通过与这些典型岗位之间的报酬因素比较来得出。这些岗位不仅要能够代表所要研究的岗位序列中的绝大多数岗位，而且必须是广为人知的。此外，在确定了典型岗位或基准岗位之后，企业还必须确定给这些典型岗位支付多少薪酬是合理的，即根据外部市场状况和企业的实际情况首先为这些典型岗位确定薪酬标准。

（三）对岗位进行排序

即根据典型岗位内部相同报酬因素的重要性对岗位进行排序，这里要求工作评价者根据上述五种报酬因素分别对典型岗位进行排序。排序过程是以工作描述和工作规范为基础的，通常由评价小组的每位成员分别对岗位进行排序，然后再开会讨论或者计算平均排序值的方法来决定每个岗位的序列值，制定出标准工作分级表。假设最终得出的对A、B、C、D四个岗位的评价结果为表10-1，从该表中可以看出，从所承担的责任的角度来说，承担责任最大的岗位是 A，承担责任最小的岗位是 B。但是从工作条件方面来看，工作条件最为艰苦的是岗位 D，工作条件最为舒适的是岗位 B。

表10-1 典型岗位报酬因素排序表

岗位	心理要求	生理要求	技术要求	承担责任	工作条件
岗位A	1	4	1	1	2
岗位B	2	1	3	4	4
岗位C	3	3	2	2	3
岗位D	4	2	4	3	1

（四）确定各报酬因素的价值

即将每一典型岗位的薪酬水平分配到其内部的每一个报酬因素上去。首先，评价小组的成员需要根据自己的判断来决定，在每一个典型岗位中不同的报酬因素对于此岗位的贡献大小（用百分比的形式来体现），然后根据事先确定的典型岗位的薪酬水平来确定典型岗位内部每一报酬因素的价值。假如说某典型岗位的现有薪酬水平为每小时10元，则评价小组中的3

位成员可按照表 10-2 中的方法来确定岗位中各报酬因素的最终价值。

表 10-2 某典型岗位报酬因素定价过程

评价者	心理要求	生理要求	技术要求	承担责任	工作条件	合计
评价者甲	10%（1.00 元）	20%（2.00 元）	15%（1.50 元）	25%（2.50 元）	30%（3.00 元）	100%（10.00 元）
评价者乙	15%（1.50 元）	10%（1.00 元）	15%（1.50 元）	40%（4.00 元）	20%（2.00 元）	100%（10.00 元）
评价者丙	5%（0.50 元）	25%（2.50 元）	15%（1.50 元）	35%（3.50 元）	20%（2.00 元）	100%（10.00 元）
合计	（1.00 元）	（1.834 元）	（1.50 元）	（3.334 元）	（2.334 元）	（10.00 元）

（五）根据报酬因素价值分别对岗位进行排序

在所有典型岗位的每一报酬因素的价值分别确定下来以后，将所有岗位的排列在一起，然后根据每一种报酬因素分别对岗位进行多次排序。例如，在表 10-3 中，如果根据技术要求来排序，则排列的顺序分别为岗位 A、岗位 C、岗位 B、岗位 D。如果根据工作条件来排序，则排列的顺序分别为岗位 D、岗位 A、岗位 C、岗位 B。

表 10-3 根据报酬因素对岗位进行多次排序（单位：元）

岗位	小时工资	心理要求（排序）	生理要求（排序）	技术要求（排序）	承担责任（排序）	工作条件（排序）
岗位 A	9.80	4.00（1）	0.40（4）	3.00（1）	2.00（1）	0.40（2）
岗位 B	5.60	1.40（3）	2.00（1）	1.80（3）	0.20（4）	0.20（4）
岗位 C	6.00	1.60（2）	1.30（3）	2.00（2）	0.80（2）	0.30（3）
岗位 D	4.00	1.20（4）	1.40（2）	0.40（4）	0.40（3）	0.60（1）

（六）根据两种排序结果选出不适于利用的典型岗位

现在，对每个典型岗位都存在两种排序方案：第一种是根据步骤三得出的最初排序方案，它表明五种报酬因素在不同岗位中的价值高低对各岗位进行笼统排序的结果；第二种是由步骤五得出的排序结果，它通过运用薪酬水平数据来定量反映每种报酬因素在各典型岗位的薪酬水平决定中所具有的重要性。

表 10-4 在每个报酬因素之下都对应着对典型岗位的两种排序结果，表中 A1 是根据步骤三得出的岗位排序值，A2 是根据步骤五所得出的岗位排序值。严格来说，根据每周报酬因素对典型岗位所进行的两次排序，结果应该是一样的。如果这两种结果之间差异太大，则表明这个典型岗位并不是真正的基准岗位，因此，该岗位不能作为典型岗位来使用。有些时候，许多管理人员为简便行事不愿意去做筛选非典型岗位的工作，从简化操作的角度来说，可以省略掉步骤五和步骤六，直接从步骤四跳到步骤七。

表 10-4 两次评价结果的比较

岗位	心理要求		生理要求		技术要求		承担责任		工作条件	
	A1	A2	A1	A2	A1	A2	A1	A2	A1	A2
岗位 A	1	1	4	4	1	1	1	1	2	2
岗位 B	3	3	1	1	3	3	4	4	4	4
岗位 C	2	2	3	3	2	2	2	2	3	3
岗位 D	4	4	2	2	4	4	3	3	1	1

（七）建立典型岗位报酬因素等级基准表

将所有典型岗位的报酬水平以及每一典型岗位内部的每一种报酬因素的薪酬水平确定下来以后，便可以建立起一个典型岗位报酬因素等级基准表。在表 10-5 中，典型岗位 A 的心理需求因素的价值为 4.00 元，身体要求因素的价值为 0.40 元，技术要求因素的价值为 3.00 元，承担责任因素的价值为 2.00 元，工作条件因素的价值为 0.40 元。典型岗位 B 的相同报酬因素的价值则分别为：1.40 元、2.00 元、1.80 元、0.20 元和 0.20 元。依次将所有典型岗位都放入这张可供其他岗位与之进行比较的表中。

表 10-5 典型岗位报酬因素等级基准表

薪酬水平/元	心理要求	身体要求	技术要求	承担责任	工作条件
0.20				岗位 B	岗位 B
0.30					岗位 C
0.40		岗位 A	岗位 D	岗位 D	岗位 A
0.50					
0.60					岗位 D
0.70					
0.80				岗位 C	
0.90					
1.00					
1.10					
1.20	岗位 D				
1.30		岗位 C			
1.40	岗位 B		岗位 D		
1.50					
1.60	岗位 C				
1.80			岗位 B		
2.00		岗位 B	岗位 C	岗位 A	
2.20					
2.40					
2.60					
3.00			岗位 A		
3.50					
4.00	岗位 A				
4.50					

（八）使用典型岗位报酬因素等级基准表来确定其他岗位的工资

完成上述工作之后，评价小组成员就可以将待评价岗位的各报酬因素与典型岗位的报酬因素之间进行比较，确定待评价岗位的每一报酬因素与典型岗位报酬因素之间的相对价值，将经过比较的同一报酬因素的价值作为确定待评价岗位在该报酬因素上货币价值的依据。假设我们需要确定岗位 E 的薪酬水平，那么我们首先可以根据"心理要求"这一报酬因素将其与同表中所列的其他岗位相比较，假设这一岗位的心理素质要求介于岗位 B 的心理素质要求和岗位 C 的心理素质要求两者之间，那么我们就可以得到岗位 E 的"心理要求"的货币价值应当为 1.50 元。类似的，我们可以对岗位 E 的其他四个报酬因素都做同样的处理。最后，将待评价岗位的各报酬因素的货币价值相加，就得到了该岗位应当获得的薪酬水平。

三、评分法在薪酬管理中的应用

岗位评分法是目前大多数国家最常用的方法，是一种把定性分级转化为定量分级的方法，即对职位的各要素打分，用分数评估职位相对价值，并据以定出工资等级的一种技术方法。这种方法预先选定若干因素，并采用一定分值表示某一因素。然后按事先规定的衡量标准，对现有岗位的每个因素逐一评比、估价、求得分值，经过加权求和，最后得到各个岗位的总分值。再按各工作所得分数的高低划分为自然等级或归入预先的岗位等级和工资等级。

（一）评分法的一般程序

1. 确定岗位的评价要素

选择岗位的影响因素是实施评分法的第一步，因为这些因素是该方法的基础。所以，这些因素必须具有大多数工作人员和管理人员公认的共同特征，并能对工作之间的重要程度进行区分。因素数量的多少应根据需要决定，但如果因素过多，评价过程则太费时间，也更加困难。因此，大多数方案使用的因素在 4~12 个。在确定岗位因素时要注意以下几点。

（1）力求全面，不要漏掉任何一个影响岗位等级评定的因素，以免挫伤员工的积极性。

（2）根据组织的具体条件选择评价因素。

（3）一般情况下，选用智能、责任、体能和工作环境四大因素，然后对四大因素进行细分。

（4）根据评价因素说明此因素被选的根据，并向组织成员做出说明，以获得理解和支持。

2. 为诸评价因素下定义并划分等级

确定岗位评价的主要因素及因素的定义之后，为了提高评定的准确度，还应对各评定因素区分出不同级别，并赋予一定的分值。

（1）用最通俗、最清楚的文字，为每个评价因素下一个定义。

（2）下定义时，用词应准确，以免因字的含义不清造成理解上的差异，从而影响评价的公正性。

（3）对各因素细分等级时，视因素的复杂程度决定合适的等级。

（4）划分等级的总原则是能对各级进行明确区分，一般以 4~8 级为宜。

（5）说明每一影响因素的每一等级的含义和界限。

3. 确定各影响因素的点数

即每个影响因素分配权重。确定等级权重相当重要，它是整个评价工作的基础。如果权重确定不当，将影响岗位相对价值的评价。因素权重没有科学或现成的方法，它主要依靠主观判断。

（1）评分法各因素点数之和、各因素比重及点数分配遵循的原则是以易于转换为货币工资为准。

（2）各因素点数之和可以设为 500 点、800 点或 1000 点。

（3）各因素所占百分比，视组织的具体情况而定。美国较广泛采用的百分比是：智能 50%、责任 20%、身体条件和工作环境各占 15%。

（4）根据组织的发展，减少智能比重，增加责任比重的趋势越来越明显。

（5）各评价因素比重最好由评价委员会讨论决定，也可以采用均值。

（6）在各因素比重和配点决定以后，决定各因素的划分等级，然后以最高点数除以级数求得最低点数，也就是各级的级差，最后形成各级点数表。

4. 预先制定工资等级

工资等级系列可以自然确定，也可以预先制定，如将某组织的全部岗位归入几个工资等级之中，就可以得到一个由最低分值和级间点差所构成的工资序列。表 10-6 是以 27 点为级间点差，以 472 点为最低级而建立的工资等级系列。

表 10-6 工资等级系列表

等级	分数幅度	等级	分数幅度
1	472 以下	7	613~640
2	473~500	8	641~668
3	501~528	9	669~696
4	529~556	10	697~724
5	557~584	11	725~752
6	585~612	12	753 以上

5. 实施

实施评价时应该注意以下事项：①进行评定前，对工作进行的描述以工作说明书为依据；②列出每一岗位的因素评分表，以使组织成员了解本岗位总评分的由来；③评分结束后，确定各岗位的等级。

如果预先确定了工资等级表，则各岗位的等级按工资等级表确定。如果预先没有确定工资等级表，可对评定总分数进行分组，各组间距离可等距也可递增，每组代表一个等级。例如，总评分数最高为 600 分，最低为 100 分，可进行适当分组，以确定岗位等级（表 10-7）。如果一个岗位的评分数是 430，那么它的岗位等级是第 4 等级。

表 10-7 总评分与岗位等级换算表

岗位等级	总评分数
5	500~599
4	400~499
3	300~399
2	200~299
1	100~199

（二）评分法实施范例

某贸易公司应用评分法确定公司工资等级的范例如下。

1. 确定评价因素

该公司根据实际情况，确定了四个主要评价因素：责任、知识技能、努力程度、工作环境。

2. 确定评价因素的细分因素

责任因素划分为九个细分因素：①风险控制责任；②成本控制的责任；③指导监督的责任；④内部协调的责任；⑤外部协调的责任；⑥工作结果的责任；⑦组织人事的责任；⑧法律上的责任；⑨决策的责任。

知识技能因素划分为九个细分因素：①最低学历要求；②知识多样性；③熟练期；④工作复杂程度；⑤工作灵活性；⑥工作经验；⑦人文知识；⑧数理知识；⑨综合能力。

努力程度因素划分为六个细分因素：①工作压力；②精力集中程度；③体力要求；④创新与开拓；⑤工作紧张程度；⑥工作均衡性。

工作环境因素划分为四个细分因素：①职业病；②工作时间特征；③工作危险性；④环境舒适性。

3. 确定评价因素权重

责任因素的权重为40%，知识技能因素的权重为30%，努力程度的权重为20%，工作环境因素的权重为10%。

4. 确定评价因素总点数

评价因素总点数为1000点，责任因素400点，知识技能因素300点，努力程度因素200点，工作环境因素100点，见表10-8。

表10-8 工作评价因素点数分配表

评价因素	划分	最高分数	合计数	百分比/%
责任	（1）风险控制责任	5	80	400	40
	（2）成本控制责任	6	40		
	（3）指导监督责任	6	40		
	（4）内部协调责任	5	30		
	（5）外部协调责任	4	30		
	（6）工作结果责任	6	40		
	（7）组织人事责任	5	40		
	（8）法律责任	5	70		
	（9）决策责任	5	30		
知识技能	（1）最低学历要求	6	30	300	30
	（2）知识多样性	4	30		
	（3）熟练期	5	20		
	（4）工作复杂性	5	40		
	（5）工作灵活性	5	40		
	（6）工作经验	7	40		
	（7）人文知识	4	25		
	（8）数理知识	5	25		
	（9）综合能力	4	50		
努力程度	（1）工作压力	4	40	200	20
	（2）精力集中程度	5	40		
	（3）体力要求	4	10		
	（4）创新与开拓	5	40		
	（5）工作紧张程度	4	40		
	（6）工作均衡性	4	30		

续表

评价因素		划分	最高分数	合计数	百分比/%
工作环境	（1）职业病	4	15	100	10
	（2）工作时间特征	4	30		
	（3）工作危险性	4	30		
	（4）环境舒适性	6	25		
合计				1000	100

5. 细分因素的定义及分级

对细分因素进行定义和分级，编制细分因素定义及分级表（表10-9）。

表10-9 细分因素定义及分级表

责任因素的定义与等级表		
1.因素名称：风险控制的责任 因素的定义：指在不确定的条件下，为保证贸易、投资及其他项目顺利进行并维持我方合法权益所担负的责任，该责任的大小由失败后损失影响的大小作为判断基准。		
等级	界限说明	评分
0	无任何风险	0
1	仅有一些小的风险，一旦发生问题，不会给公司造成多大影响	20
2	有一定风险。一旦发生问题，给公司造成的影响能明显感觉到	40
3	有较大风险。一旦发生问题，会给公司带来较严重的损害	60
4	有极大的风险。一旦发生问题，会对公司造成的影响不仅不可挽回，而且会致使公司陷入经济危机乃至倒闭	80
……		

知识技能因素定义及分级表		
2.因素名称：最低学历要求 因素定义：指顺利履行工作职责所要求的最低学历要求，以相应的正规教育水平作为判断基准		
等级	界限说明	评分
1	初中以下或初中毕业水平	5
2	高中毕业	10
3	职业高中或中专	15
4	大学专科	20
5	大学本科	25
6	大学本科以上	30
……		

努力程度因素定义及分级表		
3.因素名称：工作压力 因素定义：指工作本身给任职人员带来的压力。根据决策迅速性、工作常规性、任务多样性、工作流动性及工作是否被时常打断进行判断		
等级	界限说明	评分
1	极少迅速做出决定，工作常规化，工作很少被打扰	10
2	极少迅速做出决定，工作常规化，手头工作有时被打断	20
3	经常迅速做出决定，任务多样化，工作时间紧张，流动性强	30
4	经常迅速做出决定，任务多样化，流动性很强，难以安静地处理问题	40
……		

工作环境因素定义及分级表		

责任因素的定义与等级表		
4.因素名称：职业病		
因素定义：指因工作所造成的身体疾病		
等级	界限说明	评分
1	无职业病可能	0
2	会对身体某些部位造成轻度损害	5
3	会对身体某些部位造成能明显感到的损害	10
4	会对身体某些部位造成损害致使产生痛苦	15
……		

6. 对各工作岗位进行评价计分

依据细分因素定义及分级表，分别对各工作岗位进行评价计分，表 10-10 是对公司办公室主任岗位的评分结果。

表 10-10　公司办公室主任岗位评分表

因素	细分因素	等级	点数	限定资料
责任	（1）风险控制	3	60	
	（2）成本控制	4	20	
	（3）指导监督	2	15	
	（4）内部协调	5	30	
	（5）外部协调	4	30	
	（6）工作结果	4	24	
	（7）组织人事	2	20	
	（8）法律责任	3	54	
	（9）决策	5	30	
知识技能	（1）学历	5	25	
	（2）知识多样性	3	22	
	（3）熟练期	4	16	
	（4）工作复杂性	5	40	
	（5）灵活性	3	30	
	（6）经验	6	36	
	（7）人文	4	25	
	（8）数理	5	25	
	（9）综合能力	4	50	
努力程度	（1）工作压力	4	40	
	（2）精力集中程度	4	32	
	（3）体力	4	10	
	（4）创新与开拓	2	30	
	（5）紧张程度	4	40	
	（6）均衡性	4	30	
工作环境	（1）职业病	1	5	
	（2）工作时间	4	30	
	（3）危险性	4	30	
	（4）舒适性	2	10	
合计			809	

7. 建立公司工资等级表

根据各工作岗位的得分情况，确定级间点差，建立公司工资等级表，见表 10-11。

表 10-11 公司工资等级表

级别	一级	二级	三级	四级	五级	六级	七级	八级
点幅	200~280	240~360	320~480	400~560	480~620	600~760	680~840	800~1000
包含人员	试用期内员工、临时工	出纳员、办事员、工勤人员	会计、总务管理员、国际部初级业务员、工贸部初级业务员、单证储运员、经济员	办公室文秘、国际业务员、工贸部中级业务员、助理师	国际部高级业务员、工贸部高级业务员、助理经理、分部经理、经济师、工程师、会计师	部门经理、办公室副主任、高级师	办公室主任、助理总经理	总经理、副总经理
一等	200	240	320	400	460	600	680	800
二等	240	280	360	440	520	640	720	840
三等	280	320	400	480	560	680	760	880
四等		360	440	520	600	720	800	920
五等			480	560	620	760	840	960
六等								1000

第三节 薪酬调查与薪酬外部竞争力

一、薪酬调查与外部竞争力

薪酬调查，就是通过一系列标准、规范和专业的方法，对市场上各职位进行分类、汇总和统计分析，形成能够客观反映市场薪酬现状的调查报告，为企业提供薪酬设计方面的决策依据及参考。薪酬调查重在解决薪酬的对外竞争力问题，即企业在确定薪酬水平时，需要参考劳动力市场的薪酬水平。为此，企业必须调查当地其他企业中相同或相似工作的薪酬水平，与本单位的薪酬进行比较，进而依据本单位的具体条件，调整薪酬水平，以保持企业的竞争优势。薪酬调查可以委托外部专业的咨询公司进行，也可由企业自己完成。

二、薪酬调查的一般程序

企业自己开展薪酬调查的一般程序如下。

（一）成立薪酬调查小组

企业开展薪酬调查时，应先成立以企业高层主管领导为组长的薪酬调查小组，小组成员以应由人力资源管理人员以及一些有经验的管理人员组成，必要时可聘请外部专家提供咨询。

（二）选择调查对象

选择调查对象即确定应选择哪些企业进行薪酬调查、收集薪酬资料。一般而言，适于选择作为薪酬调查对象的企业主要有以下特点：①同行业中同一类型的其他企业；②其他行业中有相似工作的企业；③雇用同一类员工，可构成竞争对象的企业；④工作环境、经营政策、薪酬与信誉均合乎一般标准的企业；⑤与本公司距离较近，在同一劳动力市场招聘员工的企业。

至于调查对象的数目，则受人力、物力、财力及时间的限制，一般情况下应至少调查 20

家左右的企业。

（三）取得被调查企业的合作

在薪酬调查过程中，需要取得被调查企业的支持与配合，否则就无法顺利完成正常的调查工作。在现代企业管理中，企业间彼此交换经营情报资料的行为已经日渐普遍，很多企业都了解交换管理情报资料的价值与功效，因此也乐于合作。为保证薪酬调查的顺利进行，企业应主动与被调查企业接触，说明调查目的、资料保密方法、研究结果的分享等，争取被调查企业的合作。

（四）选择代表性工作以便比较

所谓代表性工作是其职责在本质上可明确区分，而且界限很明显，相对稳定，变化少。在不同的企业中，对各个岗位的称呼有很大不同，相同的岗位名称在不同的企业其职责可能有很大的差别。例如，在一些企业中，为了开展业务，设立了许多销售经理助理岗位，而实际上这些销售经理助理大部分是在做一个普通销售员所做的工作。因此在薪酬调查时，不能以企业的岗位名称作为选择代表性工作的基础，而应以能够显示工作难易程度及职责大小的工作说明书作为代表工作的比较基础。

（五）决定资料内容

在进行薪酬调查时，不能仅考虑基本薪酬，还应考虑不同企业员工所享受的红利、奖金、养老金、加班津贴、各种保险、特别休假等。应将这些与薪酬有关的项目一并列入比较项目中。

（六）准备工作

由于各公司现有的资料的不同，汇集资料的方法也必须针对调查对象而有所调整。有些企业可能已经建立了一系列完整的工作说明书，使工作内容的比较简易迅速；而有些企业可能还没有有关的工作说明书，就必须先进行工作分析再予以比较。

（七）搜集资料

搜集薪酬资料的方法有两种：一是选派代表到各被调查企业去访谈，在访谈中搜集资料；二是将调查表邮寄到有关企业索取资料。用第一种方法所得到的资料较为准确，且在对方缺乏工作说明书的情况下，还可以直接向工作人员咨询获得所需的资料。但若调查范围广，对象不限于本地机构时，则以第二种方式搜集资料较为方便有效。

（八）资料的整理与统计

调查完毕立即将资料汇总列表，撰写调查报告并分别送到各参加调查的企业。统计表中各企业仅用编号而不列名称以免其薪酬资料泄密。调查报告包括情况说明、各调查岗位薪酬资料统计、全部已调查岗位薪酬总表三部分。调查岗位薪酬统计应包括下列内容：①参加调查企业的编号；②各企业现职人数；③各企业的薪酬范围，即最低薪与最高薪的差距；④由平均数或中位数决定的平均薪酬水平。

（九）薪酬资料的更新

薪酬资料变化是非常快的，企业应根据社会经济发展情况及薪酬的变动情况，合理确定薪酬调查的频率，及时更新有关的薪酬资料。

第四节　薪酬政策与薪酬结构

一、薪酬政策的制定

薪酬政策是企业的重要组成部分。它是企业为了把握员工的薪酬总额、薪酬结构和薪酬形式，所确立的薪酬管理导向和基本思路的文字说明或者统一意向。具体地说，薪酬政策体现为企业对薪酬管理运行的目标、任务和手段的选择，包括企业对员工薪酬所采取的竞争策略、公平原则、薪酬成本与预算控制方式等内容。企业应考虑影响薪酬的内外在因素，并根据薪酬调查所得的资料制定相应的薪酬政策。主要包括以下内容。

（一）本企业薪酬水平与当地薪酬水平的关系

经过薪酬调查了解各企业代表性工作的基本薪酬、平均收入、最高及最低薪酬及辅助收入项目。然后用统计方法取得每项调查资料的平均数或中位数，并画出薪酬曲线图，然后将本企业现行薪酬资料与调查所得资料进行比较分析。

本企业与其他企业薪酬曲线的比较结果，一般有以下几种：①企业薪酬曲线与调查所得薪酬曲线相仿；②企业薪酬曲线高于调查所得薪酬曲线；③企业薪酬曲线低于调查所得薪酬曲线；④有些曲线部分较低，然后与调查所得曲线相交并继续升高；⑤有些曲线部分较高，然后与调查所得曲线相交并继续下降。

一般情况下，企业应采用与当地薪酬水平相当的薪酬政策，即企业的薪酬水平应与当地的平均薪酬水平相一致。这样，一方面可使企业在公平的基础上和其他企业竞争，避免引起员工或同行的不满；另一方面也有利于控制企业的人工成本。当企业薪酬曲线与调查所得薪酬曲线不一致时，应对有关薪酬进行调整，使企业薪酬水平与外部平均薪酬水平大体相当。当然，薪酬水平的确定也应结合企业的具体情况，不能一概而论。在有些情况下，企业的薪酬水平也可以偏高一些。例如，在产品成本中，薪酬部分所占比例很小，提高薪酬水平也不会造成企业薪酬负担过重；管理水平或生产效率高可以有效地降低单位产品的人工成本；产品有独占性，可以将较高的薪酬负担转嫁到消费者身上；为了吸引优秀人才及提高员工士气而提高薪酬水平等。在有些情况下，企业的薪酬水平略低也不会对其生产经营造成太大影响。例如，员工的工作稳定，收入也比较稳定，薪酬虽低也不愿意离职；企业在政策的基本薪酬外，还有各种可观的福利及津贴；企业人事管理健全，人际关系和谐，员工在企业内工作精神上很愉快等。

（二）公平合理，同工同酬

薪酬必须公平合理，并尽可能做到同工同酬。企业应在工作评价的基础上，确定岗位等级，并与相应的薪酬水平挂钩。员工要享受某一等级的薪酬，就要具备该薪酬等级的各种条件，这也有利于鼓励员工从事较复杂的工作及接受较高技术水平的训练。如果企业的薪酬不以岗位等级为依据，对不同的人才用不同的标准，必将导致员工的不满及工作情绪的低落。

（三）决定补助薪酬及奖励制度的范围与标准

目前世界各国有一种趋势，就是补助薪酬项目日渐增加。补助薪酬主要包括加班津贴、休假津贴、夜班津贴、午餐津贴、法定节假日津贴、年终奖金、全勤奖金、团体保险、福利及其他辅助项目等。这些补助薪酬在薪酬成本中所占的比重呈上升趋势，因此企业对补助薪酬的范围与标准，在拟订薪酬政策时也应该有明确的规定。

当企业的生产经营活动已进入正常轨道时，为了使薪酬具有充分的弹性，企业可考虑拟订一套适当的奖励制度，激发员工的工作积极性，提高工作效率。

二、薪酬结构的确定

薪酬正常确定以后，还要考虑薪酬结构问题，主要是薪酬范围、薪率、薪酬幅度的确定问题。

（一）薪酬范围

薪酬范围的确定实际上是企业最低薪酬与最高薪酬的确定问题。企业在工作评价的基础上，评估各个工作岗位的相对价值（点数），合理划分薪级，并结合薪酬调查资料确定最高薪级及最低薪级的薪酬水平，将最低薪酬与最高薪酬的差距控制在合理的范围内。

（二）薪率

在最高薪酬、最低薪酬及薪级确定以后就要考虑每一薪级内部的分等问题，也就是一般所谓的薪率问题。通常使用的薪率有两种：一种是单一薪率；另一种是可变薪率。所谓单一薪率就是指每一薪级的薪酬是固定的，即每一薪级只有一种薪酬，凡属同一薪级的工作人员皆获同一待遇，薪酬的增加只能从一个薪级跳至较高的薪级。可变薪率是指在同一薪级中划分若干个不同的薪等，薪酬的增加可在原薪级内实现，员工可因资历与绩效而改变薪酬。

单一薪率的最大优点在于无需决定同职级内每一员工的薪酬，而且在维持薪酬记录与估计人工成本时较为简单。在工作标准化程度比较高，每一员工可胜任某一标准的工作时可以采用此法。不过在另一方面，由于单一薪率不能依员工的工作绩效及资历计酬，缺乏对员工努力工作的激励作用，而且优秀员工因与普通或新晋员工同一待遇，常有不公平的感觉，所以更多企业愿意采用可变薪率作为补救。

（三）薪酬的幅度

薪率确定以后，还需要考虑薪酬幅度的问题。所谓薪酬幅度是指不同薪级之间的薪酬差距，这方面有两项问题值得考虑：一是薪酬幅度的大小；二是薪级间最低薪酬的差异。

1. 薪酬幅度的大小

从理论上讲，工作职责的难易、轻重大多是逐渐增加的，突然改变的情况并不常见，因此，薪级的差距基本相等或接近，应是薪酬结构设计的重要原则。还有一项影响薪酬幅度大小的因素，就是选择固定还是变动薪酬幅度的问题。例如，固定薪酬幅度为 300 元，则每一薪级之间的薪酬均相差 300 元，但在较低的薪级中 300 元可能代表 10%的幅度而在较高的薪级中 300 元可能不足 5%。于是在加薪的时候低薪级的加薪比例大，高薪级的加薪比例小，可能造成一种不公平的现象。

事实上，由于低薪级岗位比较多，晋升机会也多，加薪幅度不宜太大，而越到上层岗位越少，晋升机会也少，加薪幅度应适当加大。所以，应采用变动薪酬幅度法，即下级的加薪幅度小，上级的加薪幅度大比较适宜。

2. 薪级间最低薪酬的差异

最低薪酬的差异问题是决定相邻薪级之间的薪酬幅度是否相互涵盖的问题。当上一薪级的最低薪酬高于下一级的最高薪酬时，薪级之间的薪酬幅度是无涵盖的；当上一薪级的最低薪酬低于下一级的最高薪酬时，薪级之间的薪酬幅度是有涵盖的。

薪级之间的薪酬幅度是无涵盖的，则意味着上一薪级的员工的薪酬都高于下一薪级员工的薪酬，使得薪酬结构缺乏弹性，会大大增加企业的薪酬负担，一般情况下企业很少采用。

薪级之间的薪酬幅度是有涵盖的，则意味着企业可以考虑各种因素酌情调整员工的薪酬，使薪酬更具有弹性，而且也不会导致薪酬成本增加到惊人的程度，故常为企业界采用。不过在决定薪酬幅度涵盖程度时应该加以注意，因为涵盖部分过多，则上下两薪级差异过少，失去对员工的激励功效；涵盖过少则薪酬成本增加迅速，造成企业负担过重。一般情况下，应以下一薪级薪酬的中点水平作为上一薪级的最低薪酬。

[案例讨论]

某酒店的薪酬体系

某酒店是一家政府背景的集餐饮、住宿、会议于一体的度假村酒店，地处风景宜人的山区。由于该酒店的政府背景，经营管理相对封闭，企业员工的工资待遇不能完全市场化，薪酬的外部竞争性严重不足；另外，没有完全对市场开放，接待业务量存在很大的不确定性，导致员工工作忙闲不均。从薪酬来看，薪酬的内部公平性严重不足。员工的收入无太大差别，干好干坏一个样，能人得不到激励，懒人在组织中混日子。面对这样的问题，企业领导决定在保证接待服务质量的基础上，实行市场化经营，并希望通过薪酬设计来解决现有的矛盾，但是建立怎样的薪酬制度才可以有效地提高员工工作积极性，达到应有的激励效果呢？

经过人力资源管理专家的分析，针对企业各个岗位的实际状况，为该企业设计了以责任、能力、贡献为导向的动态薪酬体系。首先，人力资源管理专家根据不同岗位的特性开展工作分析、工作评价，进行岗位级别和工资档级的划分，建立起相对公平的岗位薪酬体系；其次，通过对外部同等级酒店薪酬数据的市场调查，为企业员工确定相对合理、对外有一定竞争力的薪酬水平；最后，根据企业实际情况，进行体现不同岗位、不同能力等级的差异化的津贴模式，将员工的收入与工作绩效、工作能力和工作责任挂钩，让员工不断提高个人能力的同时提高个人绩效，进而提高组织绩效，实现个人与组织的双赢。

讨论题：

1. 结合本案例谈谈工作分析与薪酬管理的关系。
2. 试结合实际设计某个企业的岗位薪酬体系。

参 考 文 献

白静. 2008. 以工作分析为基础的薪酬体系研究[D]. 天津大学硕士学位论文.
陈庆. 2013. 岗位分析与岗位评价[M]. 2版. 北京：机械工业出版社.
谌新民. 2005. 员工培训成本收益分析[M]. 广州：广东经济出版社.
谌新民, 徐汪奇. 2002. 员工培训方案[M]. 广州：广东经济出版社.
高强. 2004. 如何组织好一场高效的企业培训[J]. 人才瞭望, (6)：36-37.
高艳, 靳连冬. 2012. 工作分析与职位评价[M]. 2版. 西安：西安交通大学出版社.
葛玉辉. 2011. 工作分析与工作设计实务[M]. 北京：清华大学出版社.
冯洋. 2013. 基于工作分析的商业银行柜员绩效管理体系研究[D]. 华北电力大学硕士学位论文.
赫尔曼·阿吉. 2008. 绩效管理[M]. 北京：中国人民大学出版社.
靳国英. 2010. 浅谈工作设计在企业中的应用[J]. 科技情报开发与经济, (8)：192-193.
康廷虎, 王耀. 2012. 工作分析方法的进展分析及启示[J]. 中国人力资源开发, (12)：57-65.
李永杰, 李强. 2005. 工作分析理论与应用[M]. 北京：中国劳动社会保障出版社.
李中斌, 陈初升, 卢冰. 2009. 工作分析[M]. 北京：中国社会科学出版社.
马国辉, 张燕娣. 2012. 工作分析与应用[M]. 2版. 上海：华东理工大学出版社.
马云亭. 2013. 卓越绩效管理模式在WG公司实施[D]. 南京理工大学硕士学位论文.
苗霖. 2013. 工作分析在国有企业管理层中的应用研究[D]. 重庆大学硕士学位论文.
默锡·巴特勒, 詹姆斯·沃德鲁普. 2000. 工作设计——留住人才的艺术[J]. 国外财经, (4)：79-84.
潘泰萍. 2011. 工作分析：基本原理、方法与实践[M]. 上海：复旦大学出版社.
彭剑锋. 2011. 人力资源管理概论[M]. 上海：复旦大学出版社.
任正臣. 2012. 工作分析[M]. 南京：江苏科学技术出版社.
孙海法. 2010. 绩效管理[M]. 北京：高等教育出版社.
腾宝红. 2003. 如何进行员工培训[M]. 北京：北京大学出版社.
王丽洁. 2011. 人力资源管理[M]. 北京：清华大学出版社.
王青. 2009. 工作分析理论与应用[M]. 北京：北京交通大学出版社.
王小艳. 2003. 如何进行工作分析[M]. 北京：北京大学出版社.
王燕萍. 2010. R企业岗位评价分析研究[D]. 辽宁工程技术大学硕士学位论文.
王智. 2009. 工作设计的激励作用浅析[J]. 人口与经济(增刊), (1)：59-60.
姚月娟. 2007. 工作分析与应用[M]. 大连：东北财经大学出版社.
印锦红. 2012. 卓越绩效管理模式在豪迈集团的应用研究[D]. 南京理工大学硕士学位论文.
赵利肖. 2012. 基于胜任力的工作分析对员工招聘的影响[J]. 郑州航空工业管理学院学报, (10)：97-99.
郑永武, 苏志霞. 2011. 工作分析[M]. 杭州：浙江大学出版社.
钟鑫. 2011. 基于工作分析的大学辅导员绩效管理优化研究[D]. 华北电力大学硕士学位论文.
周亚新, 龚尚猛. 2010. 工作分析的理论、方法及运用[M]. 2版. 上海：上海财经大学出版社.
周美莲. 2013. SH集团招聘体系研究[D]. 南华大学硕士学位论文.
朱勇国. 2006. 工作分析与研究[M]. 北京：中国劳动社会保障出版社.